BEST
AUSTRIA

Architektur Architecture 2020_21

 Az W Architekturzentrum Wien

 PARK BOOKS

Eine Initiative des An initiative of the

☰ Bundesministerium
Kunst, Kultur,
öffentlicher Dienst und Sport

Inhalt Contents

Vorwort
Foreword

Mit dem aktuellen Band „Best of Austria" halten Sie eine Publikation in Händen, die seit Jahren kontinuierlich Einblicke in gegenwärtige Bauprojekte gewährt und einen beeindruckenden Überblick über die österreichische Qualitätsarchitektur bietet. Es findet sich darin nicht nur die Fülle preisgekrönter, herausragender Best-Practice-Beispiele – es wird auch auf die Relevanz hochwertiger Architektur und Baukultur verwiesen und der Zusammenhang von Architektur, Lebensqualität und Zukunftsgestaltung sichtbar.
Mit ihrem multiperspektivischen Blick und ihrer klaren Struktur gilt die Publikation auch international als Referenzwerk preisgekrönter Architektur aus Österreich.
Die aktuell ausgezeichneten architektonischen Leistungen Österreichs erfahrbar und erlebbar zu machen ist das Verdienst aller an diesem Projekt Beteiligten.
Viel Vergnügen beim Durchblättern, Lesen und Nachschlagen!

Mag.ª Andrea Mayer
Staatssekretärin für Kunst und Kultur

This new volume of *Best of Austria* continues a publication series that has provided insights into current construction projects for years and, in the process, has created an impressive overview of Austria's finest architecture. The book not only features a wealth of outstanding and award-winning best-practice examples, it also highlights the importance of quality architecture and *Baukultur*, making visible the many connections between architecture, quality of life, and ways of shaping the future.
Its multi-perspective approach and clear structure have made this book series an internationally renowned reference work on award-winning architecture from Austria.
It is to the credit of everybody involved in creating this publication that Austria's excellent contemporary architectural achievements can be experienced so easily and wonderfully.
I hope you will enjoy browsing, reading, and looking up information!

Andrea Mayer
Secretary of State for Arts and Culture

Barbara Feller, Angelika Fitz

Editorial
Best of Austria. Architektur 2020_21

Mit der achten Ausgabe der Publikation **Best of Austria. Architektur** werden jene Projekte und Personen vorgestellt, die in den Jahren 2020 und 2021 mit nationalen und internationalen Architekturpreisen ausgezeichnet wurden und damit einen bedeutenden Ausschnitt des architektonischen Schaffens in und aus Österreich präsentieren. Sichtbar werden darin einmal mehr die herausragenden Leistungen von Planenden und Ausführenden für eine gut gestaltete Lebenswelt. Erfreulich in der aktuellen Edition ist die große Zahl an Bildungsbauten, von Kindergärten über Schulen unterschiedlicher Typen bis zu Universitätsbauten. Sie verdeutlichen, wie viele bemerkenswerte Gebäude gerade bei dieser für die Zukunft unserer Gesellschaft zentralen Bauaufgabe im ganzen Land entstanden sind. Auch für weitere wesentliche Zukunftsaspekte – wie einen sorgsamen Umgang mit Grund und Boden, einen verantwortungsvollen Einsatz von Ressourcen und für neue Formen von Zusammenleben und Co-Creation – zeigen die prämierten Projekte wichtige Tendenzen und Perspektiven auf.

Natürlich findet auch die aktuelle Covid-19-Pandemie ihren Niederschlag: Die eine oder andere Preisauslobung musste verschoben und – in Ausnahmefällen – sogar abgesagt werden, und nur wenige Preisverleihungen konnten in gewohnter Form mit Publikum stattfinden. Im Gegensatz zu vielen anderen Bereichen war und ist das Bauen jedoch von den Einschränkungen nur gering betroffen. Deshalb können wir davon ausgehen, dass auch in den nächsten Jahren weiterhin preiswürdige Bauten entstehen, die wir mit **Best of Austria. Architektur** sammeln und präsentieren. Das Architekturzentrum Wien tut dies auf Initiative des Bundesministeriums für Kunst, Kultur, öffentlicher Dienst und Sport, um die kreativen und ökonomischen Leistungen der österreichischen Architektur und Baukultur vor den Vorhang zu holen. Wir wünschen Ihnen eine anregende Lektüre!

With this book, the eighth edition of **Best of Austria. Architecture**, we present the projects and people awarded national and international architecture prizes in 2020 and 2021—representing a significant portion of architectural creativity in and from Austria. Once again, the outstanding achievements of the planners and builders of well-designed living environments are brought to light. In the current edition, we are pleased to see a large number of educational buildings, from daycares and schools of various types, all the way to university buildings. These structures underline how very many remarkable buildings have been created throughout Austra in connection with learning, a field of building that is truly central to the future of our society. The award-winning projects presented on these pages also reveal important directions and perspectives towards other crucial aspects of the future—such as caring for the land, using resources responsibly, and finding new ways of living and co-creating together.

Of course, there is also evidence of the ongoing COVID-19 pandemic: Several award ceremonies were postponed and, in a few cases, even cancelled, and only a handful of award ceremonies could be held in the usual way with an audience. However, unlike in many other areas, construction was and still is only minimally impacted by restrictions. We can therefore assume that such award-worthy buildings will continue to be built in the coming years, and that **Best of Austria. Architecture** will continue to collect and present them. The Architekturzentrum Wien does this at the initiative of the Ministry of the Arts, Culture, Civil Service and Sport with the aim of shining a light on the creative and economic achievements in Austrian architecture and baukultur. We wish you a pleasant and stimulating read!

Triin Ojari

Eine etwas bessere Welt
A Little Bit Better World

Es gibt keinen besseren Weg, sich mit Bauwerken auseinanderzusetzen, als sie zu besichtigen. Natürlich können wir uns mit diesem Buch anhand der wunderschönen Bilder einen Überblick über die zeitgenössische österreichische Architektur verschaffen. Wir werden jedoch wenig darüber erfahren, wie sie sich in die Umgebung einfügt, welchen Eindruck sie bei nicht idealen Wetterbedingungen hinterlässt oder wie sie wirkt, wenn sich die Bewohner*innen in ihr eingerichtet haben, das heißt, wenn die Bauten mit Gegenständen ausgestattet sind, die im Entwurf des Architekten, der Architektin nicht vorgesehen waren. Von ihrer schönsten Seite dürfte sich die Architektur vor allem in Museen, Ausstellungen und Jahrbüchern zeigen – das Beste vom Besten als eine bis zur Perfektion inszenierte Geschichte. Ich arbeite in einem Architekturmuseum und kenne daher das Dilemma, „wie man Dinge präsentiert", zur Genüge. Die Baukunst scheint für viele Menschen ein gleichermaßen banales und komplexes Thema zu sein, und meist wird auch kein Gedanke daran verschwendet, wie Politik, die Macht des Geldes, Ideen zur Verbesserung der Welt, die Zusammenarbeit zahlreicher Gruppen oder andere Interessen mit hineinspielen. Architektur ist nicht nur eine autonome, technikorientierte Disziplin, sie ist auch ein kulturelles Produkt: Häuser sind nie bloß schöne Formen und attraktive Objekte auf Hochglanzbildern, sondern im Schnittpunkt verschiedener Machtbeziehungen verortet. Ich wollte mir daher heuer im Frühjahr nicht die Gelegenheit entgehen lassen, die neue Schausammlung *Hot Questions – Cold Storage* zu besuchen, die meine Kolleg*innen im Architekturzentrum Wien (Az W) zusammengestellt haben. In unserer extrem instabilen Zeit ist so eine Ausstellung an und für sich schon ein mutiger Schritt. Wie kann man die Geschichte des nationalen architektonischen Erbes in einer Zeit erzählen, in der sich Begriffe wie Nation, Staat oder Modernisierung in einer tiefen Krise befinden? In der die Bautätigkeit zu den Hauptverursacherinnen der Klimakrise zählt und die Architektur sich offenbar schwertut, die weltweit andauernde soziale Ungleichheit zu thematisieren? In einer Zeit, in der das Bauen mehr und mehr zu einem technischen und bürokratischen Prozess wird und die Gesichter der einzelnen Architekt*innen in der Anonymität der großen Architekturbüros verschwinden? Statt Lösungen anzubieten, stellt das Az W wichtige Fragen: Wer gestaltet die Städte? Wer sorgt für uns? Wie wollen wir leben? Wie können wir überleben? Fragen, die sich auch dann als nützlich erweisen, wenn wir uns neue Häuser in der Stadt ansehen, uns über ein neues Bauvorhaben oder eine Schnellstraße durch unseren Hinterhof ärgern, vor dem Schlafengehen Architektur-Blogs durchforsten oder dieses Buch über rund 130 in den letzten beiden Jahren mit Auszeichnungen bedachte österreichische Bauprojekte in die Hand nehmen. Beim Lesen kann man dann die Probe aufs Exempel machen und sogar bei der reizvollsten Abbildung ein paar

It is a thankless task to discuss buildings based on information gleaned in any way other than having visited them. This book provides a survey of all the newest Austrian architecture as a sequence of beautiful pictures. However, we don't find out much about what surrounds these buildings or how they appear in less-than-ideal weather conditions or as lived-in homes furnished by the inhabitants, i.e. filled with objects not selected by the architect. In museums, exhibitions, and yearbooks, the Sunday best of architecture tends to prevail, a story curated to perfection. I work in an architecture museum and am very familiar with the dilemma of "how to display things." For people, architecture seems to be a mundane but also complex subject, and they seldom consider how it actually includes politics, the power of money, ideas for global improvement, or the joint work of numerous parties. In addition to being an autonomous, technology-oriented discipline, architecture is also a cultural product, houses are never just beautiful forms and attractive angles in glossy photos but are always the result of the intersection of various power relationships. Therefore, I didn't want to miss the opportunity early this spring to visit the new permanent exhibition *Hot Questions—Cold Storage* organized by my good colleagues at the Architekturzentrum Wien. Such an exhibition, in and of itself, is a bold step in our extremely unstable times. How to tell the story of national architectural heritage at a time when concepts such as nation, state, or modernization are in deep crisis, when construction is seen as one of the major culprits in the climate crisis, and architecture is regarded as being unable to address lasting global social inequality? At a time when design is increasingly becoming a technical and bureaucratic process and the individual faces of architects are disappearing into the anonymity of large architectural firms? Instead of offering solutions, the Az W asks questions: Who shapes the cities? Who provides for us? How do we want to live? How do we survive? These are useful to remember when we are visiting new houses in the city, when we are angry about a new development or highway in our backyard, when we are browsing through architecture blogs before going to sleep, or holding this book that includes about 130 of Austria's best buildings culled from the last two years. The reader can experiment by using uncomfortable questions as tools in the case of even the most delightful image, i.e. with a flawlessly styled work of wooden architecture rising against the backdrop of the Alps. Is everything really so beautiful? Who has been left out of this picture? For me, the exhibition was also a good reminder of the more radical side of Austrian Late Modern architecture. I refer here to conceptual projects by such names as Haus-Rucker-Co or Hans Hollein, which are excellent examples of architecture's ability to predict possible futures. Indeed, why do we need

unbequeme Fragen stellen, etwa wenn sich ein perfekt gestaltetes Holzbauwerk vor dem Alpenpanorama erhebt. Ist das alles wirklich so schön? Wer wurde auf diesem Bild vergessen? Wunderbarerweise hat die Az W-Ausstellung meine Aufmerksamkeit auch wieder auf die radikalere Seite der spätmodernen österreichischen Architektur gelenkt, so etwa auf die konzeptuellen Projekte von Haus-Rucker-Co oder Hans Hollein, die hervorragende Beispiele dafür sind, dass die Baukunst zukünftige Entwicklungen antizipieren kann. Brauchen wir denn wirklich neu gestaltete Räume, wenn uns eine Pille die gleichen Eindrücke vermitteln und somit auch helfen könnte, unsere Sinne zu befriedigen? Eine Droge für alle, die sich an Architektur erfreuen?

Architektur ist im Wesentlichen eine praktische Kunst, eine Expert*innenkultur, deren Entwicklung auf bewährten Praktiken basiert, wobei Vorbilder eine wichtige Rolle spielen, und zwar nicht nur als Bilder, die Sehnsucht wecken, sondern auch als konkrete Beispiele, damit die Architekt*innen der Folgeprojekte bestimmte Aspekte ihrer Entwürfe optimieren und planerische Lösungen, Materialwahl, Energieeffizienz und vieles andere mehr bis ins kleinste Detail weiterentwickeln können. Architekturpreise und diverse Würdigungen bilden gewissermaßen den Humus, auf dem im Idealfall das ganze Bauwesen gedeiht. Man kann davon ausgehen, dass *Best of Austria* sich auch dieses Ziel gesetzt hat: die Bedeutung der Rolle von Architekt*innen als originäre Schöpfer*innen einer qualitätsvoll gebauten Umwelt zu unterstreichen und auch um zu zeigen, dass das Entwerfen und Gestalten von guten Räumen voraussetzt, dass die verschiedenen am Bau beteiligten Gruppen die gleichen Ziele haben. Nicht zuletzt geht es darum – und erlauben Sie mir, jetzt ein bisschen dick aufzutragen –, mit jedem neuen Gebäude die Welt zu einem besseren Ort zu machen. Allerdings lassen sich weder die Erfolgsgeschichte der Vorarlberger Holzarchitektur noch die Wiener Modelle des genossenschaftlichen Wohnens exakt auf andere Länder übertragen. Für die Menschen, die in diesen Gebäuden leben oder arbeiten, sind es zweifellos die besten Orte der Welt, wir wissen aber auch, dass nur eine glückliche Minderheit dieses Privileg genießt. Die globale Ungleichverteilung von Wohnraum hat sich durch die Migrations- und Gesundheitskrise noch verschärft. Dem „Diktat der guten Architektur" kann man sich nur auf den Seiten eines Buches unterwerfen.

Als Nordländerin bin ich mit gewissen Aspekten österreichischer Häuser gut vertraut. Ich kann daher den Wunsch fast aller Architekt*innen, sich auf die Landschaft zu beziehen, für ausreichend Tageslicht zu sorgen, mit umweltfreundlichen Materialien zu arbeiten und sich im Hinblick auf die Form aufs Wesentliche zu konzentrieren, gut nachvollziehen. Natürlich zeichnet dieses Buch ein

spaces to enjoy if a pill that evokes the corresponding experience could also help to satisfy our senses? A drug for architectural connoisseurs?

Architecture is largely a practical art, an expert culture, the development of which is based on best practices, i.e. role models serve not only as images that create desire, but as examples. Building nodes, planning solutions, material choices, energy efficiency, and many other details are developed further by other architects in subsequent projects. With the help of architectural awards and various acknowledgements, a certain layer of humus is formed, which should ideally have a fertilizing effect on the construction field in general. One of the goals of the book *Best of Austria* might be just that: to highlight the importance of the role of the architect as an original creator of the quality of the built environment, to demonstrate that the creation of a good space requires the various parties involved in its construction to have the same goals, and—allow me to exaggerate here—to make the world a better place with each new building. Neither the success story of Vorarlberg's wooden architecture nor the models of cooperative housing in Vienna, however, can be exactly replicated elsewhere. Undoubtedly, these are the best places in the world for the people who live or work in these buildings, but we also know that only a lucky few have this advantage. The migration and health crisis have only increased spatial inequality in the world, and the dictatorship of good architecture is only possible on the pages of a book.

As a Nordic person, there is a great deal of the familiar in Austrian houses. I fully understand the desire described by almost all architects to relate to the landscape, to capture lots of light, to use environmentally friendly materials, and to remain concise in form. Realizing that the book constructs an overly ideal picture, I was still very impressed as I quickly perused all these pictures and plans over the course of several days. It was as if I had swallowed Hans Hollein's architectural pill and started seeing only beautiful things. Simple rather than complex, modest rather than strikingly formal. Almost always wooden, almost always small in scale. Undoubtedly, the Austrian architect is thoroughly rational with a practical mind, someone who improves the world using small movements, creates spaces that strengthen people's sense of belonging, increases well-being, and causes less of a burden on the environment. The extravagant, smooth and flowing spaces of parametric design are not very common here, because living in an increasingly high-tech world, we prefer not to dress in spacesuits on a daily basis but to live in an environment that seems familiar to us, even if it was built by robots.

geradezu ideales Bild, doch als ich mich innerhalb weniger Tage durch all die Bilder und Pläne durchgearbeitet hatte, war ich schwer beeindruckt. Als hätte ich eine von Hans Holleins Architekturpillen geschluckt, sah ich nur noch schöne Dinge. Sie waren eher einfach als komplex, eher bescheiden als nüchtern. Fast immer aus Holz, fast immer klein dimensioniert. Die österreichischen Architekt*innen sind zweifellos durch und durch rationale, praktisch denkende Menschen, die Schritt für Schritt die Welt verbessern und Räume gestalten, die ein Gefühl von Zuhause vermitteln, das Wohlbefinden steigern und die Umwelt weniger belasten. Die extravaganten, glatten, fließenden Räume im parametrischen Design sind hier nicht so verbreitet, denn wenn wir es schon mit einer zunehmend hochtechnisierten Welt zu tun haben, wollen wir nicht auch noch täglich in Raumanzüge schlüpfen, sondern in einer Umgebung leben, die uns vertraut ist, selbst wenn sie von Robotern gebaut wurde.

Krisen hat es schon immer gegeben, wie auch die Architektur schon immer dazu beigetragen hat, sie in ihren Folgen abzumildern, vom Bau der Pariser Boulevards bis hin zur Entwicklung moderner Krankenhäuser. Galt der Wunsch des Menschen, die Natur zu beherrschen und Profite zu maximieren, früher als Entwicklungsmotor, so ist heute „Sorge-Tragen" das Schlüsselwort zur Bewältigung der aktuellen Krisen: der sorgsame Umgang mit der natürlichen Umwelt, damit die Biodiversität erhalten bleibt und unser Planet überlebt; Sorge zu tragen für eine gerechtere, pluralistische Gesellschaft, für die Schwächeren unter uns. Statt Wachstum wird Schrumpfen propagiert. Anstatt das Individuum in den Vordergrund zu stellen, ist das Gemeinwohl in den Fokus gerückt. Seit geraumer Zeit sprechen wir in der Architektur nicht ausschließlich vom Errichten neuer Bauwerke, sondern auch von der Transformation des Bestehenden, von Renovierung, hat uns doch das 20. Jahrhundert mehr Bausubstanz hinterlassen als alle vorherigen Jahrhunderte zusammen. Kompromissloses Sorgetragen geht immer vom Gegebenen aus, beginnt in der Mitte der Dinge, wie vor einigen Jahren die Botschaft der Ausstellung und Publikation *Critical Care* des Az W lautete. Neben der sanften Renovierung schöner landestypischer Architektur oder alter Festungen wurde in Salzburg auch die in den 1960er-Jahren im brutalistischen Stil errichtete Pädagogische Hochschule umsichtig saniert und erweitert. Der Umbau eines Wohnhauses in der Lederergasse in Linz, bei dem vorgefundene Materialien von den mia2-Architekt*innen geschickt wiederverwertet wurden, verdient ebenfalls Beachtung. Dieses zeit- und arbeitsintensive Projekt wurde übrigens von den Architekt*innen selbst in Auftrag gegeben, nachdem sie das jahrhundertealte Haus, das abgerissen werden sollte, gekauft hatten. Und es ist nicht das erste preisgekrönte Projekt, das von Architekt*innen initiiert und in Auftrag gegeben wurde. Schließlich ist dieser Beruf ideal, um proaktiv zu handeln.

Crises are nothing new in the world, and architecture has always played an important role in alleviating them, starting with the construction of the Parisian boulevards and ending with the development of modern hospital buildings. If, previously, the developmental engine was people's desire to control nature and maximize profits, then, in dealing with today's crisis, the keyword is caring, caring for the environment as a whole, so that biodiversity is preserved and the planet survives, caring for a more equal society, for those who are weaker, promoting degrowth instead of growth, fostering the common good instead of emphasizing the individual. In architecture, for some time now, instead of new construction, we have been talking about renovation and the transformation of the existing, because the twentieth century has bequeathed us more built substance than all the previous centuries combined. Radical care always starts with the given and in the midst of things—that was the message of the exhibition and publication "Critical Care" by Az W some years ago. In addition to the smooth renovation of beautiful Austrian vernacular architecture or old fortresses, the Brutalist Salzburg University of Education built in the 1960s has also been cleverly reconstructed. The renovation of the Lederergasse apartment building in Linz by mia2 architects, where materials found on site have been skillfully reused, is worthy of further study. By the way, this project, which required a great deal of time and effort, was commissioned by the architects themselves, who bought the several-hundred-year-old house earmarked for demolition. I have previously come across other award-winning projects in which the initiators or clients of a project were architects. After all, this profession provides a great advantage for professional proactivism.

In many of the social projects, flexible utilization was apparent, for instance the same spaces can be occupied by various user groups at different times of the day. Moreover, attention was clearly paid to spatial quality that encourages interaction, joint activities, and the exchange of ideas among larger or smaller groups. It is somewhat paradoxical that in today's super-connected world we have to work hard to create spaces for direct face-to-face communication in order to enhance the sense of community and identity. Human-centered space is also promoted by modern commercial architecture. For example, Snøhetta writes about the Swarovski factory in Wattens where the space is focused on atmosphere instead of production: "The manufacturing plant is therefore primarily a place for innovative cooperation. That is why the design does not focus on the production processes, which are a central part of the factory, but on the atmosphere and the space, since what is needed above all is an appealing and stimulating environment to promote visions." More and more often,

Was bei vielen sozialen Projekten sofort ins Auge springt, sind die flexiblen Raumstrukturen, so können zum Beispiel dieselben Räume von verschiedenen Gruppen zu bestimmten Tageszeiten auf unterschiedliche Weise genutzt werden. Weiters wird großer Wert auf eine räumliche Qualität gelegt, die zu Interaktion, zu gemeinsamen Aktivitäten und zum Gedankenaustausch innerhalb größerer oder kleinerer Gruppen stimuliert. Es mutet irgendwie paradox an, dass wir in unserer total vernetzten Welt hart arbeiten müssen, um Räume für die Kommunikation von Angesicht zu Angesicht zu schaffen, wodurch das Gefühl von Gemeinschaft und Identität gestärkt wird. Die moderne gewerbliche Architektur setzt ebenfalls auf Räume, die sich an den Bedürfnissen der Menschen orientieren. Snøhetta schreibt beispielsweise über die Swarovski-Manufaktur in Wattens: „Die Manufaktur ist in erster Linie ein Ort für innovative Kooperationen. Deswegen fokussiert der Entwurf nicht auf die Produktionsprozesse, die zentraler Bestandteil der Manufaktur sind, sondern auf die Atmosphäre und den Raum, denn es braucht vor allem eine ansprechende und anregende Umgebung, um Visionen zu fördern." Bei Wohnbauten wiederum werden Energieeffizienz und umweltfreundliche Technologien zunehmend zum wichtigen identitätsstiftenden Narrativ, das die Bewohner*innen eines Gebäudes zusammenschweißt. Im Text zum Smart Block Geblergasse, einem schlichten Wohnbau der Wiener Gründerzeit, der im Zuge der Sanierung auf eine nachhaltige Energieversorgung umgerüstet wurde, ist zum Beispiel zu lesen, dass ethisches Bauen Sorge-Tragen für alle bedeutet: „Das Ergebnis kurz zusammengefasst: Gemeinschaftliches Vorgehen bringt Freude im Alltag, schont die Umwelt, spart Energie und Geld für die Beteiligten und sichert ein gutes Leben für möglichst viele Bewohner*innen." Das Sorge-Tragen steht auch im Zentrum des unprätentiösesten Architekturprojekts in diesem Buch, ist doch das VinziDorf Wien ein Heim für Obdachlose, „für Menschen, die niemand will". Es besteht aus 16 Wohneinheiten und einem Gemeinschaftshaus, in dem es unter anderem warme Mahlzeiten gibt. Besonders hervorzuheben ist, dass diese idyllisch gelegenen Häuschen, die die wesentlichen menschlichen Grundbedürfnisse abdecken, das Ergebnis einer Initiative sind, die von einer aktiven Gemeinschaft organisiert und von der Kirche unterstützt wird, nicht vom offiziellen Sozialdienst. Übrigens war ein ähnliches Projekt dieses Jahr sogar unter den fünf Finalisten des renommierten Mies van der Rohe Award, und das trotz seiner einfachen, ja urwüchsigen Architektur: die Railway Farm in Paris, ein autarker Komplex mit Sozialwohnungen, Gemüsegarten und Restaurant, ist ein von der Funktionslogik her noch viel ambitionierteres Projekt, das ebenfalls mit Unterstützung einer Gemeinschaftsbewegung realisiert wurde. Für wen und wie wir bauen, wird bei der Bewertung von Gebäuden zu einem immer wichtigeren Kriterium.

energy efficiency and environmentally friendly technologies can be one of the important identity-creating stories to unite the building occupants, especially in the case of apartment buildings. For example, in the text for the Geblergasse Smartblock—a modest apartment building in Vienna equipped with CO_2-free energy during reconstruction—one can read how ethical construction means caring for all: "A joint approach brings joy in everyday life, protects the environment, saves energy and money for those involved, and ensures a good life for as many residents as possible." Caring is also at the heart of the book's most unpretentious architectural project: Vienna's VinziDorf homeless shelter, as housing "for people who nobody wants." It is comprised of 16 living units and a common building where, among other things, one can get a hot meal. It is worth emphasizing that these idyllically located cottages that provide basic living conditions are the result of an initiative organized by an active community and supported by the church rather than the official welfare service. Incidentally, it's also worth mentioning that a similar project was among the five finalists for the prestigious Mies van der Rohe Architecture Award this year, and this despite its simple, even robust, architecture: the Railway Farm in Paris is an even more ambitious project in terms of operational logistics. It is a self-sufficient complex comprised of a homeless shelter, vegetable garden, and restaurant and it, too, was built with the support of a community movement. For whom and how we build are becoming increasingly important criteria when evaluating buildings.

I myself come from a country where fifty years of total communal ownership and the Communist regime made people wary of any kind of cooperative activity. As a result, the economy has been dominated by private capital for the past thirty years, and community activism is only now gaining ground. I have always been interested in the examples of cooperative housing in Austria and Germany, which have long traditions in the local cultural space representing an 'anti-capitalist' housing model that provides an alternative to the market-based system (conditionally, of course). KooWoo, a housing construction cooperative in Volkersdorf near Graz, is repurposing an abandoned farm complex as communal spaces, and three residences for various types of families have been added. In addition to using renewable energy and saving natural resources, self-sufficiency of food production is also emphasized. Communal farming is an activity that unites the local community, giving rise to a kind of paradise-like Garden of Eden, where we probably have to consider others more than we are used to doing in our individualistic world. The GLEIS 21 housing estate in the Sonnwendviertel in Vienna is a good example of cooperative communal urban living. It features a ground floor for

Ich stamme aus einem Land, in dem 50 Jahre Kollektiveigentum und kommunistisches Regime die Menschen vor jeder Art von gemeinsamer Aktivität zurückschrecken ließ. In den letzten 30 Jahren wurde die Wirtschaft daher von privatem Kapital dominiert, sodass jetzt erst wieder ein gemeinschaftlicher Aktivismus erwacht. Ich habe mich immer für die Beispiele des genossenschaftlichen Wohnbaus interessiert, der in Österreich und Deutschland eine lange Tradition hat und als „antikapitalistisches" Wohnmodell eine Alternative zum marktwirtschaftlichen System darstellt (natürlich nur bedingt). Für das gemeinschaftlich geplante Wohnprojekt KooWoo in Volkersdorf in der Nähe von Graz wurde ein aufgelassener Bauernhof zu einem kollektiven Lebensraum umgestaltet und um drei Wohnungen für unterschiedliche Familienformen vergrößert. Neben der Nutzung erneuerbarer Energie und der Schonung natürlicher Ressourcen steht die Selbstversorgung mit Agrarprodukten im Vordergrund, womit die solidarisch organisierte Landwirtschaft auch eine gemeinschaftsstiftende Aktivität ist – und das in einer Art Garten Eden, wo man wahrscheinlich mehr Rücksicht auf andere nehmen muss, als wir es in unserer individualistischen Welt gewohnt sind. Das Wohnprojekt GLEIS 21 im Sonnwendviertel in Wien ist ein gutes Beispiel für genossenschaftliches urbanes Zusammenleben: Es gibt eine Erdgeschoßzone für gemeinsame Aktivitäten, die sowohl den Stadt- wie auch den Siedlungsbewohner*innen offensteht, dazu Gemeinschaftsräume wie eine Küche oder eine Bibliothek auf dem Dach. GLEIS 21 bietet aber auch solidarische Unterstützung in Form von Sozialwohnungen für Geflüchtete, die von den Bewohner*innen gemeinsam finanziert werden. Man muss sofort an Bauprojekte denken, die in die Architekturgeschichte eingegangen sind, beispielsweise das Narkomfin-Kommunehaus in Moskau, eine multifunktionale „Wohnmaschine" im besten Sinn und ein Meisterwerk der russischen Avantgarde, oder die Unité d'Habitation, ein modernistischer, von Le Corbusier entwickelter Wohnhaustyp, bei dem ihm unter anderem auch das Moskauer Gebäude als Inspiration diente. Handelte es sich hier noch um wahre Manifeste der Moderne, deren Architektur unmissverständlich eine neue Art von gesellschaftlichem Wohlergehen verkündete, so sind die Menschen heute vorsichtiger, was Utopien betrifft. Wohnbauten lenken nicht mehr sofort die Aufmerksamkeit auf sich, sie verkünden auch nichts mehr, ihre Aufgabe ist es, die Verwirklichung unterschiedlicher Lebenskonzepte zu ermöglichen. Die Welt ist noch immer ein dystopischer, zersplitterter Ort, wo alles ungleich verteilt ist und jede Veränderung in Richtung einer besseren Zukunft nur ganz langsam vor sich geht. Was keineswegs bedeutet, dass sich nichts verändern soll. Die Architekt*innen mit ihren vielfältigen Fähigkeiten gehören zu den Akteur*innen dieses Wandels, und das nicht nur heute, sondern auch in der Zukunft.

joint activities open to both the city and estate residents as well as other common spaces throughout the estate, including a kitchen and a library on the roof. There are also solidarity-based subsidies, such as social apartments for refugees paid for from the residents' joint fund. One is immediately reminded of other examples in architectural history, like the Narkomfin Building in Moscow, an example of a house as a diverse machine for living and a masterpiece of the Russian avant-garde or, partly inspired by this, the Unité d'Habitation, a Modernist residential housing typology developed by Le Corbusier. However, if these were clear manifestos of a Modernism whose architecture clearly spoke of a new type of social well-being, people today are warier of utopias. Residential architecture no longer stands out or declares anything; its role is to enable different life concepts to manifest. The world is still a dystopian, fractured, and unequal place where any alteration in the course toward a better future occurs very slowly. This does not, by any means, imply that changes should not be made, and architects, with their diverse skills, are among the agents of change both today and in the future.

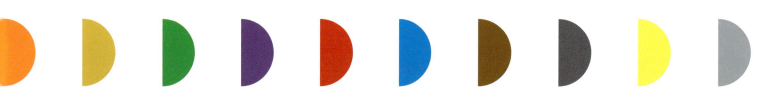

Akteur*innen Actors

Bildung Education

Stadtraum, Infrastruktur Public Space, Infrastructure

Industrie, Handel, Gewerbe Industry, Trade, Commerce

Einfamilienhaus Single-Family House

Kultur Culture

Tourismus, Freizeit Tourism, Leisure

Wohnen Living

Büro, Verwaltung Office, Administration

Öffentliche Bauten Public Buildings

ÖFFENTLICHE BAUTEN PUBLIC BUILDINGS

Dragonerhöfe
Wels, Oberösterreich

Luger & Maul haben die Revitalisierung der ehemaligen Dragoner-kaserne über Jahrzehnte begleitet. Mit ihren auf den denkmalge-schützten Bestand abgestimmten Konzepten für Wohnen, Arbeiten und öffentliche Nutzungen haben sie der Stadt ein für lange Zeit verlorenes Areal zurückgegeben. Gerade die beiden zuletzt ent-standenen Bauten – der bis zu sechs Geschoße hohe konstruktive Holzbau einer Wohnanlage und der Einbau einer räumlich höchst inspirierenden Tanzschule in die einstige Reithalle – sind vorbildlich im Einsatz zukunftsweisender Technologie bei tiefem Verständnis für die Qualität des (Stadt)Raums. *rr*

Luger & Maul have been part of revitalizing the former Dragoner-kaserne (dragoon barracks) for decades. Their concepts for living, working, and public uses are tailored to the listed building, return-ing to the city an area that had been lost to it for a long time. The two most recent buildings in particular—a timber residential com-plex up to six stories high in places, and the addition of a spatially inspiring dance school in the former riding hall—are exemplary in their use of future-oriented technology and deep understanding of the quality of the urban space. *rr*

Architektur Architecture Architekten LUGER & MAUL ZT GmbH, Maximilian Luger, Franz Maul, www.luger-maul.at
Mitarbeit Assistance Markus Thurner, Barbara Wilfingseder, Bernhard Pammer
Bauherrschaft Client WAG Wohnungsanlagen GmbH, www.wag.at
Tragwerksplanung Structural engineering Raffelsberger & Partner ZT GmbH
Planungs- und Bauzeit Duration of design and construction 2012–2018
Nutzfläche Floor area 600 m², (Bestand Existing buildings), 6.800 m² (Neubau New buildings), 1.000 m² (Fitnessstudio Gym), 820 m², (Tanzstudio Dance studio)
Adresse Address Dragonerstraße 44, 4600 Wels, Oberösterreich

Nominierung Mies van der Rohe Award 2021

Raum, der Stadt zurückgegeben
Returning Space to the City

Stadtbibliothek Dornbirn
Dornbirn, Vorarlberg

Architektur Architecture Dietrich | Untertrifaller Architekten ZT GmbH, Helmut Dietrich, Much Untertrifaller, Dominik Philipp, Patrick Stremler, www.dietrich.untertrifaller.com mit with Architekt Christian Schmoelz, www.christianschmoelz.com
Mitarbeit Assistance Peter Nussbaumer, Christopher Braun
Bauherrschaft Client Stadt Dornbirn, www.dornbirn.at
Tragwerksplanung Structural engineering gbd ZT GmbH
Planungs- und Bauzeit Duration of design and construction 2018–2019
Nutzfläche Floor area 1.610 m^2
Adresse Address Schulgasse 44, 6850 Dornbirn, Vorarlberg

Bauherrenpreis der Hypo Vorarlberg 2020

An der Schulgasse sind mehrere Bildungseinrichtungen versammelt. Die alte, zu kleine Stadtbibliothek befand sich hier in einer Villa. Die Architekten platzierten in die Wiese daneben einen Neubau in organischer Form mit gläserner Fassade, vor der sich ein Vorhang aus Keramikelementen befindet, die an Bücher im Regal erinnern. Die Fassade erzeugt im Inneren, wo Holz und Sichtbeton vorherrschen, eine außergewöhnliche Lichtstimmung. Umgekehrt strahlt das Gebäude bei Nacht hinter der Keramik hervor. Die Freihandbereiche sind offen um das helle Atrium angeordnet, in dem Veranstaltungen stattfinden. *rt*

Several educational institutions are gathered on Schulgasse, including the old city library, which was located here in a villa and was too small. The architects placed a new, organically shaped building with a glass façade in the adjacent meadow. In front of this is a curtain of ceramic elements, reminiscent of books on a shelf. By day, the façade creates an extraordinary lighting ambience inside, where wood and exposed concrete predominate, while at night, the building gleams from behind the ceramics. The reading areas are arranged loosely around the bright atrium, where events are held. *rt*

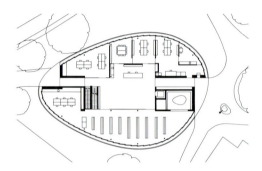

Buchrotunde
Library Rotunda

Von Haus zu Haus
From House to House

Landesklinikum Thermenregion
Mödling, Niederösterreich

Ein Krankenhaus ist die vielleicht schwierigste Planungsaufgabe unserer Zeit. Ständig wird umgebaut, ständig sind neue medizinische und technische Erkenntnisse zu berücksichtigen. Daher bestimmen hier vor allem kurze helle Wege das architektonische Konzept. Drei Pavillons und ein verglaster Eingang sind durch Brücken miteinander verbunden. Die Häuser aus Ziegel, Aluminium und Holz nehmen in ihren Volumen die Körnung der nachbarschaftlichen Wohnbebauungen auf. Rund um die Pavillons aber sorgen grüne Räume für schöne Blicke. Diese Durchgrünung ist eine wichtige Voraussetzung zum Wieder-gesund-Werden. *kjb*
Planning a hospital is perhaps the most difficult design task of our time. These facilities are perpetually being remodeled, with constant new medical and technical developments to take into account. This is why the architectural concept here is primarily guided by short, bright paths. Bridges connect three pavilions and a glazed entrance. The building volumes—made of brick, aluminum, and wood—continue the texture of the neighboring residential buildings, and green spaces surrounding the pavilions ensure beautiful views. This greening is also an important element of patient recovery. *kjb*

Architektur Architecture ARGE Generalplanung Thermenklinikum Mödling: Architekt Katzberger ZT GmbH, www.katzberger.at; Loudon, Habeler & Kirchweger Architekten ZT GmbH, www.habeler-kirchweger.at; Moser Architekten ZT GmbH, www.moserarchitects.at; Architekt Franz Pfeil ZT GmbH, www.pfeil.co.at
Mitarbeit Assistance Martin Palmrich, Ingeborg Heim, Philipp Zimmer
Bauherrschaft Client VALET-Grundstücksverwaltungs-GmbH
Tragwerksplanung Structural engineering Klestil ZT GmbH
Landschaftsarchitektur Landscape architecture Atelier Landschaft
Lichtkonzept Lighting concept Die Lichtplaner – Hochschwarzer
Akustik Acoustics Quiring Consultants
Leitsystem Navigation system buero bauer, Gesellschaft für Orientierung und Identität
Planungs- und Bauzeit Duration of design and construction 2007–2020
Nutzfläche Floor area 45.169 m²
Adresse Address Schwester-Maria-Restituta-Gasse 12, 2340 Mödling, Niederösterreich

Vorbildliches Bauen in Niederösterreich 2020
Nominierung Mies van der Rohe Award 2021

Sport- und Kulturhalle Neutal
Neutal, Burgenland

Eine Sport- und Kulturhalle dieser Größenordnung in einem kleinen Dorf ist bemerkenswert. Am Anfang gab es eine Bürgerbefragung, ob denn die Neutaler überhaupt eine solche Halle haben wollten. Die Zustimmung war eindeutig. Es folgten Machbarkeitsstudien, Nutzungskonzepte und Workshops, schließlich auch ein Plan. Die 37 Meter lange Halle bietet nun Platz für Sport, Konzerte, Theater und Feste. Gebaut wurde mit einem hohen architektonischen Anspruch in Holz: Innenwände, Zwischendecken und Dach bestehen aus Brettsperrholz, die Außenhülle wurde verschalt, dazu kommen Akustikpaneele. *kjb*

A sports and culture hall of this size in such a small village is remarkable. It started out with a public survey to determine whether the citizens of Neutal even wanted such a facility; their approval was unequivocal. The vote was followed by feasibility studies, use concepts, workshops, and finally a plan. Now, the 37-meter-long hall provides space for sports, concerts, theater performances and festivals. The timber building meets high architectural standards: The interior walls, suspended ceilings, and roof are made of cross-laminated timber, the outer shell is clad in planks, and acoustic panels dampen the sound. *kjb*

Architektur Architecture SOLID architecture ZT GmbH, Christine Horner, Christoph Hinterreitner, Tibor Tarcsay, www.solidarchitecture.at
Bauherrschaft Client Gemeinde Neutal, www.neutal.at
Tragwerksplanung Structural engineering Woschitz Engineering ZT GmbH
Planungs- und Bauzeit Duration of design and construction 2018–2020
Nutzfläche Floor area 818 m^2
Adresse Address Hans-Nießl-Platz 4, 7343 Neutal, Burgenland

Architekturpreis Land Burgenland 2020
Holzbaupreis Burgenland 2020

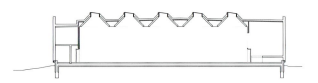

Das Dorf sagte Ja
The Village Said Yes

Gelungene Belebung
Successful Revival

Neue Ortsmitte Arriach
Arriach, Kärnten

Um den Nahversorger im Ortszentrum zu halten, erwarb und bezog die Gemeinde Arriach das im 19. Jahrhundert erbaute „Scherzerhaus" und ließ für den Nahversorger südlich daran angrenzend einen eingeschoßigen Holzbau errichten. Von der Straße zurückgesetzt, spannt dieser mit dem Altbau einen Dorfplatz auf, der nun mit Dorfbrunnen und Schwarzkiefern das Zentrum des Ensembles mit Kirche und Pfarrhof bildet. Der auch innen in Massivholz ausgekleidete Neubau nimmt den Fassadenrhythmus des Altbaus auf, welcher thermisch saniert und in Eschenholz ausgestattet wurde. *am*

In order to keep the local store in the center of town, the municipality of Arriach purchased and moved into the nineteenth-century Scherzerhaus building and, to the south, erected a single-story wooden structure for the shop. Set back from the road, the new building maps out a village square together with the old building, which has become the center of an ensemble comprising the church and vicarage, village fountain, and black pines. The new building, lined with solid wood inside and out, picks up the façade rhythm of the old, which was renovated for efficiency of theme and outfitted with ash wood. *am*

Architektur Architecture Hohengasser Wirnsberger Architekten ZT GmbH, Sonja Hohengasser, Jürgen Wirnsberger, www.hwarchitekten.at
Mitarbeit Assistance Tobias Küke
Bauherrschaft Client Gemeinde Arriach, www.arriach.gv.at
Tragwerksplanung Structural engineering DI Markus Lackner
Landschaftsarchitektur Landscape architecture WLA Winkler Landschafts Architektur
Örtliche Bauaufsicht Site supervision Ing. Bernhard Unterköfler
Planungs- und Bauzeit Duration of design and construction 2018–2021
Nutzfläche Floor area 435 m^2 Sanierung Gemeindeamt Renovation municipal office, 265 m^2 Neubau Nahversorger New building local suppliers
Adresse Address Arriach 43, 9543, Arriach, Kärnten

Anerkennung Holzbaupreis Kärnten 2021

Gemeindezentrum Großweikersdorf
Großweikersdorf, Niederösterreich

Das neue Gemeindezentrum im niederösterreichischen Großweikersdorf schaut auf den ersten Blick aus wie ein einfaches Haus mit Satteldach. In Wirklichkeit sind es aber mehrere leicht zueinander versetzte Baukörper, die durch Vor- und Rücksprünge schöne Platzsituationen entlang der beiden längsseitigen Gassen erschaffen. Betritt man das Haus, gelangt man in einen hohen, lichtdurchfluteten Raum mit einer sichtbaren Holzkonstruktion. Eine Treppenanlage mit breiten Sitzstufen führt in den Sitzungssaal im ersten Obergeschoß. Große Fenster bieten Ein- und Ausblicke. So stellt man sich ein bürgernahes Gemeindezentrum vor. *ai*
At first glance, the new community center in Großweikersdorf, Lower Austria, looks like a simple house with a gabled roof. In reality, however, several buildings have been slightly offset from one another, with projections and recesses that create lovely pocket plazas along the two side streets. Entering the building, one arrives in a lofty, light-filled room with a visible timber construction. A staircase with broad steps that can be used for seating leads to the first-floor meeting room. Large windows offer views in and out. This is truly a community center that focuses on its citizens. *ai*

Architektur Architecture smartvoll architekten zt kg, Christian Kircher, Philipp Buxbaum, www.smartvoll.com
Mitarbeit Assistance Olya Sendetska
Bauherrschaft Client Marktgemeinde Großweikersdorf, www.grossweikersdorf.gv.at
Tragwerksplanung Structural engineering Buschina & Partner ZT GmbH
Landschaftsarchitektur Landscape architecture EGKK Landschaftsarchitektur
Planungs- und Bauzeit Duration of design and construction 2017–2020
Nutzfläche Floor area 1.240 m^2
Adresse Address Hauptplatz 7, 3701 Großweikersdorf, Niederösterreich

Holzbaupreis Steiermark 2021
Architizer A+Award 2021

Gebaute Bürgernähe
Focusing on Citizens

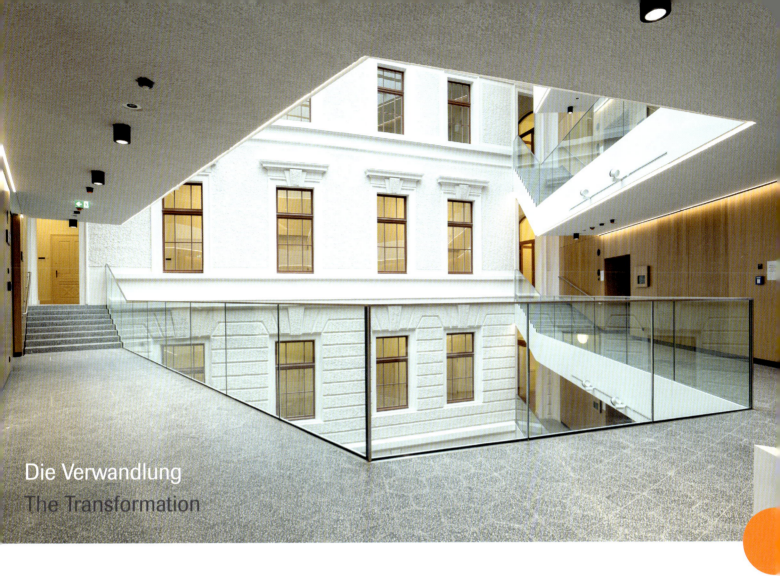

Die Verwandlung
The Transformation

Justizgebäude Salzburg
Salzburg

Wie eine Festung steht das Gebäude inmitten der Stadt. Früher waren hier Gericht und Gefängnis drinnen. Heute ist das Gefängnis verlegt und der Bau wurde in ein zeitgemäßes Gerichtsgebäude verwandelt. Sanierung und Erweiterung brachten die Öffnung des Innenhofes für Passant*innen und einen y-förmigen Neubau mit sich. Das Justizgebäude ist ein gelungenes Beispiel für die Modernisierung denkmalgeschützter Bauten. Die äußere Erscheinung blieb erhalten, das innere Wesen des Gebäudes wurde aber konsequent umgekrempelt, damit der Bau auch das ausstrahlt, wofür er stehen soll: für eine demokratische Rechtsprechung. *ai*
The building stands like a fortress in the middle of the city. It previously held both the city court and prison. Today, the prison has been relocated and the building transformed into a contemporary courthouse. The refurbishment and expansion opened the courtyard to pedestrians and added a Y-shaped new building. The judicial building is a fine example of how to successfully modernize heritage-protected buildings. The outer appearance has been preserved, and the inner essence of the building thoroughly and carefully turned around until the building radiates its intended significance: democratic jurisprudence. *ai*

Architektur Architecture Franz und Sue ZT GmbH, Christian Ambos, Michael Anhammer, Robert Diem, Björn Haunschmid-Wakolbinger, Harald Höller, Erwin Stättner, Corinna Toell, www.franzundsue.at
Mitarbeit Assistance Ursula Gau (Projektleitung Project management), Norbert Peller, Uta Deri
Bauherrschaft Client BIG Bundesimmobiliengesellschaft m.b.H., www.big.at
Tragwerksplanung Structural engineering kppk ZT GmbH
Landschaftsarchitektur Landscape architecture rajek barosch landschaftsarchitektur
Lichtplanung Lighting concept Christian Ploderer
Planungs- und Bauzeit Duration of design and construction 2012–2018
Nutzfläche Floor area 13.500 m^2
Adresse Address Rudolfsplatz 2, 5020, Salzburg

Anerkennung Architekturpreis Land Salzburg 2020

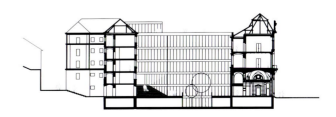

Glassalon
Neuhaus, Niederösterreich

Architektur Architecture Baukooperative GmbH, Michael Karasek,
Thomas Trippl, Siegfried Größbacher, www.baukooperative.com
Bauherrschaft Client Starlinger & Co GmbH
Planungs- und Bauzeit Duration of design and construction
2017–2018
Nutzfläche Floor area 380 m^2
Adresse Address Hauptplatz 3, 2565 Neuhaus, Niederösterreich

best architects 22

Eine Architektur feiert den Ort und lässt (sich) feiern: Der neue
Glassalon, als Veranstaltungsraum, schließt an zwei Parkanlagen,
öffentlich und privat, und an den Altbestand im kleinen, aber historisch bestimmten Dorf Neuhaus an. Eine festliche Ergänzung, in
Form und Konstruktion. Der Dialog zur Umgebung bestimmt die
grundsätzliche Haltung der modernen Halle. Zehn Betonscheiben,
mit Glas verbunden, definieren die äußere, durchlässige Form. Im
Inneren variiert formal der Rundbogen des Bestandes und spannt
einen eigenen Raum mit bewegendem Rhythmus. Einfach, vielsei-
tig und edel auch das Möbel für unterschiedliche Feste – und
Stimmungen. *mh*

This is architecture that celebrates itself and the location while
making space for celebrations. The new glass salon (an events
space) connects two parks (one public and one private) and the
old building fabric of the small, historically shaped village of
Neuhaus. A festive addition, both in form and construction. The
dialogue with its environment establishes the basic approach of
the modern events hall. Ten concrete panels connected with glass
form the outer, permeable envelope. Inside, the round arched
ceiling of the existing building varies in shape, spanning the space
with a lively rhythm. The furniture for different types of events is
also simple, versatile, and elegant—perfect for any mood. *mh*

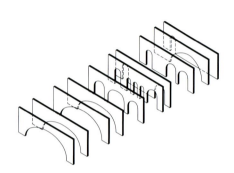

Gläserne Verbundenheit
Transparent Connection

Ortskernkompetenz
Local Competence

Ortszentrum Stanz
Stanz im Mürztal, Steiermark

Stanz ist eine kleine Gemeinde in einem Seitental des Mürztals. Auf Initiative des Bürgermeisters und des Gemeinderats wurde 2016 ein Revitalisierungs- und Ortskernerneuerungsprozess in Gang gesetzt, im Zuge dessen Nussmüller Architekten im Rahmen eines Bürger*innenbeteiligungsprozesses Bestandssanierungen sowie Neu- und Umbauten planten, die unter anderem einen Holzwohnbau für Junge und Senior*innen, einen Nahversorger, Bankstelle und Frisör beinhalten. Das Gemeindeamt wurde modernisiert, ein Veranstaltungssaal eingebaut und die städtebauliche Situation dahingehend geändert, dass ein attraktiver Hauptplatz mit Begegnungszone entstanden ist. *eg*

Stanz is a small community in a side valley of the Mürztal. At the initiative of the mayor and the municipal council, a revitalization and renewal process of the town center was launched in 2016. In a process that invited citizen participation, Nussmüller Architekten planned the renovation of existing buildings and designed new structures and conversions, including a timber apartment building for young and senior citizens, the general store, a bank, and a hairdresser. In addition, the municipal offices were modernized, an events hall was installed, and the urban layout was changed to create an attractive main square with a meeting area. *eg*

Architektur Architecture Nussmüller Architekten, Stefan Nussmüller, www.nussmueller.at
Bauherrschaft Client Gemeinde Stanz im Mürztal, www.stanz.at; Wohnbaugruppe Ennstal, www.wohnbaugruppe.at
Tragwerksplanung Structural engineering ZT-Büro DI Peter Rath
Planungs- und Bauzeit Duration of design and construction 2017–2020
Nutzfläche Floor area Neubau Wohnen New building living 845 m^2, Neubau Gewerbe New building trade 336 m^2, Neubau Gemeinde New building municipality 130 m^2, Sanierung Gemeinde Renovation municipality 240 m^2
Adresse Address Stanz 46, 8653 Stanz im Mürztal, Steiermark

Holzbaupreis Steiermark 2021

Österreichische Botschaft Bangkok
Bangkok, Thailand

Architektur Architecture HOLODECK architects, Marlies Breuss, Michael Ogertschnig, www.holodeckarchitects.com
Mitarbeit Assistance Suchon Mallikamarl, Johannes Müller, Chloe Priou
Bauherrschaft Client Bundesministerium für Europa, Integration, Äußeres, www.bmeia.gv.at
Tragwerksplanung Structural engineering gmeiner haferl zivilingenieure zt gmbh
Generalunternehmer General contractor Power Line Engineering Bangkok
Planungs- und Bauzeit Duration of design and construction 2015–2017
Nutzfläche Floor area 590 m^2
Adresse Address No.14 Soi Nantha-Mozart, Sathorn Soi 1, South Sathorn Road, Thungmahamek, Sathorn, Bangkok 10120, Thailand

European Architecture Award 2020

Die durchbrochene Struktur der Teakholzwand, die sich in der schmalen Gasse des dicht verbauten Gebiets unauffällig entlang-zieht, verspricht in ihrer schlichten Eleganz etwas Besonderes. Dahinter eröffnet sich das heterogen in einzelne Baukörper auf-gelöste und um einen schattig begrünten Hof angeordnete Konzept. Elemente und Materialien aus der traditionell thailändi-schen Bauweise wurden hier neu interpretiert, mit österreichischen Bautypologien sowie technisch perfektionierten Details ergänzt und mit besonderem Feingefühl zu einer herausragenden bilate-ralen Komposition vollendet. *mk*

The simple elegance of the surface structure of the teak wall that inconspicuously lines the narrow avenue in a densely built-up area promises something very special. Behind it, a concept of individual structures arranged around a shady green courtyard opens up. Traditional Thai building elements and materials were introduced and reinterpreted, supplemented by Austrian design typologies and technically perfected details finished with a spatial sensitivity that creates an outstanding bilateral composition. *mk*

Eine bilaterale Komposition
A Bilateral Composition

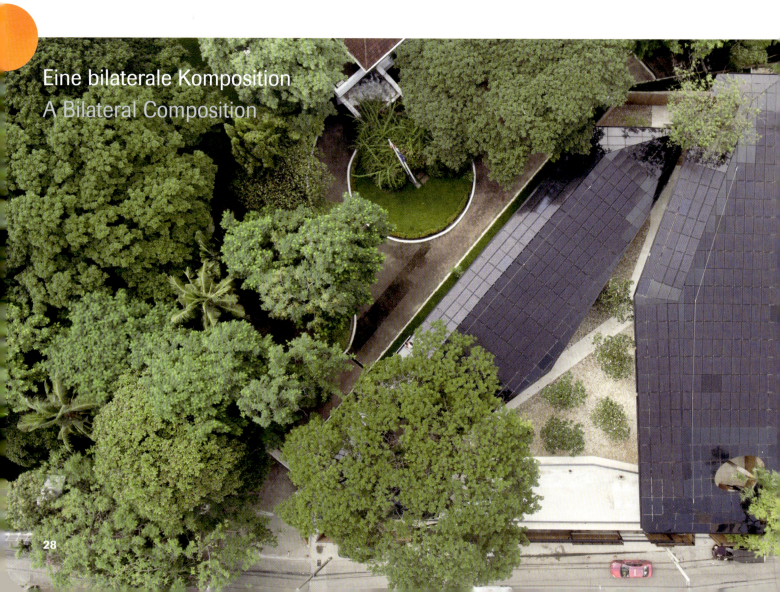

Dorfplatz auf der Höhe der Zeit
A Contemporary Village Square

Gemeindebauten Mellau
Mellau, Vorarlberg

Architektur Architecture Dorner\Matt Architekten, Christian Matt, Markus Dorner, www.dorner-matt.at
Mitarbeit Assistance Hannes Zumtobel
Bauherrschaft Client Gemeinde Mellau, www.gemeinde.mellau.at
Tragwerksplanung Structural engineering Mader + Flatz Baustatik ZT GmbH
Planungs- und Bauzeit Duration of design and construction 2014–2018
Nutzfläche Floor area 2.104 m²
Adresse Address Platz 292, 6881 Mellau, Vorarlberg

Bauherrenpreis der Hypo Vorarlberg 2020

Die beiden Neubauten aus Holz für Kindergarten und Mehrzweckhalle / Musiksaal formen zusammen mit Kirche, Volksschule und Gemeindeamt einen neuen Dorfplatz mit Dorflinde, anschließend ans touristisch-wirtschaftliche Zentrum. Die präzise positionierten Baukörper bilden funktionelle und atmosphärische Innen- und Außenräume, belassen Wegbeziehungen und sind mit dem Bestand verknüpft, nicht zuletzt durch das Tiefgaragengeschoß unter dem Platz. Die gläsern-hölzernen geschichteten Fassaden fügen sich selbstverständlich ein, das Ensemble aus Alt und Neu ist nun das Gemeindezentrum von Mellau. *rt*

The two new wood buildings, for a kindergarten and a multiuse events and concert hall, join with the church, school, and municipal offices to form a new town square. The plaza is replete with a village linden tree and is situated adjacent to the chamber of commerce and tourism. The precisely placed structures are functional and have atmosphere both inside and out. The old pathways are untouched, with the new structures tying in to the existing buildings, not least through the underground garage beneath the square. The glass and wood façades fit in naturally: the ensemble of old and new is now the community center of Mellau. *rt*

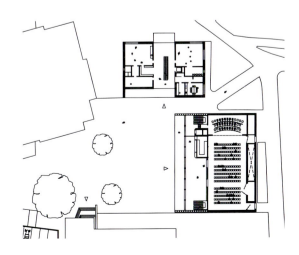

BÜRO
VERWALTUNG
OFFICE
ADMINISTRATIO

Denk.Werk.Statt Hittisau
Hittisau, Vorarlberg

Die Scheune steht in Hittisau im Bregenzerwald. Fast 30 Meter lang, 19 Meter breit und 13 Meter hoch, Dorfinventar. Georg Bechter erbte sie von seinem Vater. Was für ein Volumen! Es wurde zur stylishen Denk-und Kreativwerkstatt, Showroom, Produktion und Vertrieb für Bechter Licht. Ein rautenförmiges Fichtengeflecht auf schwarzem Windpapier kleidet nun die Scheune ein, der im Süden ein mehrgeschoßiger Wintergarten aus weißem Holz vorgestellt ist. Der ungeheizte Raum ist perfekt zum Hirn-Auslüften, gemeinsam Essen und für den Indoorgarten im Erdgeschoß. Von hier aus gehen Lampen rund um die Uhr in alle Welt. *im*

The barn is located in Hittisau in the Bregenzerwald. Almost 30 meters long, 19 meters wide, and 13 meters high, it is a staple of the village. Georg Bechter inherited the barn from his father—and what a volume it is! Now it has been transformed into the stylish creative workshop, idea factory, showroom, production site, and sales center of Bechter Licht. A diamond-shaped weaving of spruce on black house wrap now clads the barn, which is preceded to the south by a multistory conservatory made of white wood. The unheated space is perfect for taking a mental break, dining together, and enjoying the ground-floor indoor garden. From this hub, lamps are sent all over the world around the clock. *im*

Architektur Architecture Georg Bechter Architektur+Design, www.bechter.eu
Mitarbeit Assistance Michael Flatz, Teresa Rädler
Bauherrschaft Client Bechter Licht GmbH, www.georgbechterlicht.at
Tragwerksplanung Structural engineering zte Leitner ZT GmbH
Landschaftsarchitektur Landscape architecture Georg Bechter Architektur
Farbkonzept Color concept Ilona Amann
Planungs- und Bauzeit Duration of design and construction 2019–2020
Nutzfläche Floor area 850 m²
Adresse Address Dorf 135a, 6952 Hittisau, Vorarlberg

Staatspreis Architektur und Nachhaltigkeit 2021

Metamorphose einer Scheune
Metamorphosis of a Barn

Quartiershaus und Architekturcluster Stadtelefant
Wien

Für den neuen Stadtteil beim Hauptbahnhof wurden innovative, ungewöhnliche Akteur*innen gesucht, die hier nutzungsgemischte, architektonisch herausragende Häuser bauen. Mit dem Stadtelefanten ist das gelungen: Architekturbüros und architekturnahe Dienstleister gründeten eine Errichtungsgesellschaft, der Neubau versteht sich als „Gründerzeit 2.0", auch wenn er mit der Betonfertigteilfassade nicht so aussieht: Die Büroflächen sind robust, flexibel, hell, mit hohen Räumen. Im Erdgeschoß gibt es ein Restaurant und Büros für Architekturvermittlung. Am Dach befinden sich ein paar Wohnungen. *rt*

City planners sought out innovative and unusual protagonists to build the mixed-use, architecturally outstanding buildings near Vienna's new Central Station. With several architecture firms and their service providers coming together to found a construction company, the Stadtelefant project became a particular success. The new building defines itself as "Gründerzeit period 2.0," even if its precast concrete façade does not look like it: the office spaces are wholesome, flexible, bright, and have high ceilings. A restaurant and offices for architecture associations are located on the ground floor, and a few apartments are tucked away up on the roof. *rt*

Architektur Architecture Franz und Sue ZT GmbH, Christian Ambos, Michael Anhammer, Robert Diem, Björn Haunschmid-Wakolbinger, Harald Höller, Erwin Stättner, Corinna Toell, www.franzundsue.at
Mitarbeit Assistance Josef Suntinger (Projektleitung Project management), Norbert Peller, Wolfgang Fischer
Bauherrschaft Client Bloch-Bauer-Promenade 23 Real GmbH (A-NULL Bausoftware, Franz & Sue, Hoyer Brandschutz, PLOV Architekten, SOLID Architekten)
Tragwerksplanung Structural engineering petz zt-gmbh
Planungs- und Bauzeit Duration of design and construction 2016–2018
Nutzfläche Floor area 2.617 m²
Adresse Address Bloch-Bauer-Promenade 23, 1100 Wien

AIT-Award 2020
best architects 21

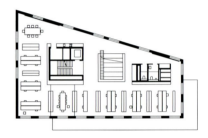

Projektentwicklung selbst gemacht
DIY Project Development

34

Bürogebäude din Sicherheitstechnik
Schlins, Vorarlberg

Der Bauherr produziert Notlicht mit hohem Anspruch an Qualität und Design. Entsprechend waren auch die Vorgaben an das Haus. Der schnörkellose Holzbau mit sichtbarer Konstruktion und scharfen Kanten setzt neue Maßstäbe an das Ideal des Monolithen aus Holz. Stehende Schalung rundum, nur eine schmale Blechkante deutet oben die versenkte Rinne an. Holzschalung über Folie auch am Dach. Öffnung? Gibt's nur zweimal. Rückwärts zu den Schreibtischen, vorne zum Sozialraum. Der Eingang ist eine flache, fensterlose Nische, und wenn es sonst noch Licht braucht, wird die Schalung zum Screen auseinandergerückt. Das Satteldach als neue Kiste. *rf*

The client is an emergency lighting manufacturer with strict standards for quality and design; the specifications for the house were correspondingly high. The no-frills timber building with visible structure and sharp edges sets a new bar. Vertikal planking all around, with only a narrow metal edge showing the sunken channel at the top. Timber cladding over foil on the roof as well. Openings? There are only two: in the rear by the desks and in the social room in the front. The entrance is a flat, windowless niche, and—if more light is desired—the cladding can be pushed apart to reveal a screen. A gabled roof on a new wooden box. *rf*

Architektur Architecture Fink Thurnher Architekten, Josef Fink, Markus Thurnher, www.fink-thurnher.at
Bauherrschaft Client din Sicherheitstechnik GmbH&Co KG, www.notlicht.at
Tragwerksplanung Structural engineering gbd ZT GmbH
Lichtplanung Lighting concept Manfred Remm
Bauleitung Site supervision Thomas Marte
Planungs- und Bauzeit Duration of design and construction 2017–2019
Nutzfläche Floor area 530 m^2
Adresse Address Walgaustraße 36, 6824 Schlins, Vorarlberg

Holzbaupreis Vorarlberg 2021

Atelier Klostergasse
Bregenz, Vorarlberg

Architektur *Architecture* Bernardo Bader Architekt ZT GmbH, www.bernardobader.com
Bauherrschaft *Client* Bernardo Bader
Tragwerksplanung *Structural engineering* Mader + Flatz Baustatik ZT GmbH
Planungs- und Bauzeit *Duration of design and construction* 2017–2019
Nutzfläche *Floor area* 675 m²
Adresse *Address* Klostergasse 9a, 6900 Bregenz, Vorarlberg

Bauherrenpreis der Hypo Vorarlberg 2020
Nominierung Mies van der Rohe Award 2021

Das Atelier- und Wohnhaus von Bernardo Bader ist ein Statement, es verdichtet seine Auffassung von Architektur zum Punkthaus. In seinen Abmessungen ist es radikal auf das Wesentliche reduziert. Außenwände aus dunklem Sichtbeton, mit Eisenoxid pigmentiert. Die Fenster sind als abstrakte Öffnungen in die Fassade eingestanzt. Alle raumhoch, fast alle ein Format. Die Treppe ist ein Kunstwerk für sich. Auch anthrazitgrau, auch Sichtbeton, schraubt sie sich um eine tropfenartige, sechseckige Spindel. Ihr Handlauf wirkt wie eine durchgehende Linie. Architektur als Fels in der Brandung von baulichem Mittelmaß. *im*

Bernardo Bader's studio and apartment building makes a statement, condensing his concept of architecture into a point-block building and radically reducing its dimensions to the essentials. Exterior walls are of exposed concrete, darkened with iron oxide pigments. The windows are punched out of the façade, abstract apertures that are room high, almost all the same format. The staircase is a work of art in and of itself. Also anthracite gray, also exposed concrete, it winds around a teardrop-shaped, hexagonal spindle. Its handrail seems like a continuous line. In a sea of structural mediocrity, this architecture is solid as a rock. *im*

Fels in der Brandung
Solid as a Rock

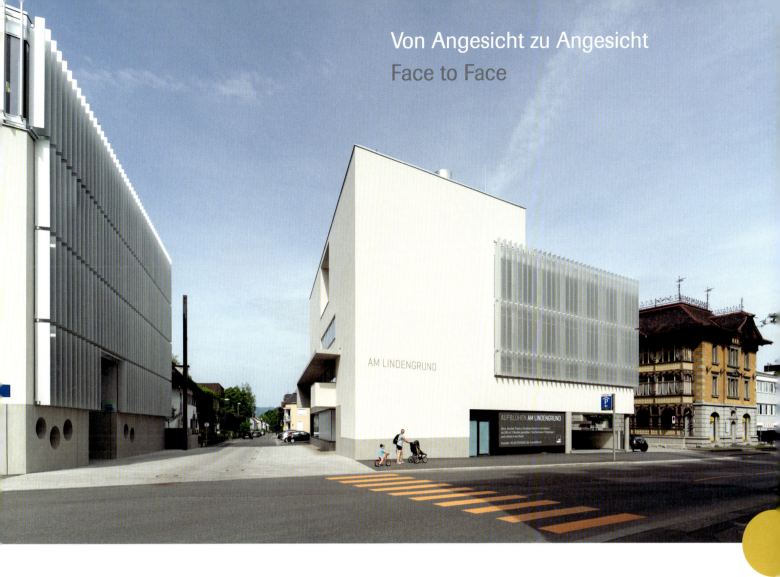

AM LINDENGRUND

BTV Bank- und Geschäftshaus
Dornbirn, Vorarlberg

Wie Peter Handke 1969 unterschiedlichste Textsorten in einem Buch verband, so vereint Rainer Köberl heute „Raumspiele" zu zwei Gebäuden. Eine Bankfiliale und ein Geschäftsgebäude mit Saal stehen sich über eine kleine Straße, die Platz sein will, mit ihren Schauseiten gegenüber. Am Spielerischen und Heterogenen, an den Brüchen und Eigentümlichkeiten der Dornbirner Stadt-landschaft webt das Projekt weiter. Unerwartete Rückseiten und großmaßstäbliche Fassadensysteme, Atrien und skulpturale Innen-räume, dazu Parkett in theatralischem Fischgrätmuster bilden eine räumlich-sprachliche Erzählung, die verstört und verzaubert. *rf*
Just as Peter Handke combined highly varied types of writing into a single book in 1969, Rainer Köberl today combines his "games of space" into two buildings. A bank branch and a business build-ing with a hall face each other across a small street that aspires to be a square. The project is another stitch in the pattern of playful and heterogeneous breaks and peculiarities of the Dornbirn cityscape. Unexpected backsides and large-scale façade systems, atriums and sculptural interiors, and parquet in a theatrical herringbone pattern come together to form a spatial linguistic narrative that disrupts and enchants. *rf*

Architektur Architecture Architekt Rainer Köberl, www.rainerkoeberl.at
Mitarbeit Assistance Richard Weiskopf (Projektleitung Project management), Julian Gatterer, Christopher Perktold
Bauherrschaft Client Bank für Tirol und Vorarlberg AG, www.btv.at
Tragwerksplanung Structural engineering gbd ZT GmbH
Planungs- und Bauzeit Duration of design and construction 2013–2017
Nutzfläche Floor area 1.374 m² (Bankgebäude Bank building), 2.269 m² (Geschäftshaus Office building)
Adresse Address Bahnhofstraße 13, 6850 Dornbirn, Vorarlberg

Aluminium-Architektur-Preis 2020/21

PCT Loftbüro
Thalgau, Salzburg

Architektur Architecture dunkelschwarz ZT GmbH, Erhard Steiner, Hannes Sampl, Michael Höcketstaller, www.dunkelschwarz.com
Bauherrschaft Client PCT AUSTRIA GmbH, www.pct-austria.at
Tragwerksplanung Structural engineering Ebner Bau
Planungs- und Bauzeit Duration of design and construction 2018–2019
Nutzfläche Floor area 397 m²
Adresse Address Plainfelderstraße 21, 5303 Thalgau, Salzburg

Anerkennung Architekturpreis Land Salzburg 2020

Um unschöne Gewerbeflächen nicht mit noch mehr hässlichen Hallen zu bebauen, entstand die Idee, benötigte Funktionen wie Empfang, Büros oder Besprechungsräume als Haus-im-Haus-Lösung in das Volumen einer bereits bestehenden Lagerhalle hineinzustellen. Die rohen Massivholzplatten der Wände, der glatte Beton der Böden oder die Holzwolle-Akustikplatten der Deckenuntersicht erzeugen hier eine sinnlich wahrnehmbare Aufwertung des Bestandes. Das elegante und feierliche Farbkonzept rund um die Nichtfarbe Schwarz (schwarzer Putz und – teilweise schwarzes – Holz, dunkler Stahl und Beton) hilft dabei kräftig mit. *kjb*

To avoid building even more ugly warehouses in an unsightly commercial area, the idea arose to use a house-in-house solution for necessary functions such as the reception spaces, offices, and meeting rooms within existing volumes. The raw solid-wood panels of the walls, smooth concrete floors, and wood-wool acoustic ceiling panels have upgraded the existing building with palpable sensitivity. Further enhancing the mood is the elegant and solemn color palette, based on the non-color black (black plaster and in some places black wood, dark steel, and concrete). *kjb*

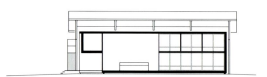

Schwarzsehen kann hilfreich sein
Pessimism as Inspiration

Maßvoll
Moderation

Egger Forum
Unterradlberg, Niederösterreich

Schon der Firmensitz in St. Johann in Tirol wurde als modularer Elementbau mit der eigenen Produktpalette errichtet. Nach dem gleichen Prinzip hat das Tiroler Holzunternehmen nun auch diesen dreigeschoßigen Holzbau in Unterradlberg errichtet. Er beherbergt ein Restaurant, Ausstellungs-, Büro- und Seminarräume. Die Holzdecken aus Hohlkastenelementen haben Spannweiten von 11,40 Metern und erlauben einen stützenfreien Grundriss. Die Innenwände sind vertäfelt. Die auskragenden Deckenscheiben und die vorgesetzten Lärchenholzlamellen verleihen dem Gebäude von außen ein interessantes Erscheinungsbild. *ai*

The company's existing headquarters in St. Johann in Tyrol were built as a modular construction using their own product range. Now, the Tyrolean timber company has erected a three-story wooden building in Unterradlberg following the same principles. It houses a restaurant, exhibition space, offices, and seminar rooms. The wooden ceilings are made of hollow box elements and span 11.4 meters, making a column-free floor plan possible. Interior walls are paneled. The projecting roof panels and larch slats in front give the building's exterior an interesting touch. *ai*

Architektur Architecture architekturWERKSTATT Bruno Moser, www.archimos.at
Mitarbeit Assistance Thomas Schiegl
Bauherrschaft Client Fritz Egger GmbH & Co. OG, www.egger.com
Tragwerksplanung Structural engineering Alfred R. Brunnsteiner ZT GmbH
Planungs- und Bauzeit Duration of design and construction 2018–2020
Nutzfläche Floor area 1.563 m²
Adresse Address Tiroler Straße 16, 3105 Unterradlberg, Niederösterreich

Holzbaupreis Niederösterreich 2021

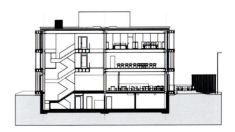

VERTIKAL Bürogebäude
Steinfeld, Kärnten

Für den Osttiroler Holzproduzenten lag es nahe, das neue Werk und Bürogebäude aus dem dort verarbeiteten Material zu bauen. Nach Fertigstellung des Werks wurde das Bürogebäude als Pfosten-Riegel-Konstruktion aus vor Ort produzierten CLT-Elementen (cross laminated timber) mit einem Stahlbeton-Treppenhaus errichtet. Großflächige Verglasungen schaffen Bezug zur Natur. Den umlaufenden Balkonen sind silbern beschichtete Holzlamellen vorgesetzt, die den Blick filtern, die Büroräume verschatten und das einfallende Sonnenlicht tanzen lassen. Die Raumaufteilung ist flexibel und als Open Space organisiert. *am*

For the East Tyrolean timber manufacturer, it made sense to construct the new factory and office building from the material they process. After the factory was finished, the office building went up—a post and beam construction from locally manufactured CLT (cross-laminated timber) elements with a reinforced concrete staircase. Large areas of glazing create a connection to nature. Silver-coated wooden slats filter the view in front of the wrap-around balconies, shading the offices and making the incoming sunlight dance. The layout of the rooms is flexible and organized as an open floor plan. *am*

Architektur Architecture ATP architekten ingenieure, Christoph M. Achammer, Michaela Hauser, Gerald Hulka, Werner Kahr, Robert Kelca, Horst Reiner, Dario Travaš, Matthias Wehrle, www.atp.ag
Mitarbeit Assistance Paul Ohnmacht, Peter Jacob, Petra Oberacher
Bauherrschaft Client Brüder Theurl GmbH, www.theurl-holz.at
Planungs- und Bauzeit Duration of design and construction 2019–2020
Nutzfläche Floor area 965 m^2
Adresse Address Industriezone 1, 9754 Steinfeld, Kärnten

Holzbaupreis Kärnten 2021

Gebaute Corporate Identity
Built Corporate Identity

40

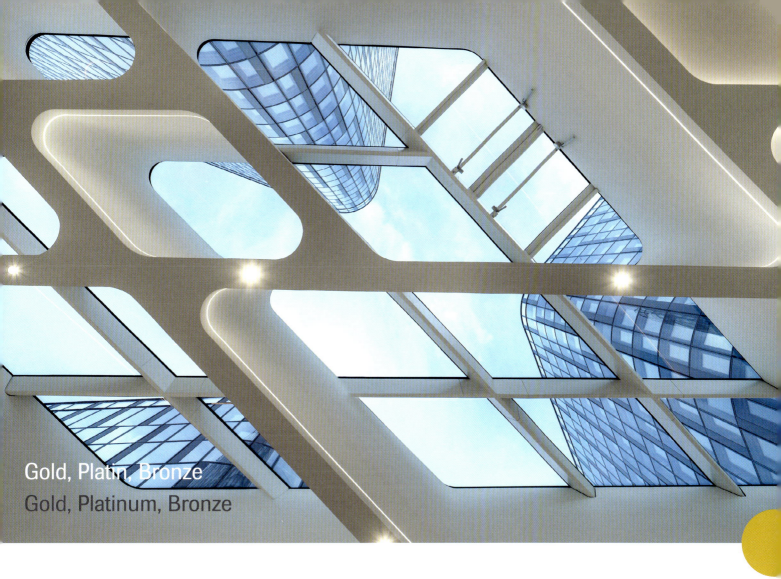

Gold, Platin, Bronze
Gold, Platinum, Bronze

Office Complex THE ICON VIENNA
Wien

Rund um den neuen Wiener Hauptbahnhof schießen die Hochhäuser in die Höhe. THE ICON würde den visuellen Wettbewerb der Baumassen vermutlich durch seine schillernden Fassaden gewinnen. Die ungewöhnlichen und byzantinisch-metallischen Farbtöne Gold, Platin und Bronze der drei unterschiedlich hohen Bürotürme sorgen jedenfalls für eine edle Anmutung. Bei bestimmten Lichtverhältnissen wirken die Türme manchmal fast lebendig. Im Sockel wiederum erleben Reisende und die 5.700 Benutzer*innen eine unerwartete Verknüpfung von Foyer, Erlebnisraum und direktem Zugang zu Bahnhof und Stadt. Eine dichte Packung. *kjb*

New skyscrapers are shooting up all around Vienna's new Central Station, but the shimmering façades of THE ICON would most likely beat them all in a visual competition. The three office towers are each a different height, and the unusual Byzantine-metallic shades of gold, platinum, and bronze make a noble impression. In certain lighting conditions, the towers appear to almost come alive. Down at the base, travelers and the other 5,700 users experience an unexpected blend of foyer, spatial atmosphere, and direct access to the train station and the city. A powerful combination. *kjb*

Architektur Architecture BEHF Architects, Armin Ebner, Susi Hasenauer, Stephan Ferenczy, www.behf.at
Mitarbeit Assistance Matthias Zawischa, Mathias Reisigl; JSWD Architekten, Köln
Bauherrschaft Client SIGNA Baufeldentwicklungs GmbH & Co OG, www.signa.at
Tragwerksplanung Structural engineering gmeiner haferl zivilingenieure zt gmbh
Fassadentechnik Façade technology Werner Sobek
Planungs- und Bauzeit Duration of design and construction 2015–2019
Nutzfläche Floor area 135.000 m^2
Adresse Address Wiedner Gürtel 9–13, Gertrude-Fröhlich-Sandner-Straße 2–4, 1100 Wien

Architizer A+Award 2020

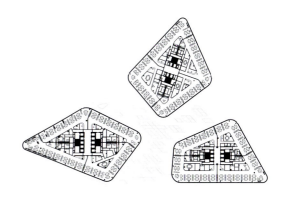

Alpin Sport Zentrum
Schruns, Vorarlberg

Architektur Architecture Bernardo Bader Architekt ZT GmbH,
www.bernardobader.com
Mitarbeit Assistance Joachim Ambrosig
Bauherrschaft Client Silvretta Montafon GmbH,
www.silvretta-montafon.at
Tragwerksplanung Structural engineering Mader + Flatz Baustatik
ZT GmbH
Planungs- und Bauzeit Duration of design and construction
2015–2018
Nutzfläche Floor area 1.583 m²
Adresse Address Silvrettaplatz 1, 6780 Schruns, Vorarlberg

AIT-Award 2020
International Award for Sustainable Architecture 2021

Als fünfgeschoßiger Stahlbetonbau, verkleidet mit regionalen
Bruchsteinen, übernimmt die Firmenzentrale des größten Skige-
biets Vorarlbergs den leichten Knick der Straße zu einer allseitig
konvex-konkaven Form und gewinnt eine räumlich-plastische
Wirkung. Ein ebenfalls neu gestalteter Platz läuft schwellenlos in
die Empfangshalle. In den Obergeschoßen ordnet ein unregelmäßig geformter Funktionskern den Grundriss zu unterscheidbaren
Raumbereichen, mal offen, mal durch Verglasungen abgetrennt.
In Verbindung mit frei gesetzten, rahmenartigen Fensteröffnungen
entstehen Abfolgen unterschiedlicher Räume und Ausblicke. *rf*
The five-story reinforced concrete structure, clad in local quarry
stone, is the company headquarters of the largest ski resort in
Vorarlberg. It draws on a slight bend in the road to inspire a shape
that is convex and concave, creating a sculptural spatial impression. The likewise newly designed plaza flows into the lobby without a threshold. On the upper floors, the functional core divides
the floor plan into various areas, some open, some separated by
glazing. This, together with the exposed, frame-like window apertures, allows sequences of different rooms and views to emerge. *rf*

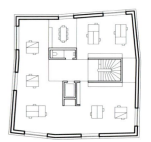

Findling
Erratic Boulder

Ausbaufähig
Upgradable

Legero United Campus
Feldkirchen bei Graz, Steiermark

Im Gewerbegebiet südlich von Graz gibt es einzelne Objekte mit hohem architektonischem Anspruch. Etwa der Legero United Campus, bestehend aus Firmenzentrale inkl. Entwicklungsabteilung (ringförmig) und Outletcenter (kreisförmig). Der zweigeschoßige Ring besteht aus einem Holzleichtbau auf Stahlbetonsockel, der bei Bedarf weiter aufgestockt werden kann. Der Campus ist nahezu energieautark und dem Thema Landschaftsarchitektur wurde sowohl innerhalb des Rings – hier können die Mitarbeiter*innen Pause machen – als auch um die Gebäude herum und bis zu den Stellplätzen für Autos und Fahrräder große Bedeutung zugemessen. *eg*

There are only a few properties with such high architectural standards in the commercial area south of Graz. The Legero United Campus, for example, is made up of the company headquarters, the development department (ring-shaped), and the outlet center (circular). The two-story ring is a lightweight timber construction on a reinforced concrete base, and it would be simple to add a story if necessary. The campus is almost energy self-sufficient, and great care was taken with the landscape architecture both within the ring—where employees can take a break—and around the buildings, all the way to the parking spaces for cars and bicycles. *eg*

Architektur Architecture Dietrich | Untertrifaller Architekten ZT GmbH, Helmut Dietrich, Much Untertrifaller, Dominik Philipp, Patrick Stremler, www.dietrich.untertrifaller.com
Mitarbeit Assistance Ulrike Bale-Gabriel, Fabio Verber
Bauherrschaft Client legero united campus GmbH, www.legero-united.com
Tragwerksplanung Beton Structural engineering concrete Wendl ZT GmbH
Tragwerksplanung Holz Structural engineering wood merz kley partner GmbH
Planungs- und Bauzeit Duration of design and construction 2018–2019
Nutzfläche Floor area 9.100 m²
Adresse Address Legero-United-Straße 4, 8073 Feldkirchen bei Graz, Steiermark

GerambRose 2020
Holzbaupreis Steiermark 2021

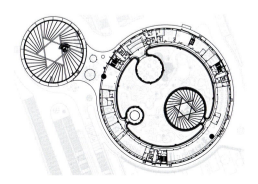

WOHNEN
LIVING

VinziDorf Wien
Wien

Architektur Architecture gaupenraub+/–, Alexander Hagner, Ulrike Schartner, www.gaupenraub.net
Mitarbeit Assistance Iris Kato, Karin Kitzwögerer, Ana Perucha
Bauherrschaft Client Verein Vinzenzgemeinschaft Eggenberg-VinziWerke, www.vinzi.at
Tragwerksplanung Structural engineering werkraum ingenieure zt gmbh
Planungs- und Bauzeit Duration of design and construction 2010–2019
Nutzfläche Floor area 735 m²
Adresse Address Boërgasse 7, 1120 Wien

BauherrInnenpreis der ZV 2021
wienwood 21

Das VinziDorf Wien, eine Bleibe für Obdachlose, fand lang keinen Bauplatz. Bei den Lazaristen schlug es Wurzeln. 3.500 m² Garten mit wunderbaren Bäumen, an der Grundgrenze ein abgewrackter Wirtschaftstrakt. Die Baubewilligung bedurfte des Verfassungsgerichtshofs, dann begann das Wunder. Die Architekt*innen sanierten den Bestand behutsam zum geselligen Gasthaus voll Patina. Gewohnt wird im Dachausbau und 16 Minihäuschen im Garten. Viele Freiwillige, Firmen und die HTL Mödling bauten mit. Jedes Häuschen ist ein Unikat, eine Welt auf 8,6 m². Ein Bewohner: Das VinziDorf ist ein Paradies. *im*

VinziDorf Wien, a shelter for the homeless, was long unable to find a building site. Finally, it took root with the Lazarists, in a 3,500 m² garden with wonderful trees and a dilapidated farmhouse at the property boundary. A visit to Constitutional Court was needed to obtain a building permit, and then the miracle began as the architects carefully renovated the existing building into a companionable inn with homey patina. Residents live in the attic conversion and 16 tiny homes in the garden, a reality made possible by many volunteers, companies, and HTL Mödling. Each tiny home is unique, a private world with an 8.6 m² footprint. According to one resident: VinziDorf is paradise. *im*

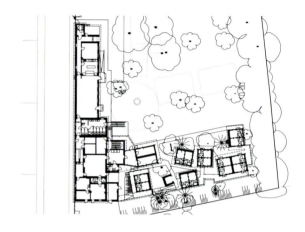

Obdach im Paradies
Shelter in Paradise

Holzhochhaus HoHo
Wien

Noch sind Hochhäuser aus Holz keine Selbstverständlichkeit, und es bedurfte einer intensiven, interdisziplinären Zusammenarbeit, um das 84 Meter hohe HoHo in Wien überhaupt bauen zu dürfen. Es ist ein Holz-Hybrid-Bau, dessen Tragstruktur aus einem Erschließungskern aus Stahlbeton, vorgefertigten Wandelementen aus Brettsperrholz, Stahlbetonrandträgern und vorgefertigten Holz-Beton-Verbunddecken besteht. Beachtlich ist, dass im Inneren das Holz an Stützen, Decken und Wänden sichtbar ist und mit seiner Farbe und Haptik maßgeblich zu einer angenehmen Raumatmosphäre beiträgt. Auch darin ist das Gebäude vorbildlich. *ai*
High-rise buildings made of wood are not yet the norm, and intensive interdisciplinary collaboration was required to even get the permits to build the 84-meter-high HoHo in Vienna. The supporting structure of the hybrid timber construction has a reinforced concrete access core, prefabricated cross-laminated timber wall elements, reinforced concrete edge beams, and prefabricated composite wood-concrete ceilings. Inside, the wood of the support beams, ceilings, and walls is visible, its color and feel contributing significantly to a pleasant spatial atmosphere. In this, too, the building is exemplary. *ai*

Architektur Architecture RLP Rüdiger Lainer + Partner Architekten ZT GmbH, Rüdiger Lainer, Oliver Sterl, www.lainer.at
Mitarbeit Assistance Ulrike Lenger, Jakob Steiner, Klaus Leitner
Bauherrschaft Client Cetus Baudevelopment GmbH, www.kerblerholding.at
Tragwerksplanung Structural engineering RWT ZT GmbH
Ausführungsplanung Detail design Architekt Gottfried Markom
Planungs- und Bauzeit Duration of design and construction 2014–2020
Nutzfläche Floor area 19.500 m^2
Adresse Address Janis-Joplin-Promenade 26, 1220 Wien

Holzbaupreis Niederösterreich 2021
wienwood 21

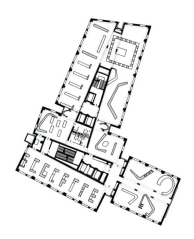

Hoch hinaus mit Holz
Rising Up with Timber

Gebaute Gastfreundschaft
Built Hospitality

Ernas Haus, Studentenwohnungen
Dornbirn, Vorarlberg

Ernas Haus bedeutet Co-Living für Studierende der benachbarten Fachhochschule, die klein, aber komfortabel wohnen und dabei Lebensart und Erzeugnisse der Familie Winder kennenlernen wollen. Die Architekten hatten den Winders schon ihren gegenüberliegenden Bauernhof umgebaut und setzten wieder auf Eigenart. Der Wohntrakt von 1890 wurde saniert und die Scheune mit Zimmern neu erbaut. Das hohe, zur Straße ausgestellte Dach verbindet formal zum Hof und der Einsatz von sägerauer Weißtanne und natürlichen Oberflächen verstand sich von selbst. Veranda und Laubengang hinterm Holzschirm verleihen den kompakten Zimmern reichlich Luft und Charme. *rf*
Ernas Haus provides co-living studios for students from the neighboring technical college who want to live in small but comfortable spaces. The architects previously remodeled the Winders' family farm across the way; here, they have once again chosen uniqueness. The residential wing from 1890 was renovated and the barn rebuilt with individual rooms. The high roof cantilevers over the street, formally connecting to the courtyard; the choice of rough-sawn silver fir and natural surface materials was apt. Verandas and an arcade behind a wooden screen give the compact rooms plenty of air and charm. *rf*

Architektur Architecture Ludescher + Lutz Architekten ZT GmbH, Elmar Ludescher, Philip Lutz, www.ludescherlutz.at
Bauherrschaft Client Martin + Peter Winder, www.ernashaus.at
Tragwerksplanung Structural engineering gbd ZT GmbH
Planungs- und Bauzeit Duration of design and construction
2017–2020
Nutzfläche Floor area 260 m² (Wohnnutzfläche Living area),
146 m² (Keller Cellar)
Adresse Address Sebastianstraße 12, 6850 Dornbirn, Vorarlberg

Holzbaupreis Vorarlberg 2021
best architects 21

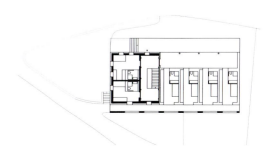

Architektur Architecture Hofbauer Liebmann Architekten
ZT GmbH, Erwin Hofbauer, Monika Liebmann,
www.hl-architekten.at
Bauherrschaft Client Pierer Immobilien GmbH & Co KG,
www.pierer.at
Tragwerksplanung Structural engineering Raffelsberger & Partner
ZT GmbH
Planungs- und Bauzeit Duration of design and construction
2014–2020
Nutzfläche Floor area 2.131 m²
Adresse Address 8623 Aflenz Nr. 511, 512, 513, 519, Steiermark

GerambRose 2020

Wie effektiv fundierte städtebauliche und gestalterische Überlegungen auch im kleineren Maßstab sein können, zeigt dieses Beispiel in Aflenz: Drei Mehrfamilienhäuser, in Kubatur und Materialisierung angelehnt an die örtlichen Wirtschaftsgebäude und fast direkt im Zentrum gelegen, bewirken Zuzug in die kleine obersteirische Gemeinde. Besonders attraktiv sind die Häuser außerdem durch sinnvolle Grundrisse, sorgfältige Detaillierung, entspannte Außenräume (keine Zäune, keine Hecken, nur in die Wiese versenkte Betonrandsteine als Begrenzungslinien) – das Gegenteil von Wohnblöcken mit Abstandsgrün. *eg*

This example in the town of Aflenz shows how effective well-founded urban planning and design considerations can be, even on a small scale: Three apartment buildings, their cubature and materials based on local farm buildings and located almost directly in the village center, are enticing people to move into this small Upper Styrian community. The houses are particularly attractive thanks to sensible floor plans, careful detailing, and relaxed outdoor spaces (no fences, no hedges, just concrete curbs sunk into the meadow to show boundary lines)—the opposite of an apartment block, where green space is used to define boundaries. *eg*

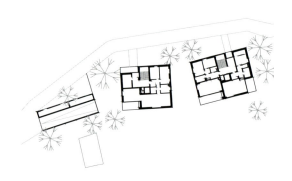

Beton statt Thuje
Concrete, Not Cedar

Reininghaus Quartier 7
Graz, Steiermark

Mit seinen 100 Hektar ist der Stadtteil größer als die Grazer Altstadt. 19 Quartiere, viele Planer und eine Chance für ein Stück Stadt. Eines davon, Quartier 7, beherbergt in vier Wohnhöfen mit drei bis sechs Geschoßen 200 Wohnungen samt Gewerbe und Infrastruktur. Einer davon komplett aus Holz. Viele Köpfe, Stadtplaner*innen, Architekt*innen, Freiraumgestalter*innen zimmern am komplexen System Stadt. balloon architekten wurzeln in den legendären Zeichensälen der TU Graz. Das Büro Hohensinn kämpft um die Vision einer Stadt aus Holz. Letztlich sieht es gut aus, dass sehr viele gute Ideen Früchte tragen. *rf*

At 100 hectares, this district is larger than all of Graz's old town. Nineteen neighborhoods, numerous planners, and a chance to create a new section of the city. One of these, Quartier 7, houses 200 apartments plus businesses and infrastructure in four courtyard apartment buildings with three to six stories each, one of them entirely in wood. Creating something as complex as an urban system requires many minds, urban planners, architects, and open space planners. balloon architects roots lie in the legendary drawing rooms of the TU Graz, and Büro Hohensinn is fighting for their vision of a city made of wood. Ultimately, it looks like all these good ideas are bearing fruit. *rf*

Architektur Architecture balloon architekten ZT-OG, Iris Rampula-Farrag, Johannes Wohofsky, www.balloon-rgw.at und and Hohensinn Architektur ZT GmbH, Josef Hohensinn, Karlheinz Boiger, Annette Strasser, www.hohensinn-architektur.at
Mitarbeit Assistance Johanna Kampits (Projektleitung Project management), Dominik Weißenegger, Benjamin Melcher
Bauherrschaft Client Wohnbaugruppe Ennstal, www.wohnbaugruppe.at
Tragwerksplanung Structural engineering Wörle Sparowitz Ingenieure ZT GmbH
Landschaftsarchitektur Landscape architecture WLA Winkler Landschaftsarchitektur
Örtliche Bauaufsicht Site supervision ENW Gemeinnützige Wohnungsgesellschaft m.b.H
Planungs- und Bauzeit Duration of design and construction 2016–2020
Wohnnutzfläche Usable floor area Q1A, Q1B, A2B (balloon): 10.280 m², Q2A (Hohensinn Architektur): 4.145 m²
Adresse Address Maria-Pachleitner-Straße, 8053 Graz, Steiermark

Holzbaupreis Steiermark 2021

GLANBOGEN – Wohnen mit Stadt und Natur
Salzburg

Die 20 Blöcke der Wohnanlage für amerikanische Offiziersfamilien spiegeln in ihrer radialen zeilenförmigen Anordnung den Zeitgeist des Nachkriegsstädtebaus. Als zeithistorisches Dokument der „Besatzungszeit" unter Schutz gestellt, war bei der Bestandssanierung und Nachverdichtung Behutsamkeit gefragt. Die Riegel wurden durch Balkone und Dachwohnungen aufgewertet (schon die Bestandsdächer hatten Schleppgaupen), die sieben punktförmigen Neubauten mit Holzfassade fügen sich mit sanft geknickter Silhouette in die bestehende Struktur. Der Freiraum zwischen den Häusern – nun ohne Parkplätze – verschmilzt zu einer parkähnlichen Landschaft. *gk*

The radial linear arrangement of the 20-block housing complex for American officers' families reflects the zeitgeist of postwar urban development. Because it was listed for heritage protection as a historical document of the "occupation era," the renovation and densification had to proceed with caution. Balconies and attic apartments (the existing roofs already had dormer windows) were added to the blocks. Seven new point-block buildings with wooden façades and gently folded silhouettes fit into the existing building fabric. The open space between the houses—now without parking spaces—converges to create a park-like landscape. *gk*

Architektur Architecture Hohensinn Architektur ZT GmbH, Josef Hohensinn, Karlheinz Boiger, Annette Strasser, www.hohensinn-architektur.at
Mitarbeit Assistance Matthias Salzmann, Doris Windisch, Rainer Abele
Bauherrschaft Client General-Keyes-Straße Liegenschaftsverwaltungs GmbH, www.glanbogen.at; Immoschmiede GmbH, www.immoschmiede.at
Tragwerksplanung Structural engineering DI Weilhartner ZT GmbH
Landschaftsarchitektur Landscape architecture Vogt Landschaftsarchitektur (Planung Design), WLA Winkler Landschaftsarchitektur (Ausführung Execution)
Planungs- und Bauzeit Duration of design and construction 2016–2022
Nutzfläche Floor area 43.000 m²
Adresse Address General-Keyes-Straße, 5020 Salzburg

Anerkennung Architekturpreis Land Salzburg 2020

Nachverdichtet
Densified

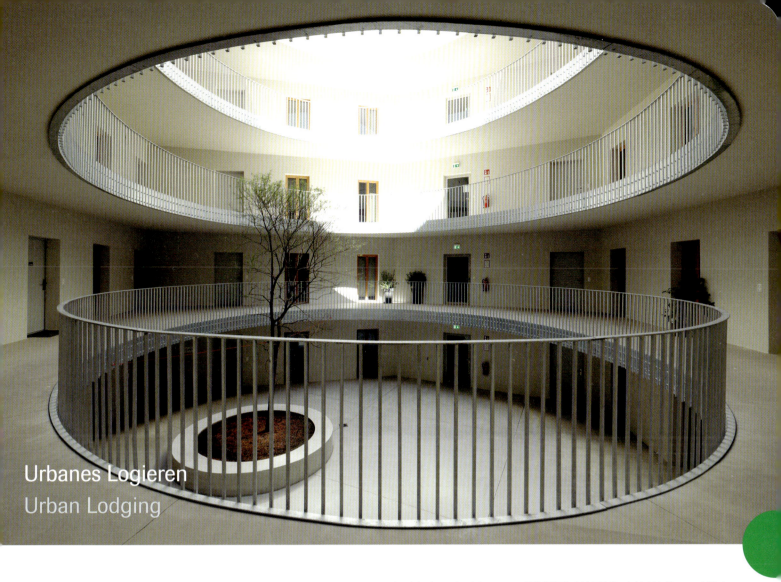

Urbanes Logieren
Urban Lodging

Prinzessin Veranda
Graz, Steiermark

In dem historisch durch Gewerbe bestimmten Umfeld, das zunehmend mehr auch durch Wohnnutzung charakterisiert wird, stellt das Wohn- und Geschäftshaus einen durch seine Skulpturalität auffallenden Kontrapunkt im heterogenen Bestand der städtischen Umgebung dar. Die Fassade besteht aus rohem Beton, für die charakteristische Farbgebung wurde Weißzement gewählt. Die Erdgeschoßzone ist Gewerbe und Gastronomie vorbehalten, die oberen Geschoße dienen dem Wohnen. Seinen Namen, Prinzessin Veranda, verdankt das Gebäude den großzügigen Loggien, die eine durchgängige, gebäudeumlaufende Verandazone bilden. *ek*

In a neighborhood historically shaped by commercial use, but now increasingly influenced by private homes, the sculptural form of the residential and commercial building creates a striking counterpoint to the heterogeneous building inventory of the urban environment. The façade is in "béton brut," with white cement chosen to create a characteristic coloring. The ground floor is reserved for shops and gastronomy, while the upper floors are used as living space. The building owes its name, Princess Veranda, to the spacious loggias that join into a continuous veranda that wraps around the building. *ek*

Architektur Architecture PENTAPLAN ZT GmbH, Wolfgang Köck, Klaus Jeschek, Stephan Loidl, Oliver Wildpaner, www.pentaplan.at
Mitarbeit Assistance Michael Englputzeder
Bauherrschaft Client PROLEND Projektentwicklung GmbH
Tragwerksplanung Structural engineering Petschnigg ZT GmbH
Örtliche Bauaufsicht Site supervision tagger 3 architektur
Planungs- und Bauzeit Duration of design and construction 2010–2017
Nutzfläche Floor area 5.349 m²
Adresse Address Wiener Straße 20/22/24, Grüne Gasse 7/9, 8020 Graz, Steiermark

GerambRose 2020

Wohnprojekt Gleis 21
Wien

Gleis 21 ist eines mehrerer herausragender, im Konzeptverfahren entstandener Gebäude im Sonnwendviertel Ost nahe dem Hauptbahnhof: ein partizipativ geplantes Baugemeinschaftsprojekt, realisiert in Holzbau mit außenliegender Laubengangerschließung. Im Sockel befinden sich Veranstaltungsraum, Gastronomie und Musikschule, am Dach Gemeinschaftsküche, Bibliothek, Spielraum und Entspannungshaus, dazwischen 34 großteils durchgesteckte Wohnungen und fünf Einheiten, in denen Geflüchtete wohnen. Die Gruppe versteht ihr Haus als Beitrag zur Stadt und organisiert ein eigenes Kulturprogramm. *rt*

Track 21 is one of several outstanding buildings in the Sonnwendviertel Ost near the Central Station that were created as part of a concept: a project for a building cooperative, planned in a participatory process as a timber construction with external access balconies. The ground floor houses an events room, restaurant, and music school; on the roof is a communal kitchen, library, playroom, and relaxation cabin; in between are 34 apartments—mostly set through from wall to wall—and five units for refugees. The building cooperative organizes its own cultural events program and views its building as a contribution to the city. *rt*

Architektur Architecture einszueins architektur ZT GbmH, Katharina Bayer, Markus Pendlmayr, Markus Zilker, www.einszueins.at
Mitarbeit Assistance Annegret Haider, Francesca Bocchini, Victoria Marek
Bauherrschaft Client Schwarzatal – Gemeinnützige Wohnungs- & Siedlungsanlagen GmbH, www.schwarzatal.at; Verein „Wohnprojekt Gleis 21", www.gleis21.wien
Tragwerksplanung Structural engineering GG Ingenieure ZT GmbH und and DI Kurt Pock
Landschaftsarchitektur Landscape architecture YEWO LANDSCAPES GmbH
Baugruppenbetreuung Support for the building cooperative realitylab gmbh
Planungs- und Bauzeit Duration of design and construction 2015–2019
Nutzfläche Floor area 2.930 m^2
Adresse Address Bloch-Bauer-Promenade 22, 1100 Wien

Shortlist Mies van der Rohe Award 2021

Beitrag zur Stadt
Contributing to the City

Wohnen im Wald
Living in the Forest

Wohnhausanlage St. Egyden
Breitenau am Steinfelde, Niederösterreich

Architektur Architecture g.o.y.a. ZT GmbH, Roman Drbusek,
Christoph Janauschek, Paul Preiss, www.goya.at
Mitarbeit Assistance Roman Egger, Renata Auböck
Bauherrschaft Client FRIEDEN Gemeinnützige Bau- und
Siedlungsgen. reg. GenmbH, www.frieden.at
Tragwerksplanung Structural engineering RWT PLUS ZT GmbH
Planungs- und Bauzeit Duration of design and construction
2015–2020
Nutzfläche Floor area 3.744 m^2
Adresse Address Am Waldstrand 1–5, 2624 Breitenau am
Steinfelde, Niederösterreich

Holzbaupreis Niederösterreich 2021

Eine Wohnanlage aus Holz steht auf einem von Wäldern umgebenen Grundstück. Die fünf frei stehenden Baukörper umrunden eine begrünte Mitte. Sie sind zwei- bis dreigeschoßig und beherbergen 57 Wohnungen für Bewohner*innen mit unterschiedlichen Nutzungsanforderungen. Der sechseckige Grundriss der Baukörper, die umlaufende Loggia und die Holzlamellenfassade prägen das äußere Erscheinungsbild. Die Erschließungsbereiche sind kompakt und im Kern der Baukörper gelegen, aber von oben belichtet. Es kamen vorgefertigte Brettsperrholzdecken und Ständerholzwände zum Einsatz, wobei das Holz im Inneren sicht- und spürbar bleibt. *ai*

A timber residential complex emerges from a property surrounded by forest. Situated around a core of green, the five free-standing buildings are two to three stories high and house 57 apartments for residents with a variety of different use requirements. The hexagonal floor plan of the building, its surrounding loggia, and a wooden slat façade characterize the external appearance. Access areas are compact and located within the building's core, lit from above. Prefabricated cross-laminated timber ceilings and studded timber walls were used, the wood remaining visible and tangible on the interior. *ai*

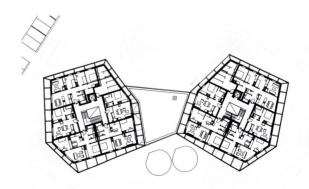

Gesundheitseinrichtung Josefhof
Graz, Steiermark

Manche Gebäude leben von der Form, andere beweisen Haltung in jeder Form. Architekt Dietger Wissounig hat bereits viele ausgezeichnete Bauten in Holz realisiert – sein sensibler Umgang mit den Eigenschaften des Werkstoffs wird auch beim Gesundheitszentrum Josefhof deutlich. Geradlinig und elegant fügen sich drei schmale Baukörper terrassenförmig in die hügelige Landschaft. Trotz großem Volumen zeigt sich die Feinheit in allen Räumen und Details. Immer mit Bezug nach außen. Bepflanzte Atrien unterbrechen die großflächig verglaste Fassade. Eine „Arena, zur Natur gewandt". Mehr – mit der Natur verschränkt. *mh*

Some buildings depend on their shape, others show composure in any shape. Architect Dietger Wissounig has already built several outstanding timber buildings—and his sensitive handling of the material's properties is clearly evident in the Josefhof Medical Center as well. Straightforward and elegant, three slender buildings snuggle into the hilly landscape, bringing to mind a stepped terrace. Although the overall volume is sizable, a certain delicacy is evident in all spaces and details. And the reference to the outdoors is omnipresent. Greened atriums punctuate the extensively glazed façade. An "arena facing nature." Or even more—intertwined with nature. *mh*

Architektur Architecture Dietger Wissounig Architekten ZT GmbH, www.wissounig.at
Mitarbeit Assistance Stephan Schmidt (Projektleitung Project management), Patrick Steiner, Gernot Moser
Bauherrschaft Client BVAEB – Versicherungsanstalt öffentlicher Bediensteter, Eisenbahnen und Bergbau, www.bvaeb.at
Tragwerksplanung Structural engineering Wendl ZT GmbH
Projektsteuerung Project management ARGE FCP-Ritter, FCP-Fritsch, Chiari & Partner ZT GmbH, Architekt Alfred Ritter ZT
Örtliche Bauaufsicht Site supervision Dieter Eigner GesmbH
Planungs- und Bauzeit Duration of design and construction 2014–2018
Nutzfläche Floor area 10.200 m²
Adresse Address Haideggerweg 38, 8044 Graz, Steiermark

Staatspreis Architektur 2021
GerambRose 2020
AIT-Award 2020
best architects 21
International Award for Sustainable Architecture 2021
Nominierung Mies van der Rohe Award 2021

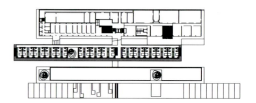

Mit der Natur verschränkt

Interwoven with Nature

KooWo Eggersdorf
Eggersdorf bei Graz, Steiermark

Im Einklang mit der Natur – ohne große Worte und Gesten. Und viel Platz und Raum. Ein 3,5 Hektar großes Grundstück mit einem Altbestand, bestehend aus einem Dreikanthof und einem Bauernhaus. Freiflächen im Grünland, Bauland, Nutzgebiet und Bach für ein gemeinschaftliches und generationenübergreifendes Wohnprojekt. Klingt nicht nur gut, funktioniert auch für etwa 42 Erwachsene sowie 20 Kinder und Jugendliche. Drei neue Baukörper mit 27 Wohneinheiten, inklusive ökologischer Aspekte und der Möglichkeit für Co-Working in der Region. Eine Idylle, durchgeplant, betreut und mitten in der Natur. *mh*

In harmony with nature—with no need for big words and gestures, just plenty of space. A 3.5-hectare property with a stock of old buildings: a triangular courtyard and a farmhouse. Open spaces in the grassland, land for building, farming areas, and a stream—all for a communal cross-generational housing project. Not only does it sound good in theory, it also works well in practice for about 42 adults and 20 children and youths. Three new eco-friendly buildings are home to 27 residences and offer a possibility for co-working in the region. Idyllic, well planned, cared for, and situated in the middle of nature. *mh*

Architektur Architecture schwarz.platzer.architekten.zt gmbh, Werner Schwarz, Christoph Platzer, www.sp-arch.at
Mitarbeit Assistance Tobias Theuer, Mario Lerner, Rainer Spath
Bauherrschaft Client Die WoGen – Wohnprojekte-Genossenschaft e.Gen., www.diewogen.at
Tragwerksplanung Structural engineering Petschnigg ZT GmbH
Planungs- und Bauzeit Duration of design and construction 2015–2019
Nutzfläche Floor area 2.100 m²
Adresse Address Rabnitzweg 18, 18a–c, 8063 Eggersdorf bei Graz, Steiermark

Holzbaupreis Steiermark 2021

Natürliche Anordnung
Naturally Arranged

Passgenau zugeschnitten
Precisely Fitted

Haus für Psychosoziale Begleitung und Wohnen
Innsbruck, Tirol

Der braunrote, polygonale Monolith sitzt passgenau auf dem nur 600 m² großen Grundstück im Grünraum am Fluss. Einzig die geschützte Terrasse kerbt sich in den skulpturalen Baukörper – hier sind die Klienten des betreuten Wohnens Teil der Nachbarschaft. Zwischen dem ebenerdigen Treffpunkt und dem Gemeinschaftsraum mit Panoramablick oben im Dach sind auf drei Geschoßen 14 Kleinstwohnungen angeordnet. Die durchgefärbte Betonfassade erzeugt eine angenehm erdige Haptik und wird im Süden zur flächendeckenden Photovoltaikanlage, die in Kooperation mit der Universität Innsbruck als Forschungsprojekt für größere Wohnbauten ausgewertet wird. *nw*

The brownish-red polygonal monolith is situated perfectly on the small 600-m² lot in the green space along the river, with only the sheltered terrace notching into the sculptural structure. Here, the assisted-living clients are part of the neighborhood. Across three floors, 14 tiny apartments are arranged between a ground-level meeting area and a common room with a panoramic view from the roof. The colored concrete façade has a pleasantly earthy feel. To the south, it turns into a full-coverage photovoltaic system, which is being evaluated in cooperation with the University of Innsbruck as a research project for larger residential buildings. *nw*

Architektur Architecture Fügenschuh Hrdlovics Architekten, Julia Fügenschuh, Christof Hrdlovics, www.fuegenschuhhrdlovics.com
Mitarbeit Assistance Gernot Baumann
Bauherrschaft Client IIG Innsbrucker Immobilien GmbH & Co KG, www.iig.at
Tragwerksplanung Structural engineering DI Peter Stippler
Planungs- und Bauzeit Duration of design and construction 2012–2018
Nutzfläche Floor area 800 m²
Adresse Address An-der-Lan-Straße 16, 6020 Innsbruck, Tirol

Anerkennung des Landes Tirol für Neues Bauen 2020

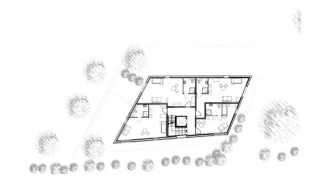

Wohnbau Max-Mell-Allee
Graz, Steiermark

In einer begehrten Wohngegend von Graz befindet sich die Anlage mit 36 geförderten Wohnungen. Sie wurde in Massivholzbauweise mit konstruktiv effizienter Schottenbauweise errichtet, die Form des Hauses ergibt sich aus Grundstückszuschnitt und Geländeform. Alle Wohnungen sind nach zwei Seiten orientiert, verfügen über Balkon bzw. Loggia und werden von einem Innenhof und Laubengängen aus erschlossen. Der Hof ist Herzstück und soziales Zentrum des Hauses und sorgt nicht nur für gute Belichtung der nach innen orientierten Räume, sondern punktet auch mit klugen Details. *eg*

The apartment building has 36 subsidized units and is located in a sought-after residential neighborhood of Graz. The building is a solid-wood structure, constructed using a structurally efficient cross-wall system, the shape derived from the land plot and the run of the terrain. All apartments face two sides, have a balcony or loggia, and are reached from the inner courtyard via access balconies. The courtyard is the heart and social center of the building, not only ensuring good lighting to the inside-facing rooms, but also scoring well with several clever details. *eg*

Architektur Architecture Nussmüller Architekten ZT GmbH, Stefan Nussmüller, Werner Nussmüller, Inge Nussmüller, www.nussmueller.at
Mitarbeit Assistance Jakob Kocher
Bauherrschaft Client Wohnbaugruppe ENNSTAL, www.wohnbaugruppe.at
Tragwerksplanung Structural engineering Josef Koppelhuber
Planungs- und Bauzeit Duration of design and construction 2015–2018
Nutzfläche Floor area 2.500 m^2
Adresse Address Max-Mell-Allee 6, 8010, Graz, Steiermark

BIGSEE Architecture Award 2020

Ein Plektrum zum Wohnen
A Plectrum to Live in

Mit der Landschaft altern
Aging with a View of Nature

Pflege- und Betreuungszentrum
Hainfeld, Niederösterreich

Pflege- und Betreuungszentren sind Bautypen der Zukunft. Das in Hainfeld stammte von 1986 und war rettungslos veraltet. Zwei Riegel, beidseitig Türfluchten am Mittelgang. Die Architekten nutzten den besterhaltenen Bauteil weiter und übernahmen die effiziente Erschließung. In den drei neuen Pavillons weitet sich der Gang zum großen Wohnzimmer mit Terrasse für alle. Um diese offene Mitte gruppieren sich die Zimmer, deren tiefe Fensterlaibungen zugleich Sitznischen sind. Auch das Bett blickt in die Natur. Aus Nebeneinander in der Anstalt wird Miteinander in der Wohngruppe. Je eine für etwa 15 Menschen pro Ebene pro Bauteil. *im*

Nursing and care centers are building typologies for the future. The one in Hainfeld was built in 1986 and hopelessly outdated: two blocks, a string of doors on both sides of the center hallway. The architects decided to adopt the best-preserved element, its efficient circulation. In three new pavilions, this central corridor widens into a large living room with a terrace for everyone. Private rooms are grouped around this open center, with deep window recesses that act as seating niches. Clients also have a view of nature from their beds. And thus, for a residential group of about 15 people per level and per structure, living side by side in an institution has become a form of togetherness. *im*

Architektur Architecture Architekten Mühlbacher Marschalek, Viktor Marschalek, Ralf Mühlbacher, www.muehlbacher-marschalek.com
Mitarbeit Assistance Gerhard Mold, Eva Hanisch
Bauherrschaft Client Hypo Alpha Immoblienerrichtungs- und Verwertungs-GmbH
Tragwerksplanung Structural engineering Harrer & Harrer ZT GmbH
Planungs- und Bauzeit Duration of design and construction 2016–2021
Nutzfläche Floor area 7.900 m²
Adresse Address Bräuhausgasse 13A, 3170 Hainfeld, Niederösterreich

Vorbildliches Bauen in Niederösterreich 2021

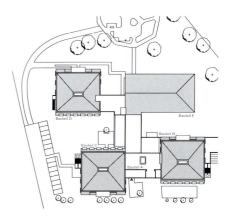

Wohnhausanlage Wieselburg
Wieselburg, Niederösterreich

Sozialer Wohnbau ist die Königsdisziplin der Architektur. Der Bauplatz grenzt einerseits an vierstöckige Wohnbauten, andererseits an Einfamilienhäuser und Felder. Die Wohnausanlage reagiert darauf mit drei vierstöckigen Punkthäusern und einem zweistöckigen Laubengangtyp. Wie lose hingewürfelt formieren sie sich um eine grüne Mitte. Freiräume sind hier Orte der Begegnung. Jedes Gebäude hat seinen Vorplatz, jede Wohnung ihre Loggia. Die Einheiten der Punkthäuser drehen sich als Fünfspänner um den hellen, zentralen Luftraum der Stiege, die verzahnte Fassade des Laubengangtyps holt die Sonne in die Wohnungen. *im*

Social housing is the supreme discipline of architecture. This building site borders four-story residential buildings on one side, and single-family homes and fields on the other. The residential complex reacts to this with three four-story point-block buildings and a two-story access balcony typology. Loosely cast like dice, they cluster around a green center. Here, the open spaces are places to meet and gather. Each building has a forecourt, each apartment a loggia. The apartments in the point blocks revolve around the bright, central air space of the stairwell in groups of five; the interlocking façade of the access balcony layout draws sun into the dwellings. *im*

Architektur Architecture g.o.y.a. ZT GmbH, Roman Drbusek, Christoph Janauschek, Paul Preiss, www.goya.at
Mitarbeit Assistance Karin Klampfl
Bauherrschaft Client WET – Wohnungseigentümer Gemeinnützige Wohnbau GmbH, www.wet.at
Tragwerksplanung Structural engineering KS Ingenieure ZT GmbH
Landschaftsarchitektur Landscape architecture YEWO LANDSCAPES GmbH
Planungs- und Bauzeit Duration of design and construction 2014 – 2018
Nutzfläche Floor area 4.533 m^2
Adresse Address Neubaugasse 10, 3250 Wieselburg, Niederösterreich

Vorbildliches Bauen in Niederösterreich 2020

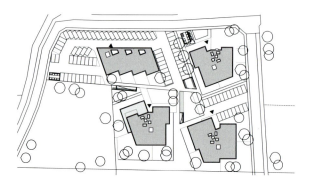

Gut gewürfelt
Well Cast

Weiterbauen an der Stadt
Building the City Forward

Stadthaus
Linz, Oberösterreich

Architektur Architecture mia2 Architektur ZT GmbH,
Sandra Gnigler, Gunar Wilhelm, www.mia2.at
Bauherrschaft Client Sandra Gnigler und and Gunar Wilhelm
Tragwerksplanung Structural engineering Kotlabe Baustatik
Planungs- und Bauzeit Duration of design and construction
2015–2020
Nutzfläche Floor area 850 m^2
Adresse Address Lederergasse 24, 4020 Linz, Oberösterreich

Shortlist Mies van der Rohe Award 2021

In seinen Ursprüngen aus dem 16. Jahrhundert stammend, trägt das dreigeschoßige Gebäude nun anstelle eines Satteldachs einen Neubau. Dieser füllt die Konturen des am Ort maximal zulässigen Volumens zwar aus, bereichert jedoch den Stadtraum, anstatt ihn, wie viele Objekte in ähnlichen Situationen, zu zerstören. Die belebte Erdgeschoßzone und ein begrünter, zu den Nachbar-häusern offener Hof werten auch das Umfeld auf. Angemessen bereinigt, behalten die unteren Geschoße ihre stimmungsvolle Klein-teiligkeit, während die beiden darauf bauenden oberen Ebenen mit ihrer klaren Architektursprache in die Zukunft weisen. *rr*
This three-story structure from the sixteenth century is now topped by a brand-new building instead of a gable roof. Though filling the contours of the maximum permissible volume at the location, it still manages to enrich the urban space in a way that many similar structures fail to do. Likewise, the lively ground floor zone and a greened courtyard that opens to the neighboring buildings also enhance the community. After receiving a careful cleaning, the historic lower floors retain their appealing complexity, while the two upper levels speak with an architectural vocabulary that clearly references the future. *rr*

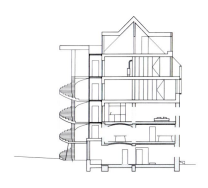

Wohnanlage Paulasgasse
Wien

Die im straffen Kostenrahmen des geförderten Wohnbaus in Holz-bauweise errichtete Wohnanlage zeigt, dass sich auch mit über-schaubaren Mitteln ein hoher Qualitätsanspruch umsetzen lässt. Die vier Häuser nehmen die Zeilenstruktur der Umgebung auf und verknüpfen sie mit einem differenziert geschichteten Frei-raumangebot. Die Anlage dockt direkt an die Nachbarbebauung an, ein quer zu den Zeilen verlaufender offener Weg dient als Haupterschließung. Bis auf die betonierten Stiegenhäuser sind die Trakte reine Holzbauten aus vorgefertigten Holzrahmenbau-wänden und Brettsperrholzdecken. Alltagsarchitektur, die sich bewährt. *gk*

The residential complex is a timber construction built within a tight, subsidized housing budget—showing that high-quality standards can indeed be met within limited means. The four buildings follow the row structure of the surrounding area, tying in differentiated outdoor open space options. The complex docks directly onto the neighboring buildings, with an open path crossing the rows to create a main access. Except for the concrete stairwells, the tracts are pure timber buildings made of prefabricated wood-frame walls and cross-laminated wood ceilings. Everyday architecture that stands the test of time. *gk*

Architektur Architecture Riepl Kaufmann Bammer Architektur, Daniel Bammer, Peter Riepl, Gabriele Riepl, Johannes Kaufmann, www.rieplkaufmannbammer.at
Bauherrschaft Client Neues Leben reg. Gen.m.b.H., www.wohnen.at
Tragwerksplanung Structural engineering Straka & Partner ZT GmbH, merz kley partner GmbH
Landschaftsarchitektur Landscape architecture DnD Landschafts-planung ZT KG
Planungs- und Bauzeit Duration of design and construction 2014–2016
Nutzfläche Floor area 4.995 m^2
Adresse Address Paulasgasse 22, 1110 Wien

wienwood 21

Geschichtete Freiräume
Layered Open Spaces

Wohnen in der Burg
Living in a Castle

Revitalisierung Burg
Bruck an der Leitha, Niederösterreich

Die Burg im Zentrum von Bruck an der Leitha hat schon einiges hinter sich: Im 14. Jahrhundert wurde sie vom Augustinerorden genutzt, später als Bürgerspital, dann als Kadettenschule, schließlich als Militärwohnhaus. Zahlreiche Um- und Zubauten haben dem denkmalgeschützten Bestand zugesetzt, nun wurde er einer Generalsanierung durch eine gemeinnützige Wohnungsgesellschaft unterzogen. Die 34 energieeffizienten Wohneinheiten mit ein bis drei Zimmern, einem Kindergarten und einer Tagesbetreuungseinheit wahren den Charakter und bergen auch kleine Schätze, wie etwa die im Zuge der Restaurierung freigelegten Wandfresken. *gk*

The castle at the center of Bruck an der Leitha has seen a lot in its time. In the fourteenth century, it was used by the Order of St. Augustine, later as a public hospital, then as a cadet academy, and finally as military residences. Numerous conversions and additions have shaped and expanded the listed building, which has now been thoroughly renovated by a nonprofit housing company. The 34 energy-efficient residential units with one to three rooms, a kindergarten, and a day-care center preserve the castle character, revealing small treasures such as wall frescoes uncovered in the course of restoration work. *gk*

Architektur Architecture BME Architektur & Baumanagement ZT GmbH, Karl Brodl, Christian Marchart, Harald Eisterer, www.bme.at
Mitarbeit Assistance Gerhard Aicher, Simon Schatz
Bauherrschaft Client Gemeinnützige Wohnungsgesellschaft „Arthur Krupp" Ges.m.b.H., www.gewog-arthurkrupp.at
Tragwerksplanung Structural engineering ZT Gottschlich
Planungs- und Bauzeit Duration of design and construction 2008–2020
Nutzfläche Floor area 4.246 m²
Adresse Address Johngasse 1 / Hainburger Straße 8, 2460 Bruck an der Leitha, Niederösterreich

Vorbildliches Bauen in Niederösterreich 2021

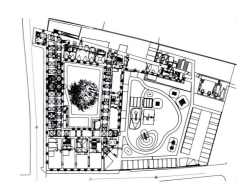

Senior*innenwohnhaus Nonntal
Salzburg

Im Salzburger Nonntal steht in einem dreiseitig umschlossenen Hof des denkmalgeschützten Haupthauses ein neues Wohnhaus für Senior*innen. Es sieht im Grundriss wie ein Fernrohr aus – ein Mittelsteg für die Erschließung und zwei tropfenförmige Flügel, in denen die Zimmer liegen. Diese Baukörperkonfiguration ist aus dem Wunsch heraus entstanden, möglichst vielen Bewohner*innen einen Blick ins Grüne zu bieten und den Zimmern im Altbau möglichst wenig Aussicht zu verstellen. Jeweils in der Mitte der Baukörper liegen die Gemeinschaftsräume und ein Atrium, entlang der Fassade fächern sich die Zimmer mit Loggien auf. *ai*

There is a new residential building for seniors in Salzburg's Nonntal, in a courtyard enclosed on three sides by the listed main structure. The floor plan looks like a telescope: A central walkway accesses two teardrop-shaped wings that house the rooms. This structural configuration was born from a desire to offer a view of the countryside to as many residents as possible by blocking very little of the view from the rooms in the historic building. The common areas and an atrium are located in the center of each building, while rooms with loggias fan out along the façade. *ai*

Architektur Architecture Gasparin Meier Architekten, Sonja Gasparin, Beny Meier, www.gasparinmeier.at
Mitarbeit Assistance Herwig Stotz, Anita Spitaler, Urska Dezman
Bauherrschaft Client Stadt Salzburg, www.stadt-salzburg-at; GSWB, www.gswb.at
Tragwerksplanung Structural engineering Baucon ZT GmbH
Landschaftsarchitektur Landscape architecture Auböck + Kárász
Planungs- und Bauzeit Duration of design and construction 2014–2019
Nutzfläche Floor area 8.655 m^2
Adresse Address Karl-Höller-Straße 4, 5020 Salzburg

AIT-Award 2020

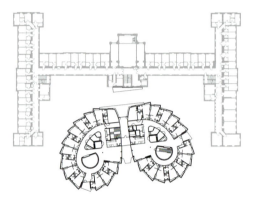

Dem Grünraum zugewandt
Facing Green Space

Vielfalt leben
Diversity in Action

Wohnvielfalt am Grasbrookpark
Hamburg, Deutschland

Lange wurde in der Hafencity Hamburg das Wohnen dem freien Markt überlassen. Erst vor einigen Jahren begann die Stadt, hier auch geförderten Wohnbau zu ermöglichen. Eines der ersten Projekte aus dieser Zeitenwende stammt von BKK-3. Die skulptural ausformulierte Großform mit dunkler Klinkerfassade und weißen Balkonen setzt ein starkes Zeichen für Vielfalt. Über einem gemeinsamen Sockelgeschoß erhebt sich eine sechsgeschoßige Blockrandbebauung mit präzise gesetzten Einschnitten, um allen 135 Wohnungen eine gute Belichtung zu gewähren. Der Innenhof über dem Sockelgeschoß ist über zwei Freitreppen zu erreichen. *ai*
Finding a place to live in Hamburg's HafenCity was long left up to the free market. It was only a few years ago that the city began to make subsidized housing available. One of the first projects to emerge after this turning point is the BKK-3. The large sculptural shape sports a dark clinker façade and white balconies, making a strong statement about diversity. A six-story perimeter block development rises from a shared ground floor with precisely placed incisions that ensure good lighting for all 135 apartments. Above the ground floor, an inner courtyard can be reached via two outdoor staircases. *ai*

Architektur Architecture BKK-3 Architektur ZT GmbH, Franz Sumnitsch; BKK-3 njn Planungsges.mbH, Norman Jargstorff, Jan Nieswand, www.bkk-3.com; Mevius Mörker Architekten, Gerd Mevius, Christian Mörker, www.mm-architects.de
Bauherrschaft Client Wohnvielfalt am Grasbrookpark GbR, Grundstücksgesellschaft Roggenbuck GbR, Bauherrengemeinschaft am Grasbrookpark GmbH Co. KG
Tragwerksplanung Structural engineering Ing. Ges. Sander & Schneider PartG
Landschaftsarchitektur Landscape architecture Karin Standler Landschaftsarchitektur, GHP Landschaftsarchitekten
Planungs- und Bauzeit Duration of design and construction 2012–2018
Nutzfläche Floor area 17.000 m^2
Adresse Address Am Grasbrookpark 1a–g, San-Francisco-Straße 6–8, 20457 Hamburg, Deutschland

Shortlist DAM Preis 2020

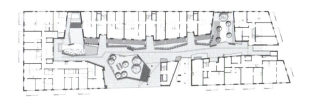

Smart Block Geblergasse
Wien

Zwei Gründerzeithäuser in der Hernalser Vorstadt: saniert, ausge-baut und durch Solar- und Geothermie über ein dezentrales Ener-gienetz mit Wärme, Kälte und teils auch Strom versorgt. Geplant war das Netz auf Basis zweier Forschungsprojekte für den gesam-ten Block, im ersten Schritt umfasst es zwei Häuser. Die Sommer-wärme wird in bis zu 110 Metern Tiefe in der Erde gespeichert und im Winter zum Heizen verwendet, sodass eine energetische Kreislaufwirtschaft entsteht. Ein Paradebeispiel für kluges Weiter-bauen im Bestand samt herausragenden Freiräumen statt Abriss und Neubau samt Gentrifizierung. *rt*

Two Gründerzeit buildings in the outer district of Hernals have been refurbished, expanded, and supplied with heating, cooling, and in some cases electricity via solar and geothermal energy from a decentralized energy network. Based upon two research projects, both these buildings are the first step in a network that is planned for the entire block. Summer heat is stored at a depth of up to 110 meters underground and used for heating in winter—a circular economy of energy. A wonderful example of the clever ongoing development of an existing building with great open spaces, rather than resorting to demolition, new construction, and gentri-fication. *rt*

Architektur Architecture   zeininger architekten, Angelika Zeininger, Johannes Zeininger, www.zeininger.at
Mitarbeit Assistance   Patrick Rosenberger, Susanne Tobisch, Philip Muhr
Bauherrschaft Client   Angelika + Johannes Zeininger, Stefan + Johann Fischer
Tragwerksplanung Structural engineering   Hollinsky & Partner ZT GmbH
Technische Gebäudeausrüstung Technical building equipment TB Käferhaus GmbH
Planungs- und Bauzeit Duration of design and construction 2018–2020
Nutzfläche Floor area   1.976 m²
Adresse Address   Geblergasse 11 + 13, 1170 Wien

Staatspreis Architektur und Nachhaltigkeit 2021

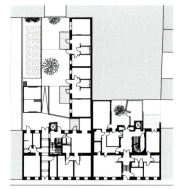

Weiterbauen im Bestand
Building on History

TOURISMUS FREIZEIT TOURISM LEISURE

Paracelsus Bad & Kurhaus
Salzburg

Das skulpturale Gebäude des neuen Bade- & Kurhauses liegt in innerstädtischer Zentrallage und bietet seinen Besucher*innen einen leicht erreichbaren Ort für Sport und Erholung. Im weitgehend geschlossenen Sockel sind die Kureinrichtungen untergebracht, in der Dachebene die Saunaanlagen. Die mittig situierte Schwimmhalle stellt mit ihrer großzügigen Verglasung und den Außenterrassen eine gelungene Verschränkung von innen und außen dar. Hier lässt sich das Badevergnügen mit einem grandiosen Blick in die Berg- und Stadtlandschaft verbinden. Ein Kleid aus Keramiklamellen fasst das Gebäude zu einer Einheit und verleiht ihm sein edles Aussehen. *bf*

The sculptural building of the new pool and spa is conveniently located in the city center, offering its visitors an easily accessible place to play sports and relax. The spa facilities are housed on the ground floor, largely closed off, while the sauna area is up on the roof level. A centrally situated indoor swimming pool with generous glazing and outdoor decks successfully interweaves inside and outside. Here, one can combine the enjoyment of swimming with a magnificent view of the mountains and city landscape. An envelope of ceramic slats unifies the building, giving it an elegant appearance. *bf*

Architektur Architecture Berger+Parkkinen Architekten, Alfred Berger, Tiina Parkkinen, www.berger-parkkinen.com
Mitarbeit Assistance Lucas Schuh, Miklos Deri (Projektleitung Project management)
Bauherrschaft Client Stadtgemeinde Salzburg, KKTB Kongress, Kurhaus & Tourismusbetriebe Salzburg, www.stadt-salzburg.at
Betreiber Operator Tourismus Salzburg GmbH
Tragwerksplanung Structural engineering BauCon ZT GmbH
Landschaftsarchitektur Landscape architecture Idealice
Leitsystem Guidance system büro uebele visuelle kommunikation
Planungs- und Bauzeit Duration of design and construction 2012–2019
Nutzfläche Floor area 11.817 m²
Adresse Address Auerspergstraße 2, 5020 Salzburg

Staatspreis Architektur und Nachhaltigkeit 2021
Aluminium-Architektur-Preis 2020/21
Architekturpreis Land Salzburg 2020
International Architecture Awards 2021
IOC/IAKS Award 2021
Nominierung Mies van der Rohe Award 2021
THE PLAN Award 2020

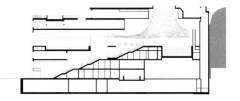

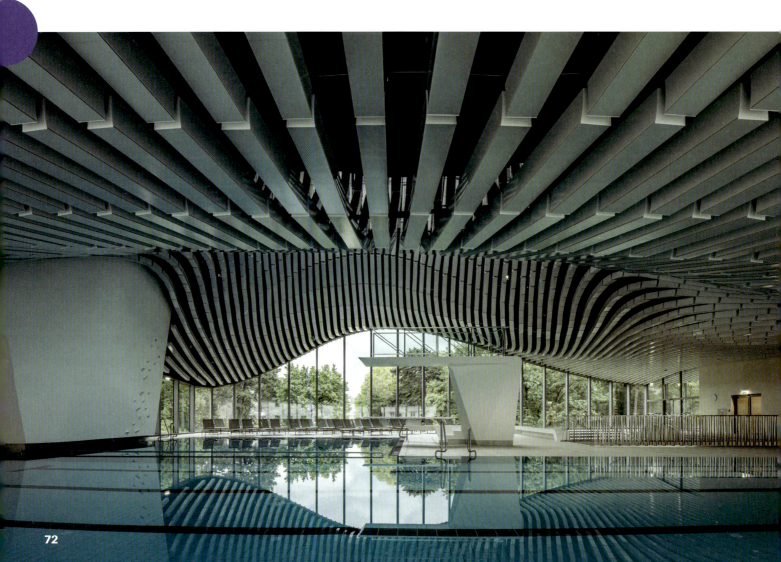

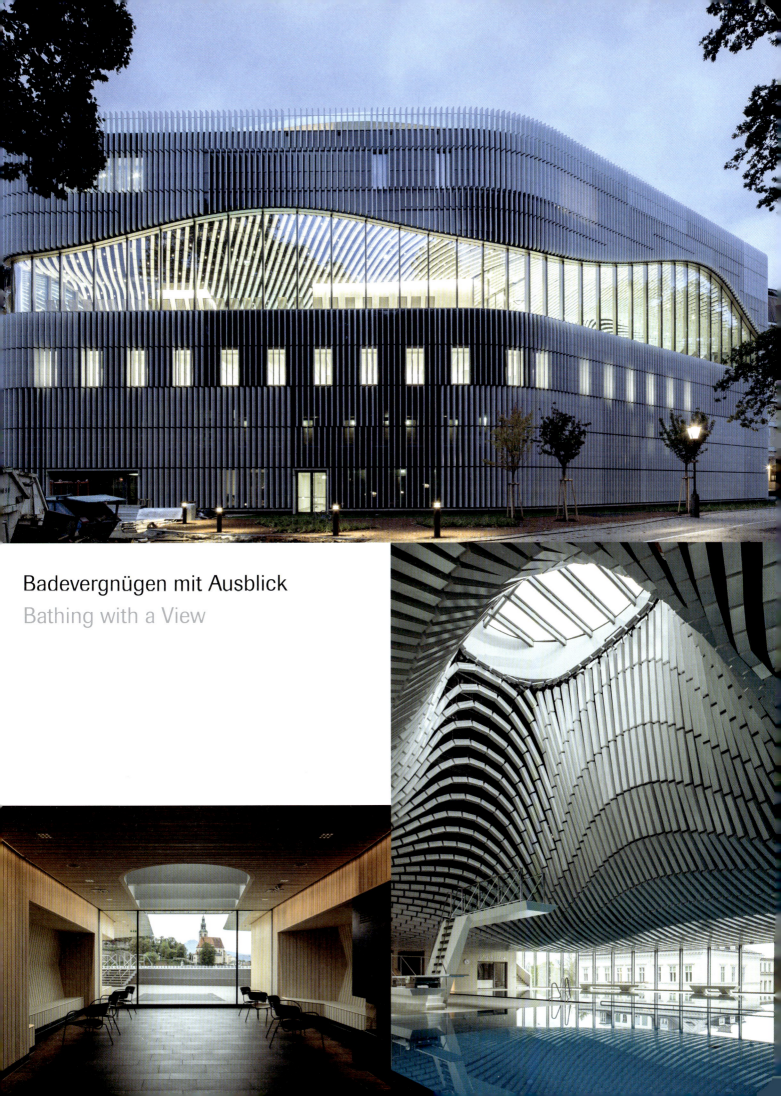

Badevergnügen mit Ausblick

Bathing with a View

Naturpark Haus Längenfeld
Längenfeld, Tirol

Architektur Architecture Architekturbüro Hanno Schlögl, www.arch-schloegl.at
Mitarbeit Assistance Markus Danzl (Projektleitung Project management), Andreas Salchner
Bauherrschaft Client Naturpark Ötztal, www.naturpark-oetztal.at
Tragwerksplanung Structural engineering Andrä Klotz
Örtliche Bauaufsicht Site supervision sponring engineering
Landschaftsarchitektur Landscape architecture Eva-Maria Schgaguler
Planungs- und Bauzeit Duration of design and construction 2017–2018
Nutzfläche Floor area 580 m^2
Adresse Address Oberlängenfeld 142, 6444 Längenfeld, Tirol

Anerkennung des Landes Tirol für Neues Bauen 2020

Das Naturparkhaus setzt einen radikalen Kontrapunkt, sowohl zur umgebenden Natur als auch zu den charakterlosen Tourismusbauten des Ötztals. Es erschließt sich schrittweise, wird von der abstrakten Skulptur zur präzise geschlitzten Wandscheibe und zum benutzbaren Volumen mit markanter Eingangssituation. Der Ausstellungsraum im Inneren ist durch eine weitere Scheibe flexibel zoniert. Ausgehend von dieser kraftvollen architektonischen Geste, diesem Felsen aus Sichtbeton mit seiner durch das Schalungsbild holzig anmutenden Oberfläche, verteilen sich vier weitere kleine Rauminstallationen, realisiert von LAAC Architekten, als Vermittlungspunkte im Tal. *nw*

The nature park building constitutes a radical counterpoint, both to the surrounding nature and to the lackluster touristic buildings of the Ötztal valley. It unfolds gradually, going from an abstract sculpture to a precisely slotted wall panel and on to a practical volume with a striking entrance. Another wall panel adds flexibility to the zones of the exhibition space within. This exposed concrete rock, whose surface was given a wood-like appearance by the formwork, is a powerful architectural gesture. From here, four other small rooms unfurl. Designed by LAAC architects, they act as focal points of education about the valley. *nw*

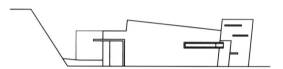

Béton-brut-Skulptur im Naturpark
Béton Brut Sculpture in a Nature Park

Johann | Hotel und Gasthaus am Alten Markt
Lauterach, Vorarlberg

Architektur Architecture Ludescher + Lutz Architekten ZT GmbH,
Elmar Ludescher, Philip Lutz, www.ludescherlutz.at
Mitarbeit Assistance Philipp Giselbrecht, Kathrin Weiß-Königer
Bauherrschaft Client I+R Gruppe, www.ir-gruppe.com
Iragwerksplanung Structural engineering Mader + Flatz Baustatik
ZT GmbH
Planungs- und Bauzeit Duration of design and construction
2015–2018
Nutzfläche Floor area 430 m²
Adresse Address Bundesstraße 85, 6923 Lauterach, Vorarlberg

AIT-Award 2020

Das Hotel und Gasthaus Johann liegt unmittelbar an einer stark befahrenen Kreuzung in Lauterach. Dieser unwirtlichen Umgebung begegnet das Haus raffiniert mit einem rostroten hölzernen Äußeren. Keine Fenster gliedern die Fassade, sondern schräg gestellte Holzlamellen umlaufen das Haus wie Fensterbänder. Sie schirmen vor unerwünschten Einblicken ab und bieten von den Zimmern aus geschützte Ausblicke. Was von außen trutzburgartig wirkt, ist innen gemütlich und schön. In der Gaststube im Erdgeschoß und in den darüber liegenden Hotelzimmern komplettiert Holz an Wand und Decke und als Möbel den Holzbau. *ai*
The Johann Restaurant and Hotel is situated right at a busy intersection of Lauterach. The rust-red wooden exterior of the building greets the inhospitable environment with composure. No windows divvy up the façade; instead, angled wooden slats encircle the house like bands of windows. They shield against prying eyes, yet still provide a protected view out from the rooms. What seems like a fortress from the outside is cozy and beautiful within. For the ground-floor dining room and the hotel rooms above, wooden walls, ceiling, and furniture round out the timber building. *ai*

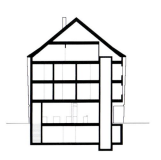

Thermalbad Vöslau

Bad Vöslau, Niederösterreich

Architektur Architecture frötscher x prader architekten, Helmut Frötscher, Wolfgang Prader, www.froetscherxprader.com
Örtliche Bauaufsicht Site supervision Walter Pfisterer, baumerksam!
Bauherrschaft Client Vöslauer Thermalbad GmbH, www.thermalbad-voeslau.at
Tragwerksplanung Structural engineering Schnaubelt und Partner ZT-GmbH
Planungs- und Bauzeit Duration of design and construction 2016–2019
Nutzfläche Floor area 1.466 m²
Adresse Address Maital 2, 2540 Bad Vöslau, Niederösterreich

Vorbildliches Bauen in Niederösterreich 2021

Mit elegantem Schwung fügt sich der neue Umbau der ursprünglichen Abfüllanlage des Vöslauer Mineralwassers in die imposante Anlage des legendären Thermalbads Bad Vöslau. Neue Verwaltungsräume im Erdgeschoß und darüber liegende Apartments mit attraktiv direktem Badzugang bespielen das feine Implantat, das mit seinen badseitig gelegenen Balkonen Bezug auf die Rasterstruktur der historischen Kabinen nimmt. Auch farblich sind die neuen Metallteile auf die historischen Kupferdächer abgestimmt. Das gleiche unverkennbare Grün setzt sich punktuell auch in der Innenraumgestaltung fort. *mk*

The renovation of the original Vöslauer mineral water bottling plant blends elegantly into the striking complex of the legendary Bad Vöslau thermal baths. New ground-floor administrative offices and upstairs apartments with attractive direct access to the baths make use of the elegant addition, the balconies which face the baths in communication with the grid structure of the historic changing cabins. The new metal parts are color-coordinated with the historic copper roofs. The same unmistakable green is also used to accent the interior design. *mk*

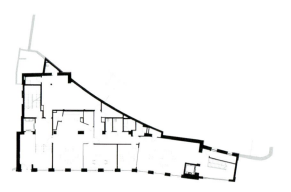

Mineralische Welle
Mineral Wave

Technoides Gipfelglück
The Technology of Summit Joy

Falginjochbahn
Kaunertal, Tirol

Architektur Architecture Baumschlager Hutter Partners,
Carlo Baumschlager, Jesco Hutter, Oliver Baldauf, Miriam Seiler,
Norbert Eisenbart, www.baumschlager-hutter-partners.com
Mitarbeit Assistance Tankred Bergmeister
Bauherrschaft Client Kaunertaler Gletscherbahnen GmbH,
www.kaunertaler-gletscher.at
Tragwerksplanung Structural engineering aste|weissteiner zt gmbh
Örtliche Bauaufsicht Site supervision Baubüro Christoph Neier
Planungs- und Bauzeit Duration of design and construction 2019
Nutzfläche Floor area 1.400 m² (Talstation Valley station), 290 m²
(Bergstation Mountain station)
Adresse Address Gletscherstraße 240, 6524 Kaunertal, Tirol

Anerkennung des Landes Tirol für Neues Bauen 2020

Wir haben uns an den Pathos von Stahlkonstruktionen im Gebirge
schon lange gewöhnt. Basis aller gestalterischen Überlegungen –
so auch zur Falginjochbahn im Hinteren Kaunertal – sind das not-
wendig hohe Maß an Vorfertigung zur Bewältigung der kurzen
Bauzeit im Hochgebirge und die Sichtbarkeit aller funktionellen
Anlagen der Seilbahntechnik wie Antriebe, Stützen und Seilver-
ankerungen. Diese bildprägenden Elemente und das Fehlen jeder
Karosserie schüchtern uns ein, verströmen aber zugleich genug Vertrauen, um uns auf die höchsten Punkte im Skigebiet, 3.113 Meter
über dem Meer, zu wagen. Oh, du mein Gipfelglück! *rf*

We have long gotten used to the incongruity of seeing steel structures in the mountains. The basis of all design considerations—
certainly true for the Falginjochbahn cable car in Hintere Kaunertal—is the high degree of prefabrication necessary to address the
brief construction time in the high mountains. Also important to
consider: the visibility of the cable car systems technology, including motors, supports, and cable anchorings. These iconic elements
and lack of bodywork can look intimidating, but at the same time
the structures inspire in us enough confidence to venture to a ski
area's highest point—in this case 3,113 meters above sea level.
And what joy at the summit! *rf*

Tempel 74

Mellau, Vorarlberg

Architektur Architecture Baumeister Jürgen Haller GmbH, www.juergenhaller.at
Mitarbeit Assistance Sebastian Haller, Peter Plattner
Bauherrschaft Client Errichtergemeinschaft Haller-Felder, www.tempel74.at
Tragwerksplanung Structural engineering zte Leitner ZT GmbH
Planungs- und Bauzeit Duration of design and construction 2018–2019
Nutzfläche Floor area 1.325 m^2
Adresse Address Tempel 74, 6881 Mellau, Vorarlberg

Staatspreis Architektur 2021
Bauherrenpreis der Hypo Vorarlberg 2020

Wie vielschichtig Baukultur ausgeübt werden kann, zeigt sich an diesem Ensemble im 1.200-Seelen-Dorf Mellau am Fuße eines der größten Skigebiete Vorarlbergs. Dort sind zeitgenössische Architektur für den Tourismus und die breite Volksmeinung auf bestimmte formale Elemente und ein solides Bauhandwerk zu einer Art Vorarlberger Neomoderne zusammengefasst. Kommerzieller Pragmatismus und Ortsverbundenheit haben hier anstelle eines alten Bauernhauses zwei Neubauten mit einem Büro und Ferienapartments errichtet, um in der Absicht des Planers „Ortsbild und den fast urbanen Charme des Weilers" zu bewahren. *rf*
Located at the foot of one of the largest ski areas in Vorarlberg, this ensemble in the village of Mellau, population 1,200, shows diversity in building culture in action. It combines contemporary tourism architecture, general public opinion on certain formal aspects, and solid building craftsmanship into a kind of Vorarlberg neomodernism. As a result of commercial pragmatism and local ties, two new buildings with an office and holiday apartments have taken the place of an old farmhouse—all while achieving the planner's goal of preserving the "townscape and the almost urban charm of the hamlet." *rf*

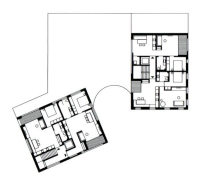

Fast urbaner Charme

Almost Urban Charm

Sportpark Graz
Graz, Steiermark

Im zweigeschoßigen Baukörper auf gläsernem Sockel sind die modernste Ballsporthalle Österreichs mit Tribünen für 3.000 Zuseher*innen sowie viele weitere Nutzungen von Leistungsdiagnostik bis Pressezentrum untergebracht. Das alles ist feinst konstruiert (das Hallendach besteht aus drei Meter hohen Brettschichtholzträgern, die 48 Meter überspannen) sowie materialisiert, wobei besonders das Lichtkonzept hervorzuheben ist. Und das Restaurant mit schönem Schanigarten spielt eine wichtige soziale Rolle – als Anziehungspunkt für Sportler*innen genauso wie für Menschen aus der wenig attraktiven Nachbarschaft, die gern auf ein Bier herkommen. *eg*

The two-story building on a glazed base is home to Austria's most modern gymnasium for ball games. It includes stands for 3,000 spectators and serves many other functions, ranging from performance diagnostics to a press center. The skillful construction uses fine materials (the gym roof is built using three-meter-high glulam beams that span a full 48 meters), and the lighting concept is of particular note. The restaurant with a lovely sidewalk café fulfills an important social role—it is a magnet for athletes and people from the less attractive surrounding neighborhood, who enjoy coming here for a beer. *eg*

Architektur Architecture projektCC zt gmbh, Harald Kloiber, Christian Tabernig, www.projekt.cc
Mitarbeit Assistance Judith Urschler, Thomas Huber
Bauherrschaft Client SPORTUNION Steiermark, www.sportunion-steiermark.at
Tragwerksplanung Structural engineering Dr. Lechner ZT GmbH
Projektsteuerung Project control planconsort ztgmbh
Örtliche Bauaufsicht Site supervision Kampits & Gamerith
Lichtplanung Lighting concept Andreas Haidegger – Hailight
Leitsystem Guidance system Jan Brauer
Planungs- und Bauzeit Duration of design and construction 2015–2018
Nutzfläche Floor area 10.500 m^2
Adresse Address Hüttenbrennergasse 31, 8010, Graz, Steiermark

GerambRose 2020

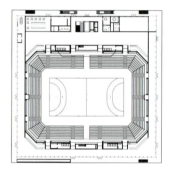

Ball und Bier
Balls and Beers

Treffpunkt Natur
Natural Gathering

Pfadfinderheim
Horn, Niederösterreich

Der als Erweiterungsbau des Pfadfinderheims errichtete Multifunktionsraum erhebt sich auf der Dachgeschoßebene des historischen Gebäudes, in dem das Heim untergebracht ist. Der Neubau ruht auf dem massiven Sockel eines alten Eiskellers und ergänzt den Bestand zu einem winkelförmigen Bau. Zur Friedhofsmauer an der einen Seite des Bauplatzes hin geschlossen, öffnet sich der Neubau über eine Holz-Glas-Fassade zum Garten hin. Die hinter der thermischen Hülle angeordneten Stützen zeigen die unregelmäßige Wuchsform von Bäumen, was neben der starken Präsenz des Baustoffs Holz als weiterer Naturbezug zu deuten ist. *rr*
The multifunctional room, built as an extension of the scout center, rises up from the top floor of the historic building where the center is located. The new building rests on the solid base of an old icehouse, adding to the existing structure to form an L shape. Closed off by the cemetery wall on one side, the new building opens to the garden through a wood and glass façade on the other. The timber supports arranged behind the thermal shell show the irregular growth of the trees they came from, which, together with the strong presence of wood throughout, can be interpreted as a further reference to nature. *rr*

Architektur Architecture 4juu Architekten, Karl Gruber, www.4juu.at
Mitarbeit Assistance Jakob Hofbauer, Philipp Schmid
Bauherrschaft Client Stadtgemeinde Horn, Horner Kommunalgesellschaft m.b.H. – Pfadfindergruppe Horn, www.pfadfinder-horn.at
Planungs- und Bauzeit Duration of design and construction 2018–2019
Nutzfläche Floor area 245 m²
Adresse Address Prager Straße 14, 3580 Horn, Niederösterreich

Vorbildliches Bauen in Niederösterreich 2020

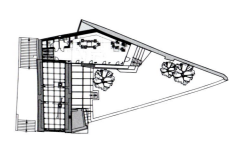

Helix Liechtensteinklamm
St. Johann im Pongau, Salzburg

Nach einem Felssturz wurde der Weg durch die Liechtenstein-klamm, die längste Schlucht der Alpen, saniert und als Höhepunkt die „Helix" errichtet, eine Wendeltreppe aus Corten-Stahl, die an einer Stelle mit 200 Meter hohen Felswänden 30 Meter in die Schlucht hinunterführt. Die Treppe folgt einer sich nach oben öffnenden Spirale, die sich auf sechs Auflagerpunkte stützt. Den Träger bildet ein Stahlhohlkasten, darauf die Treppe aus Loch-bleche und Streckmetallbrüstungen. Die vorgefertigten Treppen-elemente wurden per Hubschrauber zum Montageort eingeflogen und auf die Betonauflager gesetzt. *rt*

After a rockslide, the path through Liechtensteinklamm, the longest gorge in the Alps, has been repaired. The "Helix" was built as a highlight: a spiral staircase made of Corten steel that, at a point where the rock walls are 200 meters high, leads 30 meters down into the gorge. The staircase traces a spiral that opens towards the top and rests on six support points. The girder is a hollow steel box, topped by the stairs made of perforated sheet metal and expanded metal parapets. The prefabricated stair elements were flown to the assembly site and placed on the con-crete supports by helicopter. *rt*

Architektur Architecture Architekt Hubert Schlögl, www.hubertschloegl.com
Tragwerksplanung und Generalplanung Structural engineering and general planning aste | weissteiner zt gmbh, Thomas Weissteiner, www.aste-weissteiner.com
Bauherrschaft Client Gemeinde St. Johann im Pongau, www.st.johann.at
Planungs- und Bauzeit Duration of design and construction 2019–2020
Adresse Address Liechtensteinklamm, 5600 St. Johann im Pongau, Salzburg

Anerkennung Österreichischer Stahlbaupreis 2021

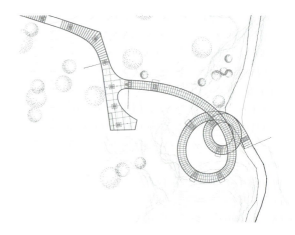

Spektakulärer Brückenschlag
Spectacular Bridging

Hotel in entlegener Landschaft
Hotel in a Remote Landscape

Fuchsegg Eco Lodge
Egg, Vorarlberg

Im gelungenen Versuch, das touristische Paradox aufzulösen, bringen die Architekten nicht Formen, sondern eine Typologie zum Einsatz. Das „Vorsäss", eine Vorstufe zur Alpe, diente als landschaftlich stimmige Strategie, um als mehrteilige, giebelständige Hausgruppe am Hang ein feines Wellnesshotel umzusetzen. Ein „Gasthaus" und Seminarbereiche, ein Pool mit „Weidezaun", die Bibliothek und ein Saunahaus. Allesamt mit Satteldächern, traditionell vergrauenden Lärchenholzfassaden und zeitgenössischen, doch handwerklichen Details spinnen sie fein am Vorarlberger Dialog von „Olt & Nü", von Gast und Einheimischem. *rf*
In a successful attempt to resolve the paradox of tourism, the architects did not use forms, but a typology. The Vorsäss, a foothill of the Alps, provided a landscape-friendly strategy for the implementation of this refined wellness hotel as a multi-part, gabled group of buildings on the slope. An "inn" and seminar areas, a pool with a "pastoral fence," a library, and a sauna, each with a gable roof, traditional grayed larch façades, and contemporary—yet still handcrafted—detailing. Here in Voralberg, the designers spin a new chapter in the tale of old and new, of visitors and locals. *rf*

Architektur Architecture Ludescher + Lutz Architekten ZT GmbH, Elmar Ludescher, Philip Lutz, www.ludescherlutz.at
Bauherrschaft Client Carmen Can + Heinz Hämmerle, www.fuchsegg.at
Tragwerksplanung Structural engineering Plan Drei Hammerer GmbH
Planungs- und Bauzeit Duration of design and construction 2017–2020
Nutzfläche Floor area 2.217 m^2
Adresse Address Amagmach 1301, 6863 Egg, Vorarlberg

best architects 22

Architektur Architecture Innauer Matt Architekten,
Markus Innauer, Sven Matt, www.innauer-matt.com
Projektpartner Project partner ao-architekten, Walter Niedrist,
Andrea Zeich, Michael Felder, www.ao-architekten.com
Bauherrschaft Client Stadt Innsbruck, www.innsbruck.at
Tragwerksplanung Structural engineering Alfred R. Brunnsteiner
ZT GmbH
Bauleitung Site supervision Die Bauleiter
Planungs- und Bauzeit Duration of design and construction
2015–2018
Nutzfläche Floor area 6.220 m^2
Adresse Address Römerstraße 81, 6080 Igls, Tirol

AIT-Award 2020

Mit ruhigem Ernst kreieren Innauer Matt Architekten immer wieder
streng ausdifferenzierte Kompositionen, die die Bedeutungssys-
teme der Moderne hinter sich lassen, um sich der dünnen Luft
analoger Architekturmotive und monumentalem Pathos anzuver-
trauen. Die drei Seilbahnstationen sind ein exzellentes Beispiel
dafür. Das Erhabene einer Bergfahrt, Wetter und Wolkenbilder
bilden den emotionalen Maßstab für sakrale Überhöhungen, weit
ausgreifende Rahmungen und altarhafte Symmetrien. Dem gewal-
tigen Anspruch werden sie zuletzt auch durch eine hohe handwerkliche Sicherheit in der Materialisierung gerecht. *rf*
Innauer Matt have repeatedly created highly differentiated com-
positions of calm austerity that eschew Modernist systems of
meaning, trusting instead the thin air of analogue architectural
designs and monumental pathos. The three cable car stations are
an excellent example of this. The wonderment of a prospective
mountain trip, and visions of weather and clouds, create great
expectations for sacred elevations, far-reaching frameworks, and
altar-like symmetries. They also meet the structure's tremendous
demands thanks to their high degree of technical material confidence. *rf*

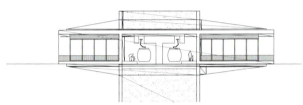

Das hohe Amt der Berge
Mountain Authority

Den Hang hinauf
Up the Hill

Kai 36
Graz, Steiermark

Am Fuße des Schlossbergs liegt das Kai 36 mitten in der UNESCO-Welterbestadt Graz. Mit großem Gespür für den Ort legte die Architektin die historische Substanz des 400 Jahre alten Ensembles frei und revitalisierte es gleichermaßen respektvoll sowie spektakulär: Mit Rücksicht auf die alten Strukturen erfolgte die individuelle Integration der Gästezimmer ins Haupthaus mit dem Schopfwalmdach. Dahinter entfaltet sich den Hang hinauf auf Geländestufen und Terrassen eine Welt aus adaptiertem Bestand und einem neuen Baukörper. Mit Kupferfassaden und Y-Dächern passt sie gut ins Gefüge der Altstadt. Allgegenwärtig: Kunstwerke aus Bauherrenbesitz. *gh*
Kai 36 is located at the foot of Schlossberg in the heart of the UNESCO World Heritage City of Graz. With great sensitivity for the site, the architect uncovered the historical substance of the 400-year-old ensemble, bringing it back to life in a respectful and likewise spectacular way. Taking great care with the old structures, the guestrooms were individually integrated into the main house under a hipped roof. Behind this, a world of covered buildings plus a new structure unfurls up the slope over steep steps and terraces. With copper façades and Y-roofs, the hotel fits in well with the structure of the old town. And everywhere: works of art belonging to the owner. *gh*

Architektur Architecture Lam Architektur Studio, Nicole Lam, www.lam.co.at
Mitarbeit Assistance Birgit Kilzer
Bauherrschaft Client Dr. Helmut Marko, www.markohotels.com
Tragwerksplanung Structural engineering Hess Stuctural Engineers
Örtliche Bauaufsicht Site supervision Langmann BauManagement GmbH
Planungs- und Bauzeit Duration of design and construction 2014–2020
Nutzfläche Floor area 1.400 m^2
Adresse Address Kaiser-Franz-Josef-Kai 36, 8010 Graz, Steiermark

Anerkennung Architekturpreis Land Steiermark 2021
GerambRose 2020
Nominierung Mies van der Rohe Award 2021

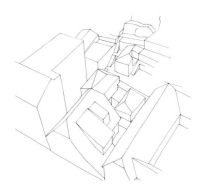

Tourismus-Information Innsbruck
Innsbruck, Tirol

Kunstraum, Kapelle oder Videoinstallation – nicht sofort assoziiert man diesen fast sakralen Ort mit einer Tourismusinformation. Die Architekt*innen befreiten die historische Substanz von 1580 von allen späteren Einbauten, restaurierten sie behutsam und griffen minimal und präzise in den charakterstarken Raum ein. Das Gewölbe mit seinen lebendigen Oberflächen wird zum Hauptakteur des Raums – ihm setzte man eine dezente Bodenskulptur in Form von Rampe und Treppen gegenüber. Die Breccien-Fassade erhält durch einen Ornamentvorhang aus handgefertigten Keramikfliesen ihre ursprüngliche Geschlossenheit zurück und bleibt dennoch lichtdurchlässig. *nw*

Art space, chapel, and video installation—this almost sacred place is not what one would immediately associate with a site for tourist information. The architects removed all installations from the historical building, which dates from 1580, then carefully restored the distinctive space using only minimal and very precise interventions. This approach turned the vibrant textures of the vaulted ceiling into the main protagonist of the room—contrasted by a subtle floor sculpture made up of ramp and stairs. The breccia façade has regained its original unity while allowing light to enter, thanks to an ornamental curtain of hand-made ceramic tiles. *nw*

Architektur Architecture Architektin Betina Hanel, Architekt Manfred Sandner
Mitarbeit Assistance Claudia Dorner (Möblierung Furnishing)
Bauherrschaft Client Tourismusverband Innsbruck und seine Feriendörfer, www.innsbruck.info
Tragwerksplanung Structural engineering DI Christian Aste
Planungs- und Bauzeit Duration of design and construction 2017–2018
Nutzfläche Floor area 298 m²
Adresse Address Burggraben 3, 6020 Innsbruck, Tirol

Staatspreis Architektur 2021
Anerkennung des Landes Tirol für Neues Bauen 2020

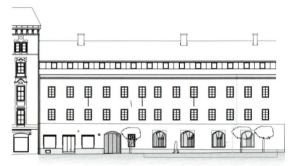

Poetischer Informationsraum

Poetic Information Space

KULTUR
CULTURE

Sigmund Freud Museum
Wien

Kassa, Shop und Café des neu gestalteten Sigmund Freud Museums sind im Erdgeschoß eingerichtet; Vortragssaal, Bibliothek und Studienräume mit Aufzug und zusätzlicher Stiege anstelle von ehemaligen Wohnungen. In den Gedenkräumen des Mezzanins – den vormaligen Wohnräumen der Familie Freud und den Behandlungsräumen von Sigmund und Anna Freud – wurde nichts rekonstruiert, sondern zur Wahrung der Authentizität nur erhaltene und freigelegte Spuren dokumentiert. Alle sachlich-wissenschaftliche Information ist mit zahlreichen Exponaten in speziellen Vitrinen angeordnet, die ihren eigenen kuratorischen Zusammenhang haben. *mk*

Ticket desk, museum shop, and café of the newly refurbished Sigmund Freud Museum are located on the ground floor in place of what was once shops; lecture hall, library, and reading rooms with an elevator and additional staircase replace the former apartments. In the memorial rooms on the mezzanine—once the Freud family living spaces and Sigmund and Anna Freud's consulting rooms—no reconstruction work was undertaken, with authenticity instead being maintained by documenting what has been preserved and revealed by the renovation. Special showcases feature information from academic research together with numerous curated exhibits. *mk*

Architektur Architecture Architekt Hermann Czech, www.hermann-czech.at; ARTEC Architekten, Bettina Götz, Richard Manahl, www.artec-architekten.at; Architekt Walter Angonese, www.angonesewalter.it
Mitarbeit Assistance Gerhard Flora, Andreas Mieling, Gerda Polig, Thomas Roth
Bauherrschaft Client Sigmund Freud Privatstiftung, www.freud-museum.at
Tragwerksplanung Structural engineering zt-moser ZT vGmbH
Planungs- und Bauzeit Duration of design and construction 2017–2020
Bruttogrundfläche Gross floor area 1.950 m²
Adresse Address Berggasse 19, 1090 Wien

BauherrInnenpreis der ZV 2021
Nominierung Mies van der Rohe Award 2021

Authentische Wiedergabe
Authentic Presentation

Oktaeder
Sigleß, Burgenland

Entwurf Design Heinz Bruckschwaiger
Ausführung Execution Holzbau Fischer, Josef Sachs
Bauherrschaft Client Verein KUNZT – Kunst Und Natur
Zusammen Tragen, www.vereinkunzt.at
Planungs- und Bauzeit Duration of design and construction
2016–2018
Adresse Address Am Hexenhügelradwanderweg, 7032 Sigleß,
Burgenland

Holzbaupreis Burgenland 2020

Der verstorbene Künstler und Bertoni-Schüler Heinz Bruckschwaiger schuf mit seinen burgenländischen Land-Art-Projekten Seh-Stücke, die staunen lassen. Sein erklärtes (und leider unerreichtes) Ziel war es, sämtliche platonische Körper zu bauen. Der begehbare, mit grauem Falzblech verkleidete Oktaeder aus Holz wird aus zwei an ihren Grundflächen aufeinandertreffenden Pyramiden gebildet und ist über eine Metalltreppe erschlossen. Das Objekt mit seinen Fenstern in der unteren Pyramide ist ein Aussichtspunkt in einsamer Landschaft und zugleich der perfekte Ort, um über platonische Körper nachzudenken. *kjb*

With his Burgenland land art projects, late artist and Bertoni student Heinz Bruckschwaiger created visual pieces that amaze. His declared (and, sadly, unachieved) goal was to build all five of the Platonic geometric solids. Clad in gray sheet metal, the walk-in wooden octahedron is formed by two pyramids that meet at their bases and is accessible via a metal staircase. In the lower pyramid, the sculpture's windows act as a vantage point towards the lonely landscape and are the perfect place to contemplate Platonic solids. *kjb*

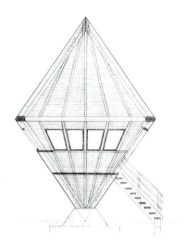

Körper, Kunst und Landschaft
Body, Art, and Landscape

Gehäuse eines Augenblicks
Shell of a Moment

Bergkapelle Kendlbruck
Kendlbruck, Salzburg

Architektur Architecture dunkelschwarz ZT GmbH, Hannes Sampl, Erhard Steiner, Michael Höcketstaller, www.dunkelschwarz.com
Bauherrschaft Client Johann Müllner
Planungs- und Bauzeit Duration of design and construction 2016–2017
Nutzfläche Floor area 15 m^2
Adresse Address Lasaberg, 5591 Kendlbruck, Salzburg

Anerkennung Architekturpreis Constructive Alps 2020

Diese Kapelle ist nicht geweiht, sie hat auch keinen eigenen Namen. Dennoch haben wir hier auf 1.850 Metern Seehöhe einen bedeutenden spirituellen Ort vor uns. Er ist spirituell in dem Sinn, weil er als geistiger Raum erdacht wurde, als ein Gehäuse für kostbare Augenblicke angesichts des fantastischen Alpenpanoramas. Die kleine Bergkapelle ist aber auch ein architektonisches Statement. Die konstruktive Klarheit des archaisch anmutenden sogenannten Strickbaus verbindet sich an diesem besonderen Ort mit einem sehr heutigen Bewusstsein über unseren Umgang mit Ressourcen zu einem neuen Ganzen. *kjb*

The chapel is not consecrated and has no name to call its own. Nonetheless, this is indeed an important spiritual site, 1,850 meters above sea level. It is spiritual in the sense that it was conceived as a divine space, as a framework for precious moments in the fantastic Alpine setting. The small mountain chapel is also an architectural statement. The constructive clarity of the timber structure seems archaic and, at this very special place, converges harmoniously with a contemporary awareness of how we can care for our resources. *kjb*

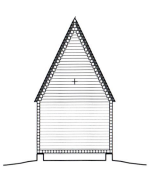

Kunst Mill Annex
St. Margarethen, Kärnten

Architektur Architecture MACK Architect(s), Mark Mack,
www.markmack.com
Mitarbeit Assistance Anna Meloyan, Matt Bean
Bauherrschaft Client Anitaz Mardikian, Pepo Pichler,
www.pepopichler.com
Tragwerksplanung Structural engineering KPZT Kurt Pock
Planungs- und Bauzeit Duration of design and construction
2018–2021
Nutzfläche Floor area 200 m²
Adresse Address Schmelzofen 1, 9412 St. Margarethen, Kärnten

Anerkennung Holzbaupreis Kärnten 2021

Der Art-Annex ergänzt das Ensemble eines historischen landwirt-
schaftlichen Anwesens im Lavanttal. Die schlichte, dabei aber
raffinierte Form ergibt sich durch Verdrehen des rechteckigen
Grundrisses, um die Anforderungen an Höhen und Abstände
bestmöglich auszunutzen. Trotz seiner traditionellen Schindelfas-
sade aus Zedernholz hebt sich das auf einer Betonplatte schwe-
bende Ausstellungs- und Ateliergebäude als abstraktes Objekt
von seiner Umgebung ab. Position und Größe der Öffnungen
ergeben sich aus der Diagonale der Dachkonstruktion aus Kreuz-
lagenholz, die den Innenraum des Holzriegelbaus prägt. *am*
The art annex complements the historic agricultural ensemble in
the Lavanttal valley. The simple yet sophisticated shape is achieved
by rotating the rectangular floor plan to make the most of height
and spacing requirements. The exhibition and studio building,
which floats on a concrete slab, stands out from its surroundings
like an abstract object, despite its traditional façade of cedar
shingles. The positioning and size of the apertures result from the
diagonals of the roof, whose construction of cross-laminated
wood sets the tone for the timber-frame building's interior. *am*

Kunst Objekt
Art Object

94

Museum für alle
A Museum for Everyone

Graz Museum Schlossberg
Graz, Steiermark

Das Graz Museum Schlossberg stellt mit neuer architektonischer sowie inhaltlicher Gestaltung den Stadtberg in den Mittelpunkt. Die Architekten tauchten tief in die Geschichte des Ortes ein und öffneten die ehemalige Festung für ein Ensemble mit unterschiedlichen Aufenthaltsqualitäten, organisiert um ein Kreiselement: Foyer und Veranstaltungshalle aus rotem Ziegelmauerwerk bilden das Entree zu einem Kinderspielplatz mit Baumhain. Von dort geht es in die Ausstellungsräume und die unterirdischen Kasematten mit dem 3D-Schlossbergmodell. Eine gelungene Realisierung Hand in Hand mit Denkmalschutz und archäologischer Schutzstellung. *gh*

The new architectural and exhibition design of the Graz Museum Schlossberg focuses the spotlight on the city's mountain. The architects deeply immersed themselves in the history of the place and then opened up the former fortress for an ensemble that offers the visitor different qualities organized around a circular element. The foyer and events hall of red brickwork also form the entrance to a playground with a grove of trees. From there, visitors continue on to the exhibition spaces and the underground casemates with a 3D-model of the Schlossberg. A successful realization that goes hand in hand with heritage and archaeological protection. *gh*

Architektur Architecture studio WG3 ZT KG, Albert Erjavec, Christian Reschreiter, Matthias Gumhalter, Jan Ries, www.wg3.at
Bauherrschaft Client Stadt Graz, vertreten durch Graz Museum – Stadtmuseum Graz GmbH, www.grazmuseum.at
Tragwerksplanung Structural engineering DI Gerhard Baumkirchner
Ausstellungsgestaltung Exhibition design BUERO41A, studio WG3 ZT KG
Landschaftsarchitektur Landscape architecture studio boden
Denkmalsanierung Monument restoration Zechner Denkmal Consulting GmbH
Planungs- und Bauzeit Duration of design and construction 2018–2020
Nutzfläche Floor area 640 m^2
Adresse Address Schloßberg 5 u. 5a, 8010 Graz, Steiermark

Architekturpreis des Landes Steiermark 2021

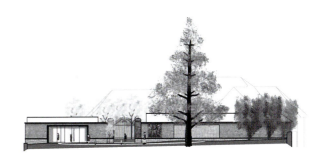

Auferstehungskapelle Straß
Straß im Attergau, Oberösterreich

Architektur Architecture LP architektur ZT GmbH,
Thomas Lechner, www.lparchitektur.at
Bauherrschaft Client Kapellenverein Straß,
www.kapelle-strass.info
Tragwerksplanung Structural engineering Tragwerkspartner
ZT GmbH
Bauleitung Site supervision Gebetsberger ZT GmbH
Planungs- und Bauzeit Duration of design and construction
2017–2020
Nutzfläche Floor area 50 m²
Adresse Address Vis-à-vis Volksschule, 4881 Straß im Attergau,
Oberösterreich

BauherrInnenpreis der ZV 2021
best architects 22

In der Verlängerung einer alten Schottergrube liegt die Kapelle auf einer Anhöhe am Rande einer Siedlung. Die vertikalen Holzlamellen der Fassade betonen ihren Höhenzug. Im Inneren schafft helles Holz (Fichte für die konstruktiven Platten und die Lamellen der Obergaden, Bänke aus fingergezinkter Tanne) eine wohlige, in der Ausstattung auf das Wesentliche reduzierte Atmosphäre. Entstanden ist der Ort für Liturgie, Veranstaltungen oder einfach zum Verweilen aus der Synergie eines Architekten, der den Ort gut studierte, und eines eigens gegründeten Kapellenvereins als Bauherrn, der mit viel Eigenleistung die Realisierung unterstützte. *gh*
The chapel is located in the extension of an old gravel pit, on a hill at the edge of a settlement. The vertical wooden slats of the façade emphasize its height. Inside, pale wood—spruce for the structural panels and the slats of the clerestory, with benches made of finger-jointed fir—creates a cozy atmosphere that celebrates the essentials. This space for worship, events, or simply lingering a while arose from the synergy of an architect who studied the place carefully; the client was a specially founded chapel association that supported the project's realization with a great deal of volunteer hours. *gh*

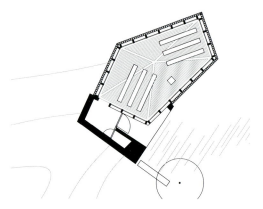

96

Raum der Begegnung
Space for Meeting

The Graz Vigil
Graz, Steiermark

Architektur Architecture Alexander Krischner, www.krischner.at
Bauherrschaft Client La Strada, www.lastrada.at
Tragwerksplanung Structural engineering Freiraum ZT GmbH
Planungs- und Bauzeit Duration of design and construction
2019–2020
Adresse Address Schloßberg, 8010 Graz, Steiermark

Holzbaupreis Steiermark 2021

Im Rahmen des Grazer Kulturjahres 2020 wachte je eine Stunde zu Sonnenauf- und -untergang eine Person von hier aus über die Stadt und schrieb ihre Beobachtungen nieder. Eine Rampe führte zu dem „Shelter" aus Brettsperrholz, der wiederum schräg in eine offene Lamellenkonstruktion gestellt war und über die Festungs-mauer hinausragte. Die Holzbox war an ihren Enden vollflächig verglast, die Konstruktion zugleich einfach und poetisch. Die Atmosphäre im Inneren war geprägt von duftendem geöltem Holz, warmer Haptik und dem einzigartigen, „abgehobenen" Blick auf die Stadt ohne Uhr oder Handy, dafür mit großer Ruhe und Auf-merksamkeit. *eg*

As part of the Graz Kulturjahr 2020, someone looked out at the city from here for one hour every day at sunrise and sunset and wrote down their observations. A ramp led to the shelter made of cross-laminated timber, which was placed at an angle in an open slat structure protruding out over the fortress wall. The wooden box was fully glazed at both ends, creating a construction that was simultaneously simple and poetic. Inside, the atmosphere was characterized by fragrant oiled wood, a warm feel, and a unique "detached" view of the city—no clocks or cell phones, but instead great calm and awareness. *eg*

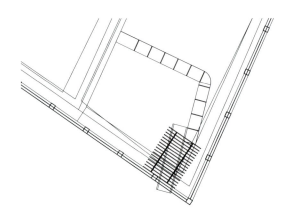

Tag- und Nachtwache
Day and Night Watch

Mit Tiefgang
Going Deep

Kasematten und Neue Bastei
Wiener Neustadt, Niederösterreich

Wiener Neustadt war 2019 Gastgeber der niederösterreichischen Landesausstellung. Bevk Perović Architekten haben dafür die Kasematten, eine historische Festungsanlage, saniert und um ein Begrüßungszentrum und eine Galerie erweitert. Alt und Neu greifen dabei wie selbstverständlich ineinander und verstärken sich gegenseitig in ihrer Wirkung. Allein das Begrüßungszentrum ist ein erstaunlicher Raum: Lang gestreckt und in Beton gegossen hat er in seiner Materialität und Form etwas Modernes und Festungsartiges zugleich. Von hier aus geht es in die unterirdischen Gänge des mittelalterlichen Komplexes und weiter in die neue Galerie. *ai*

Wiener Neustadt hosted the Lower Austrian Regional Exhibition in 2019. For the occasion Bevk Perović Architekten renovated the casemates, a historical fortress facility expanding them to include a welcome center and a gallery. Old and new are naturally intertwined, mutually reinforcing the effects of each. The welcome center alone is an amazing space: Elongated and cast in concrete, its materiality and shape are both modern and fortress-like at once. From here, underground passageways delve into the depths of the medieval complex, proceeding onward to the new gallery. *ai*

Architektur Architecture bevk perović arhitekti d.o.o., Matija Bevk, Vasa J. Perović, www.bevkperovic.com
Mitarbeit Assistance Johannes Paar, Christophe Riss, Mitja Usenik, Blaz Goričan, Irene Salord Vila
Bauherrschaft Client Landesausstellungs-Planungs- Errichtungs- und Organisations GmbH
Tragwerksplanung Structural engineering Fröhlich & Locher & Partner ZT GmbH
Örtliche Bauaufsicht Site supervision Edelmüller | Architektur | Management ZT GmbH
Planungs- und Bauzeit Duration of design and construction 2016–2019
Nutzfläche Floor area 3.400 m^2
Adresse Address Bahngasse 27, 2700 Wiener Neustadt, Niederösterreich

Shortlist Mies van der Rohe Award 2021

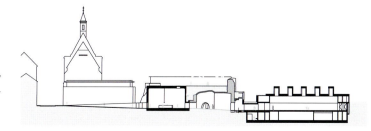

Kapelle Salgenreute
Krumbach, Vorarlberg

Architektur Architecture Bernardo Bader Architekt ZT GmbH,
www.bernardobader.com
Mitarbeit Assistance Joachim Ambrosig (Projektleitung
Project management), Andreas Rosian, Jomo Zeil
Bauherrschaft Client Gemeinde Krumbach, www.krumbach.at
Statik Structural engineering merz kley partner ZT GmbH
Planungs- und Bauzeit Duration of design and construction
2014–2016
Nutzfläche Floor area 40 m^2
Adresse Address Salgenreute, 6942 Krumbach, Vorarlberg

European Architecture Awards 2020
Prix européen d'Architecture Philippe Rotthier 2021

Selbstverständlich und sympathisch platziert sich der schmale,
hohe Neubau der Kapelle neben eine Baumgruppe auf dem Berg-
rücken. Die traditionelle Bauweise einer Holzkonstruktion auf
Steinsockel, die Proportion und räumliche Ausformulierung orientieren sich an der vormals hier gestandenen Kapelle. Alle Bau-
materialien – Lärchenholzschindeln als Gebäudehülle, Weißtannen-
tafeln und Messingarbeiten im Inneren – stammen aus der Gegend
und sind von ortsansässigen Handwerksbetrieben mit großer Sorg-
falt gefertigt. Auch der gesamte Bauprozess des neuen Schmuck-
stücks steht als Symbol für lokale Gemeinschaftlichkeit. *mk*

The tall and narrow new chapel building stands with charming
confidence on a mountain ridge next to a grove of trees. The traditional building method of a wooden structure on a stone base, the
proportions, and the spatial sequencing have all been adopted from
the chapel that previously stood here. All building materials—larch
shingles for the envelope, silver fir panels, and the bronze work
within—are locally sourced and crafted with tremendous care by
village artisans. In fact, the entire building process of this new
jewel is a symbol of local community. *mk*

Gemeinschaftliches Gesamtkunstwerk
A Collaborative Work of Art

Österreichische Oase
Austrian Oasis

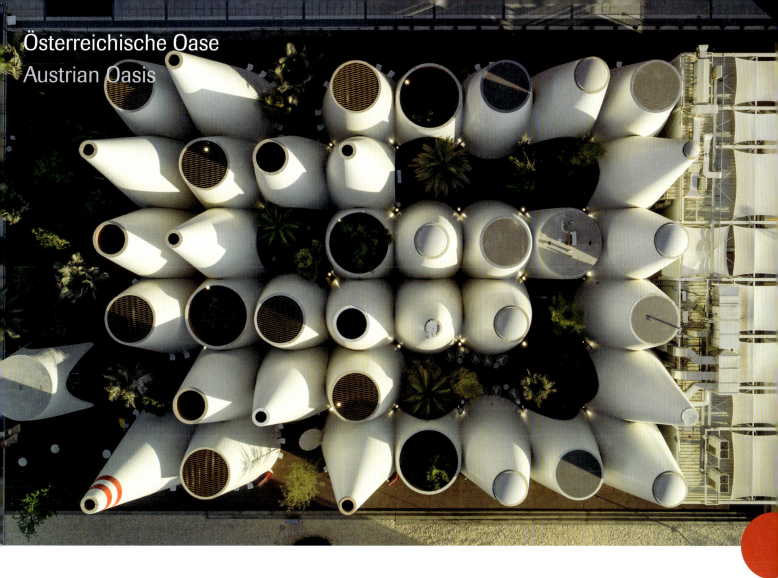

Österreichischer Pavillon EXPO Dubai 2020
Ausstellungsgelände EXPO 2020 Dubai, Vereinigte
Arabische Emirate

Der österreichische Pavillon bei der Expo Dubai gibt in jeder Hinsicht beispielhafte Statements. Bau- und klimatechnisch greift das Konzept auf ortstypisch traditionelle Bauweisen der Lehmbauarchitektur zurück, die mit ihren Windtürmen und bauphysikalischen Eigenschaften von Stampflehm ohne Klimaanlage auskommt. Als Resultat der neu interpretierten Umsetzung entstand eine überaus schöne Raumabfolge von 38 ineinander verschnittenen Kegeln unterschiedlicher Höhe, die bei angenehmen Licht- und Temperaturverhältnissen in kontemplativer Stimmung durch das intuitiv erfahrbare Ausstellungskonzept abseits digitaler Überflutungen führt. *mk*
In every respect, the Austrian pavilion at the Dubai Expo makes an exceptional statement. The concept's construction and climate technology utilize loam, drawing from traditional local building methods, which take advantage of wind towers and the physical properties of rammed earth to eliminate the need for air conditioning. As a result of the newly interpreted implementation, 38 intersecting cones of different heights create an extremely beautiful sequence of rooms with pleasant light and temperature conditions. This is conducive to a contemplative mood as one passes through the intuitive exhibition, far removed from digital overload. *mk*

Architektur Architecture querkraft architekten zt gmbh,
Jakob Dunkl, Gerd Erhartt, Peter Sapp, www.querkraft.at
Mitarbeit Assistance Clemens Russ, Fabian Kahr
Bauherrschaft Client Bundesministerium für Digitalisierung und
Wirtschaftsstandort, www.bmdw.gv.at; Wirtschaftskammer
Österreich, www.wko.at
Tragwerksplanung Structural engineering werkraum ingenieure
zt gmbh, WME Engineering Consultants
Projektsteuerung Project control Werner Consult
Klima-Engineering Climate engineering Ingenieurbüro P. Jung
Lichtplanung Lighting concept Pokorny Lichtarchitektur
Landschaftsarchitektur Landscape architecture Kieran Fraser
Landscape Design, Green4Cities
Ausstellungsgestaltung Exhibition design Büro Wien,
Ars Electronica Solutions
Planungs- und Bauzeit Duration of design and construction
2018–2021
Nutzfläche Floor area 1.600 m^2
Adresse Address Ausstellungsgelände der EXPO 2020 in Dubai,
Vereinigte Arabische Emirate

BLT Built Design Awards 2021
Global Architecture and Design Award 2021

Ein rötlicher Monolith auf der Lichtung eines Waldhangs nimmt die Position eines vormaligen Stadels ein, der zu einem der ältesten Bauernhöfe des Pitztals gehörte. Der Schalungsabdruck grober Bretter im unteren Teil des viergeschoßigen Baukörpers erinnert daran. Das Tiroler Steinbockzentrum, das über einer zirbengetäfelten Gaststube auf fünfeckigem Grundriss das Foyer mit Shop und zwei Ausstellungsräume schichtet, führt auf der obersten Ebene mit einer roten Stahlbrücke direkt an ein Steinbock-Gehege heran. Auf dem Weg von unten nach oben rahmen die wenigen Fensteröffnungen des Turms den Blick in die Steilhänge wie ein Ausstellungsstück. *gk*

In the clearing of a wooded slope, a reddish monolith now stands at the site of a former barn belonging to one of the oldest farms in Pitztal. The formwork imprint of coarse boards in the lower part of the four-story building remains as a reminder. The Tyrol Alpine Ibex Centre is a stacked structure with a pentagonal floor plan. At the bottom is a pine-clad restaurant and above that the foyer and shop, followed by two exhibition floors. The upper level leads via a red steel bridge directly to an ibex enclosure. Along the way from bottom to top, the tower's few windows frame a view of the steep slopes like an exhibit. *gk*

Architektur Architecture ARGE Architekten Rainer Köberl & Daniela Kröss, www.rainerkoeberl.at, www.danielakröss.at
Mitarbeit Assistance Julian Gatterer
Bauherrschaft Client Gemeinde St. Leonhard im Pitztal, www.st-leonhard.tirol.gv.at
Tragwerksplanung Structural engineering DI Georg Pfenniger
Bauleitung Site supervision R&S Planbau
Lichtplanung Lighting concept Stark Ingenieurbüro
Planungs- und Bauzeit Duration of design and construction 2016–2020
Nutzfläche Floor area 538 m^2
Adresse Address Schrofen 46, 6481 St. Leonhard im Pitztal, Tirol

BauherrInnenpreis der ZV 2021
Nominierung Mies van der Rohe Award 2021

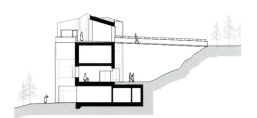

Im Zeichen des Steinbocks
Under the Sign of Capricorn

EINFAMILIEN HAUS SINGLE-FAMILY HOUSE

Doppelhaus am Hang
Hohenems, Vorarlberg

Architektur Architecture MWArchitekten, Lukas Peter Mähr, www.MWArch.org
Mitarbeit Assistance Carmen Wurz
Bauherrschaft Client Carmen Wurz, Lukas Peter Mähr
Planungs- und Bauzeit Duration of design and construction 2020–2021
Nutzfläche Floor area 250 m^2
Adresse Address 6845 Hohenems, Vorarlberg

BIGSEE Wood Design Award 2021

Man wollte sich leistbaren Wohnraum schaffen. Also besann man sich auf die eigene Kunstfertigkeit als Architekt und teilte sein Grundstück in der Mitte. Nun verdoppelte man das Haus symmetrisch auf 2 × 125 m^2 und verkauft die eine Hälfte. Carports, Eingänge, Wohnen, alles mal zwei, auf einem 600-m^2-Grundstück. Den Raum eroberte man sich wieder mit einer durchgeplanten Innenausstattung. Eingang, Essküche und darunter ein halber Keller, drei Stufen abwärts, überhöhter Wohnraum und wieder drei Stufen weiter mit dem Gelände auf die Terrasse. Darüber ein Schlafgeschoß und ganz oben ein schlankes Architekturbüro mit Terrasse und Fernblick. *rf*

They wanted affordable housing, so they turned to their skills in architecture and divided the property down the middle. The house was then doubled symmetrically to create 2 × 125 m^2, and the second half was sold. Carport, entrance, house—everything times two, on a 600-m^2 property. The space was reclaimed by the well-planned interior design. Entryway and dine-in kitchen with a half-basement three steps down, a raised living room, and three steps up to reach the terrace. Above it all is a bedroom story and—at the very top—a slender architect's study with a deck and views far into the distance. *rf*

Der Traum vom halben Haus
The Dream of Half a House

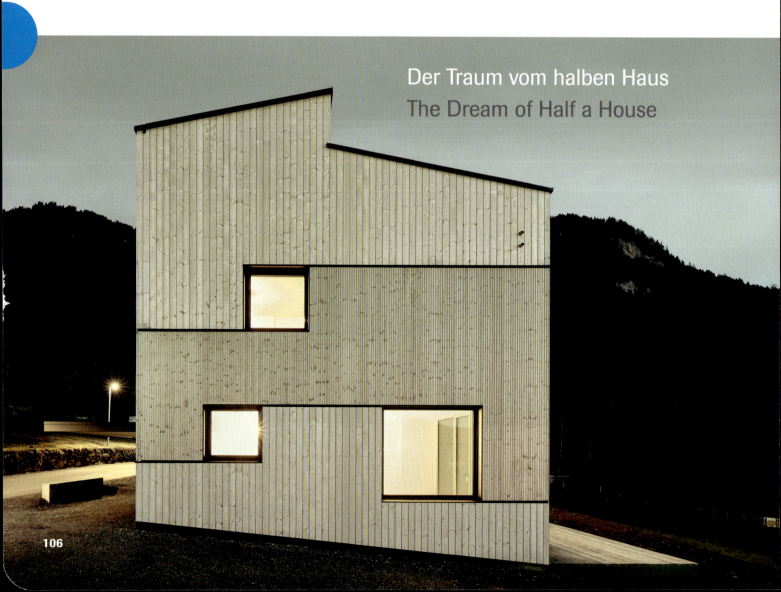

106

Von desolat zu akkurat
From Desolation to Perfection

Wohnhaus Hofstatt
Kaumberg, Niederösterreich

Architektur Architecture sam – architects, Franz Sam, www.sam-architects.at
Mitarbeit Assistance Kristína Rypáková, Karin Sam
Bauherrschaft Client Helen Kyrle
Tragwerksplanung und Örtliche Bauaufsicht Structural engineering and site supervision Tilz & Partner Bauconsult GmbH
Planungs- und Bauzeit Duration of design and construction 2016–2019
Nutzfläche Floor area 270 m²
Adresse Address 2572 Kaumberg, Niederösterreich

Vorbildliches Bauen in Niederösterreich 2021

Ohne Strom- oder Wasserversorgung, aber mit guter Substanz und auf einem schönen Grundstück am Waldrand gelegen, wurde das 300 Jahre alte Haus für eine fünfköpfige Familie saniert. Seine Qualitäten, wie etwa gut proportionierte Räume, Materialität und schöne Plätze im Freien, wurden beibehalten, das Innere adaptiert. Ein in Fortsetzung der Längsachse errichteter kubischer Zubau mit schwarz geflämmter Holzfassade und großer Öffnung Richtung Westen setzt sich durch ein schmales Gelenk deutlich vom Bestand ab. Durch seine Positionierung greift er nicht dessen Integrität an, erweitert ihn jedoch räumlich und atmosphärisch. *eg*

The 300-year-old house—without electricity or running water, located on a beautiful property at the forest's edge—was renovated for a family of five. Its best qualities have been retained, such as well-proportioned rooms, high-quality materials, and beautiful outdoor spaces, while the interior has been adapted. A cubic extension with a black flame-finished wooden façade and a large opening to the west continues the longitudinal axis, clearly delineating itself from the existing building at a narrow joint. Its positioning does not compromise the integrity of the old structure, instead complementing it both spatially and atmospherically. *eg*

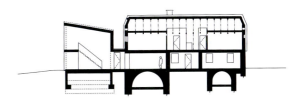

Architektur Architecture gruber locher architekten,
Gerhard Gruber, Reinhold Locher, www.gruberlocher.com
Bauherrschaft Client Margarita Nenning, Cornelius Nenning,
Lukas Nenning
Tragwerksplanung Structural engineering Zimmerer Nenning
Planungs- und Bauzeit Duration of design and construction 2020
Nutzfläche Floor area 464 m²
Adresse Address Großenbündt 147, 6952 Hittisau, Vorarlberg

Holzbaupreis Vorarlberg 2021

Kompakt unter einem Dach vereinen sich hier die sanierten und
umgebauten Trakte eines ehemaligen Wohn- und Wirtschaftsge-
bäudes im Bregenzerwald. Die funktionale Logik des historischen
Wohngebäudes mit angeschlossenen Stallungen und Heulager
wurde bei der Umstrukturierung in insgesamt drei neue Wohneinheiten in ihrem Erscheinungsbild beibehalten. Mit überaus
gekonnter gestalterischer und handwerklicher Feinfühligkeit in
jedem Detail sowohl konstruktiv als auch im Innenausbau reiht
sich der Bau gewiss unter die herausragendsten Highlights dieser
architektonisch reich bestückten Region. *mk*

The refurbished and converted wings of a former residential and
farm building in the Bregenzerwald come together compactly
under one roof. For this restructuring into three new residential
units, the function of the historic residential building with adjoining
stables and a hay barn was retained in appearance only. The
extremely skillful design and detailed craftsmanship—in terms of
both construction and interior design—make the building undoubtedly one of the most outstanding highlights of this architecturally
rich region. *mk*

Alles unter einem Dach
Everything Under One Roof

Das Haus im fünften Stock
The House on the Fifth Floor

Haus am Taubenmarkt
Linz, Oberösterreich

Welchen Ort wählt man für ein Wohnhaus? Schaut man auf die Infrastruktur, ist die Linzer Landstraße eine hervorragende Adresse. Es fehlen Ruhe und der Ausblick in einen attraktiven Landschaftsraum? Nicht unbedingt, wenn man den Bauplatz in das fünfte Obergeschoß eines der historischen Gebäude legt, die den Straßenraum bilden. Es ist tatsächlich ein ansehnliches Wohnhaus, das hier über einem nur drei Fensterachsen schmalen Gebäude entstanden ist. Denn der Neubau, der sich in die Tiefe des Grundstücks hinein entwickelt, erfüllt alle Nutzungswünsche, die man gewöhnlich an das frei stehende Einfamilienhaus stellt. *rr*

How does one choose the right place to build a home? If you look at the infrastructure, Linzer Landstraße is an excellent address. But it's not quiet, and maybe the view's not nice enough ... Not necessarily, though, provide you build on the fifth floor of one of the historic edifices that shape the streetscape. The result is quite a handsome single-family home above a narrow building with only three columns of windows. The new structure unfolds towards the back of the property, fulfilling all usage requirements that are usually placed on a free-standing house. *rr*

Architektur Architecture HERTL.ARCHITEKTEN ZT GmbH, Gernot Hertl, www.hertl-architekten.com
Mitarbeit Assistance Antonia Forster, Sandra Schneider Zapata-Pemberthy, Katharina Höfler
Bauherrschaft Client Geier Liegenschaftsverwaltung GmbH; Stefan Freimann, freimann@freimann-immobilien.at
Tragwerksplanung Structural engineering Ing. Huemer Planungs- und Konstruktions-GmbH
Planungs- und Bauzeit Duration of design and construction 2016–2018
Nutzfläche Floor area 211 m^2
Adresse Address Landstraße 10, 4020 Linz, Oberösterreich

Auszeichnung Häuser des Jahres 2020

Wohnhaus Absdorf
Absdorf, Niederösterreich

Architektur Architecture Bogenfeld Architektur ZT GmbH, Birgit Kornmüller, Gerald Zehetner, www.bogenfeld.at
Mitarbeit Assistance Miriam Brandstetter, Wolfgang Lang
Bauherrschaft Client Katharina Ludwig, Simon Brandstetter
Planungs- und Bauzeit Duration of design and construction 2017–2018
Nutzfläche Floor area 146 m² (Hauptgebäude Main building), 48 m² (Nebengebäude Annex)
Adresse Address Kremserstraße 16, 3462 Absdorf, Niederösterreich

Holzbaupreis Niederösterreich 2021

Der ländliche Raum ist voller Eigenheime auf ehemals fruchtbarem Ackerland, während die dazugehörenden Ortskerne am Leerstand sterben. Umso bedeutender sind Beispiele wie das Wohnhaus in Absdorf: Es zeigt, wie selbstverständlich sich ein Neubau in eine historisch gewachsene Siedlungsstruktur fügen kann, ohne Kompromisse hinsichtlich seines Erscheinungsbildes oder des in der Anlage erlebbaren Komforts eingehen zu müssen. Mit einer maßstäblich angemessenen und dennoch freien Interpretation des Streckhofs gelingt es, urban geprägtes Wohnen mit den Wünschen an ein Leben auf dem Lande zu verbinden. *rr*

This rural area is full of homes on what was once fertile farmland, while the nearby towns are deserted and dying. This trend makes examples such as this residential building in Absdorf all the more important: It shows how naturally a new building can fit into a historically established settlement structure without having to compromise on appearance or comfort. The true-to-scale yet freely interpreted version of a traditional Streckhof makes it possible to combine an urban lifestyle with the desire to live in the country. *rr*

Das Leben im Kern
Life at the Center

Befreites Haus
Liberated House

Villa Sternberg
Klosterneuburg, Niederösterreich

Rustikagestein, Jugendstilfenster, Bay-Windows und Holzläden mit Herzchen führen in dieser Villa von 1910 eine friedliche Koexistenz. Alpinstil musste sein, am Steilhang mit Waldföhren. Im Dach kreuzen sich viele Gaupen und Dachformen. Diese Pretiose wurde im Zuge der Sanierung von den Fesseln ihrer Bauzeit befreit und entschlackt. Zwischenwände fielen zuhauf, neue Öffnungen schaffen eine Verbindung zum Garten, ein Luftraum in der Decke des Esszimmers lässt bis zum First in 9,40 Meter Höhe blicken. Die komplexe historische Dachkonstruktion entpuppte sich als Raumsensation. Prototypische Stahltreppen und Podeste machen sie erfahrbar. *im*

Rustic stone, Jugendstil and bay windows, and wooden shutters with hearts coexist peacefully in this 1910 mansion. Situated on a steep slope with pines, it couldn't be anything but Alpine style. Multiple dormers and roof shapes intersect on the roof. The renovation released this treasure from the confines of its construction era and pared things back: Numerous walls were removed, new openings created connections to the garden, and lofty ceilings provide a view and 9.4 meters of headspace in the dining room. The complex roof construction turned out to be a spatial sensation; it is now possible to experience its marvels thanks to steel stairs and platforms. *im*

Architektur Architecture SWAP Architekten ZT GmbH, Christoph Falkner, Rainer Maria Fröhlich, Thomas Grasl, Georg Unterhohenwarter, www.swap-zt.com
Mitarbeit Assistance Florian Baier
Tragwerksplanung Structural engineering Fröhlich & Locher und Partner ZT GmbH
Landschaftsarchitektur Landscape architecture Auböck + Kárász
Planungs- und Bauzeit Duration of design and construction 2017–2020
Nutzfläche Floor area 300 m²
Adresse Address 3400 Klosterneuburg, Niederösterreich

Holzbaupreis Niederösterreich 2021

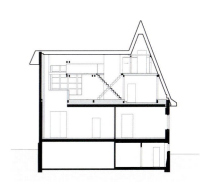

Streckhof mit Schnapsbrennerei
Weingraben, Burgenland

Im burgenländischen Weingraben reihen sich historische Haken-höfe aneinander, es gibt bisher kaum Einfamilienhäuser im heute leider üblichen Sinn. Hinter einem dieser Exemplare steht ein Stadl, nun umgebaut zur Schnapsbrennerei. Kurz danach wurde das Bauvolumen, analog zur Nachbarbebauung, durch ein neues Wohnhaus verdoppelt: Ziegelwände mit Massivholzausbau, zwei Geschoße, raumhohe Fenster, davor Loggien mit Holzläden, ziegelgedecktes Satteldach – die Materialien und Formen sind traditionell, das architektonische Resultat und die Wohnqualität sind herausragend. *rt*

Traditional L-shaped farmhouses line the streets of Weingraben in Burgenland. There are hardly any single-family houses of the sort that has regrettably become common. A barn behind one of the old buildings has been converted into a distillery. Shortly after the conversion, the building mass was doubled by the addition of a new residential building, analogous to the neighboring structure: Brick walls with a solid-wood extension, two stories high, floor-to-ceiling windows, loggias with wooden shutters, and a tiled gable roof — the materials and shapes are traditional, and the architectural result and quality of living are outstanding. *rt*

Architektur Architecture Juri Troy Architects, www.juritroy.com
Mitarbeit Assistance Angelo Ferrara, Timea Kos
Bauherrschaft Client Claus und Elisabeth Schneider
Tragwerksplanung Structural engineering Höhenberger Engineering-ZT_GmbH
Örtliche Bauaufsicht Site supervision Georg Marterer
Lichtplanung Lighting concept Georg Bechter Licht
Planungs- und Bauzeit Duration of design and construction 2015–2018
Nutzfläche Floor area 137 m² + 20 m² Schnapsbrennerei Schnapps distillery
Adresse Address Hauptstraße 43, 7372 Weingraben, Burgenland

Architekturpreis Land Burgenland 2020
Holzbaupreis Burgenland 2020

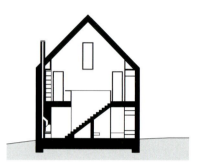

So geht Einfamilienhaus
Now This Is a Single-Family Home

Haus D.
Schladming, Steiermark

Architektur Architecture dunkelschwarz ZT GmbH, Erhard Steiner,
Hannes Sampl, Michael Höcketstaller, www.dunkelschwarz.com
Planungs- und Bauzeit Duration of design and construction 2020
Nutzfläche Floor area 276 m²
Adresse Address 8970 Schladming, Steiermark

Holzbaupreis Steiermark 2021

Ein Haus wie eine Umarmung: Eine sechsköpfige Familie braucht
nicht nur viel Raum, sondern eine intelligente Raumplanung, die
sich idealerweise über die Jahre an die verschiedenen Ansprüche
und Veränderungen anpassen lässt. Das Haus D. inszeniert den
Alltag in seiner besten Form, mit Großzügigkeit und Gemütlich-
keit, ohne große Gesten und Repräsentation. Mehr Nischen,
Plätze, Orte und Freiflächen. Und das Ganze in einem schlichten
Baukörper, der die traditionelle Bauform des Ennstals (massiver
Sockel mit aufgesetzter Holzkonstruktion und flach geneigtem
Satteldach) clever interpretiert. *mh*

A house like an embrace: A family of six needs not only a lot of
space, but also intelligent spatial planning that, ideally, can be
adapted to meet various demands and changes over the years.
House D. presents everyday life at its best, with generosity and
comfort, without grandstanding or showing off. More niches, areas,
rooms, and open spaces. And all within a simple building that
cleverly interprets the traditional design of the Enns valley (a solid
base topped by a timber structure and a gently sloping gable
roof). *mh*

Haus K
Senftenberg, Niederösterreich

Architektur Architecture Architekt Claus Ullrich,
www.arch-ullrich.at
Bauherrschaft Client Franz Kinastberger
Planungs- und Bauzeit Duration of design and construction
2016–2019
Nutzfläche Floor area 190 m²
Adresse Address Am Pfeningberg 34, 3541 Senftenberg,
Niederösterreich

Vorbildliches Bauen in Niederösterreich 2020

Inmitten der Weinberge im beschaulichen Umfeld von Senftenberg passt sich das auf den ersten Blick wie zwei Häuschen wirkende kleine Anwesen in die sanfte Hanglage. Die Lärchenholzlattung der Außenfassaden erinnert an die einheimischen Bauweisen von Weingartenhütten und unterstreicht die Wahrnehmung von Selbstverständlichkeit im gewohnten Landschaftsbild. Bemerkenswert sind die besonderen Details wie die raffinierte Diagonallattung der Stirnseiten und horizontal geklappte Fensterläden, die in geschlossenem Zustand mit der Fassadenstruktur verschmelzen. *mk*

In the midst of the vineyards in the tranquil surroundings of Senftenberg, the small estate, which at first glance looks like two houses, fits snugly into the gentle slope. The larch slats of the outer façades are reminiscent of local vineyard hut-building techniques, highlighting the impression of naturalness in a familiar landscape. There are several details of particular note: the sophisticated diagonal battens on the fronts, for instance, and horizontally folding window shutters that merge with the façade texture when closed. *mk*

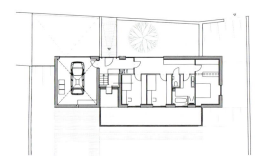

XL-Weingartenhütte verfeinert
XL Vineyard Hut, Refined

Gut, echt, steirisch
Good, Real, Styrian

Schneebauer Geschwister
St. Stefan ob Stainz, Steiermark

Architektur Architecture KUESS Architektur 7T, Nina Kuess,
www.kuess.cc
Mitarbeit Assistance Rene Märzendorfer
Planungs- und Bauzeit Duration of design and construction
2017–2019
Nutzfläche Floor area 360 m²
Adresse Address Steinreib, 8511 St. Stefan ob Stainz, Steiermark

Anerkennung Architekturpreis Land Steiermark 2021

„Mitzi, Liese-Lotte, Hias und Resi" sind aus einem bestehenden Weinstöckel, einem größtenteils verfallenen Wirtschaftsgebäude, einer ehemaligen Scheune und einem ungenutzten Weingarten entstanden und bieten der gleichnamigen Geschwistergruppe nun ein beschauliches Ensemble von Wohnhäusern mit Sauna und Pool. Holz als vordergründiger Baustoff der Bestände wurde teilweise konserviert und restauriert und in verschiedensten Formationen von Schindeln bis Latten neu eingesetzt. Ergänzend hinzugefügt wurde steirischer Stein, der Stainzer Gneis in rustikaler Verlegung, sowie diverse Implantate aus Cortenstahl. *mk*

"Mitzi, Liese-Lotte, Hias, and Resi" were built from an existing traditional wine cellar, a mostly dilapidated farm building, an old barn, and an unused vineyard. Now, they are a tranquil ensemble of residential buildings with a sauna and pool for the siblings they are named after. The primary material of the dismantled buildings was wood, which has been conserved, restored, and reused in a wide variety of ways, from shingles to slats. Styrian stone—Stainzer gneiss in a rustic layout—and various insertions of Corten steel have also been added. *mk*

Berghaus Eller
Blons, Vorarlberg

Architektur Architecture Innauer Matt Architekten,
Markus Innauer, Sven Matt, www.innauer-matt.com
Bauherrschaft Client Familie Eller
Tragwerksplanung Structural engineering zte Leitner ZT GmbH
Bauleitung Site supervision Alexander Sparr
Planungs- und Bauzeit Duration of design and construction
2018–2019
Nutzfläche Floor area 97 m²
Adresse Address 6723 Blons, Vorarlberg

Holzbaupreis Vorarlberg 2021

Ausgehend von dem zentralen Mittelgeschoß – der Stube mit
Kachelofen – bietet das rundum perfekte Einfamilienhaus auf knapp
weniger als 100 m² alles Notwendige und Wünschenswerte. Öko-
nomisch und sparsam im räumlichen Konzept mit intelligent
genutzten Flächen und Stauräumen zeigt sich der Bau beispiel-
haft im Umgang mit gering verbauter Bodenfläche und respekt-
voller Einbettung in die Landschaft. Heimische Baustoffe bekleiden
die Fassaden in Form von vertikalen Fichtenlatten, die Innenräume
faszinieren mit präzis gefertigten Einbauten aus Eschen- und
Tannenholz. *mk*

Starting with the central middle floor—a living room with a ceramic stove—this perfect little single-family home offers everything
one could ever need or want in just under 100 m². The floor plan
is economical and sparing, with intelligently maximized spaces
and storage. The building is exemplary in the way it reduces its
built footprint and subtly blends into the landscape. Local building
materials—vertical spruce slats—clad the façades, while the interiors offer precisely crafted fixtures made of ash and fir. *mk*

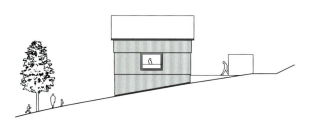

Walserstolz
Walser Pride

Feinarbeit in Holz
Fine Woodworking

Lounge T
Tirol

Architektur Architecture Destilat Design Studio GmbH,
www.destilat.at
Planungs- und Bauzeit Duration of design and construction 2019
Nutzfläche Floor area 150 m^2
Adresse Address Tirol

BIGSEE Interior Design Award 2020

Das lateinische Wort Destillation bedeutet „herabtropfen" und beschreibt ein Verfahren zur Abtrennung von Lösungsmitteln. Die ähnlich klingende Gruppe Destilat machte bei der Gestaltung einer Lounge in der ehemaligen Werkstatt eines alten Chalets etwas ganz Ähnliches. Sie löste die Essenz der historischen Raumschale wie den Werkstattboden mitsamt seiner Patina oder die Stahlträger heraus und fügte Neues mit ähnlicher Qualität hinzu. Sämtliche Holzelemente etwa wurden nach dem Vorbild einer alten japanischen Methode behandelt. Dabei wird die Oberfläche des Holzes verkohlt und dann geölt. *kjb*

The Latin word distillation means "to drip down" and describes a process for extracting solvents. The similar-sounding group named Destilat made something very much in the same vein for their design of a lounge in the former workshop of an old chalet. They extracted the essence of the historical shell, like the patina of the workshop floor and the steel girders, adding in new things with similar qualities. All the timber elements, for example, were treated using an old Japanese technique that chars and then oils the surface of the wood. *kjb*

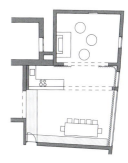

Haus in der Wiese
Spittal an der Drau, Kärnten

Architektur Architecture Hohengasser Wirnsberger Architekten ZT GmbH, Sonja Hohengasser, Jürgen Wirnsberger, www.hwarchitekten.at
Tragwerksplanung Structural engineering DI Wolfgang Steiner
Planungs- und Bauzeit Duration of design and construction 2015–2018
Nutzfläche Floor area 65 m^2
Adresse Address Winkl, 9800 Spittal an der Drau, Kärnten

Anerkennung Häuser des Jahres 2021

Ein leichter Holzbau in ländlicher Hanglage dient als Rückzugsort für ein naturliebendes Paar. Der längliche, aufgeständerte Baukörper, dessen Rhythmus an eine Harpfe erinnert, öffnet sich großzügig verglast nach Süden und Westen. Ost- und westseitig erweitern vorgelagerte Terrassen den Raum ins Freie. Das Innere ist als Einraum konzipiert, der durch einen zentralen Küchenblock in Ess- und Wohnbereich zoniert ist. Schlafkojen, Bad und Nebenräume sind als zusätzliche introvertierte Raumschicht hangseitig angedockt. Reduktion auf das Wesentliche in Material (unbehandeltes Fichtenholz) und Ausführung (kompakte Installation). *am*

A light timber structure on a rural hillside serves as a retreat for a nature-loving couple. The rhythm of the elongated, elevated structure is reminiscent of a harp, and generous glazing opens to the south and west. On the east and west sides, terraces expand the space to the outdoors. The interior is designed as a single room, divided into dining and living areas by a central kitchen block. Sleeping cubbies, bathroom, and ancillary rooms are docked into the slope in an additional introverted spatial layer. Materials (untreated spruce) and design (compact installation) are reduced to the essentials. *am*

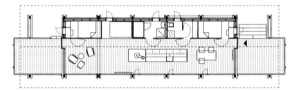

Naturverbunden
Close to Nature

Behutsame Bestandsaufnahme
Careful Integration

Villa Fleisch
Dornbirn, Vorarlberg

Im Jahr 1929 baute Architekt Wilhelm Fleisch in Dornbirn eine Siedlung mit lauter gleichen Wohnhäusern mit Steildächern und Schleppgauben. Sechs Jahre später wurde eines dieser Häuser gartenseitig um vier Meter erweitert. Wiederum 83 Jahre später wurde das Gebäude den Zeitbedürfnissen angepasst. Wände wurden abgebrochen und nach den Regeln der Kunst wieder neu errichtet. Gartenseitig aber wurde das Haus neuerlich verlängert, diesmal mit einem fast japanisch wirkenden offenen Stahlfachwerk. Hier kann man nun in luftigen Höhen draußen sein und die Welt aus einer neuen Perspektive kennenlernen. *kjb*

In 1929, architect Wilhelm Fleisch built a settlement of cookie-cutter buildings with pitched roofs and dormer windows in Dornbirn. Six years later, one of these buildings was extended by four meters towards the garden. Another 83 years later, the structure was adapted to meet the needs of the time: Walls were removed and rebuilt according to the guiding principles of the architectural art. In addition, the building was expanded again towards the garden, this time with an almost Japanese-looking open steel framework. Now, you can be outside here and see the world from a new perspective at a dizzying height. *kjb*

Architektur Architecture ARSP Architekten ZT GmbH, Frank Stasi, Rike Kress, Matthias Maier, www.arsp-architekten.eu
Bauherrschaft Client Rike Kress
Tragwerksplanung Structural engineering Mader + Flatz Baustatik ZT GmbH
Farbkonzept Color concept Monika Heiss
Planungs- und Bauzeit Duration of design and construction 2018
Nutzfläche Floor area 232 m²
Adresse Address Eisplatzgasse 7, 6850 Dornbirn, Vorarlberg

Anerkennung Häuser des Jahres 2021

Almhütte Flattnitz
Glödnitz, Kärnten

Architektur Architecture .tmp architekten, Uli Tischler,
Martin Mechs, www.t-m-p.org
Mitarbeit Assistance Thomas Grassl, Christoph Perwein
Bauherrschaft Client Familie Kamml
Planungs- und Bauzeit Duration of design and construction
2015–2018
Nutzfläche Floor area 120 m^2
Adresse Address Flattnitz, 9346 Glödnitz, Kärnten

Anerkennung Holzbaupreis Kärnten 2021

Nachhaltigkeit und Angemessenheit prägen die Umgestaltung
des als Feriendomizil genutzten Stalls einer Almhütte. Nach
Abbruch der Einbauten wurde eine zweite Hülle aus Wandverklei-
dungen mit Ein- und Ausstülpungen eingezogen. Das Erdgeschoß
ist als offener Gemeinschaftsraum mit Kachelofen und Eckbank
rund um die zentrale Treppe – Stauraum und Sitzmöbel in einem –
gestaltet. Als schwebendes Objekt, gefaltet aus Boden- und
Wandflächen, verbindet diese vertikal ins obere Geschoß, wo die
Schlafräume der Eltern und Gäste sowie der Schlaf- und Spielraum
der Kinder mit einer Galerie als „Juche" liegen. *am*
Sustainability and appropriateness characterize the conversion
of the former barn of this alpine hut into a holiday home. After
removing all interior fittings, a second shell of wall cladding with
indentations and protrusions was installed. The ground floor is
laid out as an open common room with a cozy cockle stove and
corner bench around a central staircase—storage space and
seating all in one. Like a floating sculpture out of the surface of
the walls and floor, the stairs connect vertically to the upper floor,
where the parents' bedroom, guestroom, and the children's bed-
and playroom are located, as well as a bonus gallery. *am*

Zweite Haut
Second Skin

Städtischer Stadel
An Urban Barn

Oeconomiegebäude Josef Weiss
Dornbirn, Vorarlberg

Architektur Architecture Julia Kick Architekten, www.juliakick.com
Bauherrschaft Client Philipp Nußbaumer, Julia Kick
Statik Structural engineering Martin Fetz
Planungs- und Bauzeit Duration of design and construction
2016–2017
Nutzfläche Floor area 200 m²
Adresse Address Franz-Michael-Felder-Straße 5a,
6850 Dornbirn, Vorarlberg

Anerkennung Architekturpreis Constructive Alps 2020

Haarscharf entging der dekorativ verzierte einstige Stall mit Wagen-remise von 1889 dem Abriss. Ein Weinhändler versorgte hier einst seine Pferde. Seit fast 20 Jahren unter Denkmalschutz und von mehreren kommerziellen Projekten erfolglos belagert, befreite ihn erst die Architektin und Bauherrin aus einem Schwebezustand zwischen funktionslosem Landmark und Verfall. Mit viel Gefühl und jugendlicher Verve saniert, steht er heute wieder voll im Leben. Hinter der historischen Bretterfassade wurde eine thermische Hülle errichtet, mit Büroräumlichkeiten zur Straße und einer Wohnung samt innen liegender Veranda obenauf. *rf*

This decoratively embellished former stable and coach house from 1889 only narrowly escaped the fate of demolition. A wine merchant once kept his horses here. Heritage-protected for more than 20 years and occupied by several unsuccessful commercial projects, the structure has now been liberated from its vacillation between inoperable landmark and total disintegration. Today, renovated with youthful verve and great sensitivity, the building is once again filled with life. A thermal envelope was inserted behind the historic plank façade, with office spaces along the street and an apartment with an interior-facing veranda up above. *rf*

Haus Desimini
Stattegg bei Graz, Steiermark

Architektur Architecture LP architektur ZT GmbH,
Thomas Lechner, www.lparchitektur.at
Mitarbeit Assistance Fritz Schenner
Bauherrschaft Client Cornelia Desimini
Planungs- und Bauzeit Duration of design and construction
2017–2018
Nutzfläche Floor area 185 m²
Adresse Address Römerweg, 8046 Stattegg bei Graz, Steiermark

Holzbaupreis Steiermark 2021

Ein Haus wie ein Baum und ein Statement mitten in einem Garten-
wäldchen. Das Haus erscheint als rechteckiger doppelgeschoßi-
ger Wohnbaukörper mit Satteldach und vorgelagerter Terrasse.
Unprätentiös in Beton und Holz. Die äußere – klare – Erscheinungs-
form täuscht ein wenig über die differenzierten Räumlichkeiten
und funktionalen Qualitäten des Hauses hinweg. Ausblicke und
Intimität im Wechselspiel zeichnet die Dramaturgie aus. Wesentlich
auch die Hanglage, mit Außentreppe und ausgelagertem Neben-
baukörper. Natürlich gesetzt. Mitten in der Natur. *mh*
A house like a tree; a statement in the midst of a garden grove.
The house, a rectangular two-story residential volume, has a
pitched roof and a terrace in front. Concrete and wood; a lack of
pretension. The clean exterior appearance belies the differentiated rooms and functional qualities of the building. This spatial
drama is heightened by an interplay of outside views and intimate
spaces. The hillside location, with an exterior staircase and an
annex, is important. Intuitively placed, surrounded by nature. *mh*

Den Bäumen so nah
Close to the Trees

122

Einfach Ferien
Simply Holidays

Ferienhaus Leitgeb-Wascher
Podersdorf am See, Burgenland

Architektur Architecture Thomas Wascher
Bauherrschaft Client Petra Leitgeb
Planungs- und Bauzeit Duration of design and construction
2016–2018
Nutzfläche Floor area 53 m²
Adresse Address Am Steinbruch I, 33, 7141 Podersdorf am See,
Burgenland

Holzbaupreis Burgenland 2020

Ein lang gestrecktes Haus mit Satteldach und Lärchenholzverklei-
dung dient der Bauherrschaft als Feriendomizil. Es steht auf einem
Grundstück mit schönem Baumbestand und Naturpool und ist in
seiner äußeren Erscheinung schlicht. Im Inneren überrascht es
mit einer offenen Wohnlandschaft. Die Wände sind mit Birkensperrholzplatten verkleidet. Zur Straße hin sind die Sanitär- und
Schlafzimmer untergebracht. Im Wohnraum sind Wohn-, Koch-
und Essfunktionen in dem bis ins Dach reichenden Raum vereint.
Diesem vorgelagert, aber formal noch in die Hausform integriert,
liegt der Terrassenbereich. *ai*

An elongated house with a gable roof and larch paneling serves
as a holiday home for the client. Standing on a property with
beautiful trees and a natural pool, it conveys a simple outward
appearance. Inside, there is a surprising open living area, with
walls clad in birch plywood panels. The bathrooms and bedrooms
face the street. The living room—a space that reaches up to the
roof—combines living, cooking, and dining. In front of this, but
formally still integrated into the overall shape of the house, lies the
patio area. *ai*

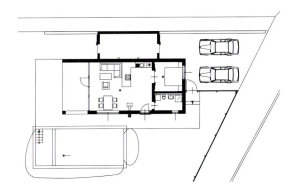

Dreihaus
Obermallebarn, Niederösterreich

Architektur Architecture Ernst Pfaffeneder Architekt,
www.ernstpfaffeneder.com
Bauherrschaft Client Agnes und Christoph Brandtner
Planungs- und Bauzeit Duration of design and construction
2013–2020
Nutzfläche Floor area 290 m²
Adresse Address 2011 Obermallebarn, Niederösterreich

Vorbildliches Bauen in Niederösterreich 2021

Im idyllischen Weinviertler Dorf Obermallebarn stand ein alter
Hakenhof aus dem 19. Jahrhundert leer. Anstatt den Hof verfallen
zu lassen, beschloss eine Jungfamilie mit vier Kindern, die Herausforderung anzunehmen und den alten Familienbesitz zu ihrem
Wohnsitz umzugestalten. Dazu wurde der baufällige Wirtschaftstrakt abgerissen, die straßenseitige Schaufassade sorgfältig im
alten Stil repariert und hofseitig ein zeitgemäßer Wohntrakt gebaut.
Dieser lang gestreckte Zubau im Innenhof hat eine offene Steil-
dachkonstruktion und erzeugt so einen unerwarteten, luftigen und
lichtdurchfluteten Innenraum. *kjb*

In the idyllic village of Obermallebarn in the Weinviertel, an old
L-shaped farm building from the nineteenth century stood empty.
Instead of letting the farmhouse fall into disrepair, a young family
with four children decided to accept the challenge and convert
the old family property into their new home. The dilapidated
workshop wing was demolished, the street façade was carefully
restored in the historic style, and a contemporary residential wing
was built towards the courtyard. This elongated extension to the
inner courtyard has an open pitched roof that creates a surpris-
ingly airy and light-flooded interior. *kjb*

Außen so, innen anders
Outside One Way, Inside Another

Ein Mann, ein Haus
One Man, One House

Haus Kaufmann
Reuthe, Vorarlberg

Dazu erzählen zwei Meister ihres Fachs – Zimmerer und Planer, langjährige Partner, befreundet und verwandt: „Ursprünglich ein Einfamilienhaus, wurde daraus ein flexibel nutzbares Gebäude mit mehreren Einheiten. Eher zufällig ergaben sich Ähnlichkeiten mit einem Wälderhaus. Proportion und Größe, ein vorgelagerter „Schopf" als schneefreie Übergangszone und ein Hinterhaus mit Garage und Mitarbeiterwohnung unter einem Dach. Und wie es sich für einen renommierten Zimmermann gehört, kommt das Holz aus dem eigenen Miteigentümerwald. Das gesamte Tragwerk wurde leimfrei aus einem Querschnitt 9/22 konstruiert, mit viel heimischer Buche im Ausbau." *rf*

Two masters of their trade—a carpenter and a planner—long-standing partners, friends, and relatives, tell their story: "Originally this was a single-family home; we turned it into a flexible building with several units. The similarities to a woodsy cabin were more by chance. Proportions and size, a 'hut' at the front to create a snow-free area, and a rear building with a garage and staff apartment under one roof. And as befits a much-admired carpenter, the wood is from the co-owner's forest. The entire supporting structure was built without glue with a 9/22 cross-section, and a lot of local beech in the interior." *rf*

Architektur Architecture Johannes Kaufmann und Partner GmbH, Johannes Kaufmann, Dark Schick, Michael Wehinger, www.jkundp.at
Mitarbeit Assistance Marc Marinelli
Bauherrschaft Client Doris und Michael Kaufmann
Tragwerksplanung Structural engineering merz kley partner GmbH
Planungs- und Bauzeit Duration of design and construction 2019–2021
Nutzfläche Floor area 330 m²
Adresse Address Baien 23, 6870 Reuthe, Vorarlberg

Holzbaupreis Vorarlberg 2021

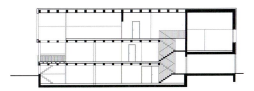

INDUSTRIE
HANDEL
GEWERBE
INDUSTRY
TRADE
COMMERCE

Swarovski Manufaktur
Wattens, Tirol

Snøhetta konzipierte ein Hybrid aus Werkhalle, Ausstellungsraum und Experimentierlabor. Teams aus Design, Forschung, Technik und Handwerk entwickeln hier gemeinsam Prototypen für neue Produktideen. Die weite, helle, stützenfreie Halle ermöglicht und vermittelt diese Co-Kreation perfekt. Sie ermöglicht außerdem Repräsentation und Veranstaltungen – etwa auf der tribünenartigen Freitreppe. Die weiß lackierte Stahlkassettendecke lenkt das Tageslicht über 135 Felder gleichmäßig in die 14 Meter hohe Halle, Boden und Einbauten aus Birkensperrholzplatten veredeln den Typus Werkstatt zu einem warmen, atmosphärisch konzentrierten Kreativatelier. *nw*

Snøhetta has designed a hybrid workshop, exhibition space, and experimental laboratory. Here, teams of designers, researchers, engineers, and craftspeople work together to develop prototypes of new product ideas. The wide, bright, column-free hall makes the co-creation possible and conveys it perfectly. It can also be used for presentations and events—for example, using the grandstand-like exterior staircase. Painted white, the steel-coffered ceiling guides incoming daylight through 135 openings into the 14-meter-high hall. A floor and fixtures made of birch plywood panels refine the workshop to create a warm and creative studio with its own ambience. *nw*

Architektur Architecture Snøhetta Studio Innsbruck ZT GmbH, Patrick Lüth, Kjetil Trædal Thorsen, www.snohetta.com
Mitarbeit Assistance Thomas Wirtl, Jakob Achrainer, Christian Hämmerle
Bauherrschaft Client D. Swarovski KG, www.swarovski.com
Tragwerksplanung Structural engineering Baumann + Obholzer ZT GmbH
Technische Gebäudeausrüstung Technical building equipment ATP Architekten Ingenieure
Lichtplanung Lighting concept Martin Klingler, Sally Story
Planungs- und Bauzeit Duration of design and construction 2015–2018
Nutzfläche Floor area 7.546 m^2
Adresse Address Swarovskistraße 30, 6112 Wattens, Tirol

Staatspreis Architektur 2021
Auszeichnung des Landes Tirol für Neues Bauen 2020
Nominierung Mies van der Rohe Award 2021

Co-Kreation im Kristall-Labor

Cocreation in a Crystal Laboratory

Weinmanufaktur Clemens Strobl
Kirchberg am Wagram, Niederösterreich

Architektur Architecture Destilat Design Studio GmbH,
www.destilat.at
Bauherrschaft Client Weinmanufaktur Clemens Strobl,
www.clemens-strobl.at
Planungs- und Bauzeit Duration of design and construction
2018–2019
Nutzfläche Floor area 2.000 m²
Adresse Address Mitterstockstall 6, 3470 Kirchberg am Wagram,
Niederösterreich

Architizer A+Award 2021

Aufgebaut auf das Fundament des Bestands lässt sich eine feine, neue Welt des Weins in allen Facetten erleben. Die beiden Giebelhäuser bilden das Zentrum von Schloss Winklberg, eines davon aufwendig restauriert, das andere neu „gedacht" und nun von einer industriellen Stahlkonstruktion zu einem Ensemble verbunden. Der Weinkeller mit Originalgewölben, ein neuer Verkostungsraum mit Küche und Büroräume bilden eigene massive Raumkörper, die sich verzahnt in die Architekturhülle schieben und die Funktionen flexibel halten. Puristische Materialästhetik in vielerlei Oberflächen und grauen Tönen – maximale Präsenz und Bühne für Wein und Kultur, gut. *mh*

A wide new world of wine can now be experienced in all its facets—in a new structure built on the foundation of the existing building. Two gabled buildings form the center of Winklberg Castle. One has been extensively restored and the other "reimagined," and they are now connected into an ensemble by an industrial steel construction. The wine cellar with its original vaults and a new tasting room with a kitchen and offices are two massive spatial bodies that interlock within the architectural envelope to ensure flexibility. The aesthetic of the clean, simple materials includes a variety of surfaces and shades of gray—creating maximum presence and a stage for wine and culture. *mh*

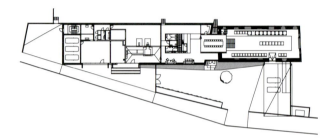

Elementarteilchen
Elementary Particles

Eine Welt aus Grüner Erde
A World of Green Earth

Grüne Erde Welt
Pettenbach, Oberösterreich

Das Unternehmen Grüne Erde baut gerne Begriffe wie Natur, Mensch, Ökologie, Handwerk, Regionalität und Fairness in seine Texte ein. Die Planer des Neubaus der Grünen Erde Welt haben sie aufgegriffen und in Architektur umgesetzt, was als Firmenphilosophie ausgewiesen ist. Ein aus dem nachwachsenden Baustoff Holz gefertigtes System aus Trägern und Stützen trägt ein großes hölzernes Dach. Einer geräumigen Markthalle gleich, von eingeschnittenen Atrien in seiner Tiefe erhellt, macht der unter dem Dach liegende Raum keinen Unterschied zwischen den Schau- und Verkaufsräumen und dem Fabrikationsbereich. *rr*
The Grüne Erde company likes to incorporate terms such as nature, people, ecology, craftsmanship, local, and fair into its PR texts. The planners of the new building for the Grüne Erde Welt picked up on this and turned it into architecture, putting the company philosophy on clear display. A system using wood, a renewable building material, for the beams and supports bears the load of a large wooden roof. Like a spacious market hall, with incised atriums that illuminate even the depths, the space beneath the roof does not differentiate between the showroom, sales rooms, and production area. *rr*

Architektur Architecture terrain: integral designs BDA, Klaus K. Loenhart, www.terrain.eco & Architekturbüro ARKADE ZT GmbH, Klaus Landerl, www.arkd.at (Detailplanung und Bauleitung Detailed planning and site supervision)
Mitarbeit Assistance Katharina M. Hengel, Claudia Pittino, Zoe Yan Zou (terrain), Gabriel Trinkl, Manfred Leitgeb (ARKADE)
Bauherrschaft Client Grüne Erde BeteiligungsgmbH, www.grueneerde.com
Tragwerksplanung Structural engineering Bauplan Service GmbH
Projektsteuerung Project management PM Projektmanagement GmbH
Innenarchitektur Konzeption Interior design concept archibrand, terrain: integral designs BDA
Planungs- und Bauzeit Duration of design and construction 2015–2018
Nutzfläche Floor area 9.125 m^2
Adresse Address Hinterbergstraße 4, Steinfelden, 4643 Pettenbach, Oberösterreich

AIT-Award 2020
Shortlist DAM Preis 2021

Allacher Vinum Pannonia
Gols, Burgenland

Architektur Architecture Trnka & Ott OEG
Bauherrschaft Client Allacher Vinum Pannonia GmbH,
www.allacher.com
Planungs- und Bauzeit Duration of design and construction
2015–2018
Nutzfläche Floor area 500 m²
Adresse Address Salzbergweg 4, 7122, Gols, Burgenland

Holzbaupreis Burgenland 2020

Simpel und dennoch fein zeigt sich der eingeschoßige Bau des
Weinguts Allacher, in dem die gesamte Weinproduktion, Keller,
Lager sowie Verkaufs- und Verkostungsräume untergebracht sind.
Großzügig dimensionierte Leimholzbinder erlauben teilweise stüt-
zenfreie Räume, vertikale Lärchenholzlatten umhüllen den Baukör-
per und geben je nach Raumnutzung dimensionierte, präzise in
den Lattenraster eingepasste Fensteröffnungen frei. Richtung
Westen öffnet sich vor dem Verkostungsraum eine aufgestelzte
Holzterrasse mit schöner Glasbrüstung als emotionales Herzstück
neben den zweckmäßigen Einrichtungen des Funktionsbaus. *mk*

Simple yet elegant, the one-story building of the Allacher winery
houses its entire wine production, cellar, storage, and sales and
tasting rooms. Generous glue-lam trusses allow several column-
free rooms, while vertical larch slats clad the building and, depend-
ing on how the interior space is being used, open to reveal precisely dimensioned windows fitted into the lattice grid. A wooden
deck on stilts with a beautiful glass balustrade opens to the west
in front of the tasting room—an affecting centerpiece to supple-
ment the practicality of the functional building. *mk*

Funktionsbau mit Chillfaktor
Functional Building with a Chill Factor

Abstrakte Natur – grasende Kühe
Abstract Nature—Grazing Cows

MPREIS Weer
Weer, Tirol

Die Filiale der architekturaffinen Supermarktkette sitzt am Übergang von dichter Dorfstruktur zu offener Kulturlandschaft und bietet ein originelles Spiel mit Natur und deren Abstraktion: Verzweigte Betonstützen stehen wie kantige Bäume im Raum, grünes Licht lässt das Café zur Waldlichtung werden, von den Tiermotiven über der Feinkosttheke fällt der Blick durch ein präzise gesetztes Fenster auf die echten Kühe draußen auf der Weide. Und bei manchen Lichtverhältnissen spiegelt sich in den Edelstahlpaneelen der Fassade die umgebende Landschaft so, dass sich der technoide Kubus fast in dieser auflöst. *nw*

The branch of a supermarket chain known for its architectural affinity sits at the transition from dense village fabric to open agricultural fields and makes a unique play on nature. Branched concrete columns stand like angular trees in the space, green lights transform the café into a forest clearing, and after glancing at the animal motifs above the delicatessen one's gaze is drawn through a precisely placed window to look at real cows outside in the pasture. In certain lighting conditions, the surrounding landscape is reflected in the stainless-steel panels of the façade, making the technoid cube seem almost to dissolve. *nw*

Architektur Architecture LAAC zt-gmbh, Kathrin Aste, Frank Ludin (Founding Partner), Daniel Luckeneder (Associate Partner und and Projektleitung Project management), www.laac.eu
Mitarbeit Assistance Simon Benedikt, Simone Brandstätter, Ole Klingemann, Benjamin Jenewein, Ufuk Sagir
Bauherrschaft Client MPREIS Warenvertriebs GmbH, www.mpreis.at
Tragwerksplanung Structural engineering Alfred R. Brunnsteiner ZT GmbH
Planungs- und Bauzeit Duration of design and construction 2016–2017
Nutzfläche Floor area 1.160 m^2
Adresse Address Nusspuite 2, 6114 Weer, Tirol

AIT-Award 2020

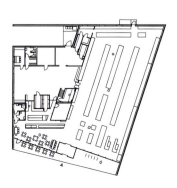

IWG
Markgrafneusiedl, Niederösterreich

Architektur Architecture kaltenbacher ARCHITEKTUR ZT GmbH,
Franz Kaltenbacher, www.kaltenbacher.at
Mitarbeit Assistance Andreas Wally, Michael Beisteiner
Bauherrschaft Client Ing. Christian Garhöfer GmbH,
www.iwgplating.at
Tragwerksplanung Structural engineering Retter & Partner
ZT GmbH
Planungs- und Bauzeit Duration of design and construction
2018–2019
Nutzfläche Floor area 2.050 m²
Adresse Address Sonnenblumenweg 1, 2282 Markgrafneusiedl,
Niederösterreich

Vorbildliches Bauen in Niederösterreich 2021

Die Firma IWG ist auf Galvanisierung und Metallveredelung spezialisiert, ihr Betriebsgebäude punktet mit Qualität. Das obligate Hochregallager – 15 Meter breit, 35 Meter lang, 10 Meter hoch – bildet den Kopfbau, hinter dem die Produktionsstätte eindrucksvolle 125 Meter die Straße entlanggleitet. Hier wird angeliefert, verwaltet, gelagert, galvanisiert, getrocknet, poliert, kontrolliert. Geschulte Blicke brauchen viel Licht, horizontale Fensterbänder mit niederen Parapeten sorgen dafür. Die vorgefertigten Sandwichelemente der Fassade sind aus vertikal strukturiertem Sichtbeton. Das wirkt edel. Stolz trägt die Überhöhung des Lagers das Firmenlogo. *im*

The IWG company specializes in electroplating and metal finishes, and its factory building is an expression of sheer quality. The requisite high-bay warehouse—15 meters wide, 35 meters long, and 10 meters high—is the front building, with the production facility lining the street behind for an impressive 125 meters. This is where everything is delivered, managed, stored, galvanized, dried, polished, and quality controlled. Trained eyes need ample light, ensured by horizontal window rows with low parapets. The prefabricated sandwich elements of the façade are made of vertically structured fair-faced concrete, with an overall look that is sophisticated and refined. The superelevation of the warehouse proudly sports the company logo. *im*

Edel umhüllt
Noble Cladding

Zwischen Industrie und Handwerk
Between Industrial and Artisanal

Montagehalle Kaufmann
Reuthe, Vorarlberg

Mit der Betriebsübergabe an die vierte Generation erfolgte die Errichtung einer 30 × 80 Meter großen Halle, die selbstverständlich höchste Kompetenz bündelt. Beheizt, wärmegedämmt, natürlich belichtet und ein schlankes Fachwerk aus Baubuchenholz. Die Halle ist Werkzeug für eine Vision. Darin entsteht nachhaltiger Holzbau, der vom anspruchsvollen Zimmererhandwerk bis zum vorgefertigten Holzbaumodul reicht – vollständige Fertigung unter besten Bedingungen für ein Netzwerk regionaler Handwerker und Lieferung samt Montage von bis zu 200 Modulen in kürzester Zeit – für Schulen, Hotels, Wohnungen. *rf*

When the family business was passed on to the fourth generation, a 30 × 80-meter assembly shop was built that, naturally, bundles the greatest expertise. Heated, thermally insulated, illuminated by natural light, and supported by slender beech trusses. The assembly shop is a tool for the company vision. Within it, sustainable timber structures are created that range from sophisticated carpentry to prefabricated wood modules — produced entirely under optimal conditions for a network of regional craftsmen providing delivery and assembly of up to 200 modules in the shortest possible time spans — for schools, hotels, and apartments. *rf*

Architektur Architecture Johannes Kaufmann und Partner GmbH, www.jkundp.at
Mitarbeit Assistance Dark Schick (Projektleitung Project management), Marc Marinelli
Bauherrschaft Client Kaufmann Zimmerei und Tischlerei GmbH
Tragwerksplanung Structural engineering merz kley partner GmbH
Planungs- und Bauzeit Duration of design and construction 2013–2017
Nutzfläche Floor area 2.700 m^2
Adresse Address Baien 116, 6870 Reuthe, Vorarlberg

Architekturpreis Constructive Alps 2020

Atelierhaus C.21
Wien

Architektur Architecture werner neuwirth, architekt,
www.2824.org
Mitarbeit Assistance Gaban Büllingen, Manfred Walzer,
Roman Prohazka, Laura Dominici
Bauherrschaft Client Robert Hahn – caelum Development GmbH
Tragwerksplanung Structural engineering Fröhlich & Locher und
Partner ZT-GmbH
Klima- und Energiedesign Climate and energy concept
IPJ Ingenieurbüro P. Jung GmbH/Peter Holzer, David Stuckey
Landschaftsarchitektur Landscape architecture rajek barosch
landschaftsarchitektur
Planungs- und Bauzeit Duration of design and construction
2016–2021
Nutzfläche Floor area 7.150 m^2
Adresse Address Maria-Lassnig-Straße 33, 1100 Wien

Shortlist Mies van der Rohe Award 2021

Am östlichen Ende des Wiener Sonnwendviertels steht direkt an
den Bahngleisen ein Atelierhaus, dessen komplexe Kubatur mit
Raumhöhen von 2,70 bis 5,76 Metern unterschiedliche Nutzungs-
szenarien zwischen Wohnen und Arbeiten erlaubt. Ob das Volumen
ungeteilt bleibt, ob Trennwände oder Galerien eingezogen werden,
ob der Sichtbeton überstrichen oder roh belassen wird – all das
bleibt den Nutzer*innen überlassen. Sämtliche Ateliers sind mit
vorgefertigten Sanitärmodulen, großen Fenstern unterschiedlicher
Größen und einem ausgeklügelten Energiekonzept ausgestattet.
Gemeinschaftsräume im Erdgeschoß und auf dem Dach sowie
eine Freifläche ergänzen das Angebot. *gk*

At the east end of Vienna's Sonnwendviertel district, near the train
tracks, is a studio building with a complex cubature—and room
heights ranging from 2.7 to 5.76 meters—that can incorporate
different usage scenarios for both living and working. The volumes
can remain undivided, or partitions and galleries can be installed;
the exposed concrete can be painted or left raw—all this is up to
the users. All studios are equipped with prefabricated sanitation
modules, large variously sized windows, and a sophisticated
energy concept. Shared spaces on the ground floor and the
roof, along with an outdoor space, complete the package. *gk*

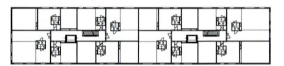

Freiheit im Raum

Freedom in Space

STADTRAUM INFRASTRUKTUR
PUBLIC SPACE INFRASTRUCTURE

E

Panoramalift Steyr
Steyr, Oberösterreich

Architektur Architecture reitter_architekten zt gesmbh,
Helmut Reitter, www.reitter.cc
Mitarbeit Assistance Stefan Nadegger, Benjamin Schaber
Bauherrschaft Client Stadtbetriebe Steyr, www.stadtbetriebe.at
Tragwerksplanung Structural engineering Peter Schwarz/
Wernly + Wischenbart + Partner ZT GmbH
Planungs- und Bauzeit Duration of design and construction
2017–2020
Nutzfläche Floor area 3,75 m² Lift Elevator
56 m² Aussichtsplattform Viewing platform
Adresse Address Michaelerplatz, 4400 Steyr, Oberösterreich

BauherrInnenpreis der ZV 2021

Das Denkmalamt wünschte sich einen Lift, der komplett im Fels
versteckt ist, um die Taborstiege aus den 1950er-Jahren nicht zu
beeinträchtigen. Die Stadt wollte den Lift möglichst freistellen. Der
Architekt fand eine Mittelposition, bei der der Lift zwischen den
Treppenläufen hindurchgefädelt wurde und einen alten Luftschutz-
stollen, errichtet von Zwangsarbeitern, als Talstation nützte. Die
gläserne Kabine kommt nach halber Fahrt aus der Dunkelheit ans
Licht und erreicht schließlich den auskragenden Ankunftssteg
oben am Tabor. Brauner Sichtbeton bildet den Liftschacht, Corten-
stahl den Steg. *rt*

The Federal Monuments Office wanted an elevator entirely hidden
in the rock, to avoid impacting the 1950s Tabor staircase, but the
city wanted the elevator to be as freestanding as possible. The
architect found middle ground by threading it between the flights of
stairs and using an old air raid shelter—built by forced laborers—
for the base station. The glass cabin emerges from the darkness
halfway through its journey, and at the end reaches a cantilevered
arrival platform at the top of the Tabor. The elevator shaft is made
of brown fair-faced concrete, the platform of Corten steel. *rt*

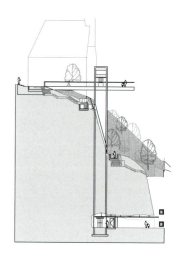

Bergwärts und darüber hinaus
Up the Mountain and Beyond

Hauptplatz und Rochusplatz
Stadtschlaining, Burgenland

Dörfliches Leben am Platz: Ein historischer Ortskern wurde zu einer beruhigten Zone gestaltet: räumlich, gestalterisch und funktional erstreckt sich ein öffentlicher Raum mit maximaler Aufenthaltsqualität. Der einheitliche Straßenbelag, ein mehrfarbiges Kopfsteinpflaster in Granit, bestimmt die Topografie und webt in seiner Kleinteiligkeit den Platz – und den Ort – zu einem großen Ganzen. Wenig Mobiliar, schlichte Möblierung, reduzierte Beschilderung und ausgewählte Bepflanzung lassen die Szenerie wie selbstverständlich wirken. So kann öffentliches Leben auf dem Platz bleiben. *mh*

Village life on the square: A historic town center has been redesigned to create a traffic-calmed zone. The result? An inviting public space brimming with spatial, design, and functional character. The uniform road surface of multi-colored granite cobblestone establishes the topography and weaves the small threads of the square—and the village—into an overall whole. Few and simple furnishings, minimal signage, and hand-selected greenery make the scene feel natural, allowing the public to make the most of life on the square. *mh*

Architektur Architecture Anna Wickenhauser Architektur, www.annawickenhauser.at und and Architekt Dietmar Gasser, www.gasser-arch.at
Mitarbeit Assistance Thomas Sommerauer
Bauherrschaft Client Gemeinde Stadtschlaining, www.stadtschlaining.com
Planungs- und Bauzeit Duration of design and construction 2020–2021
Nutzfläche Floor area 2.500 m^2
Adresse Address Hauptplatz & Rochusplatz, 7461 Stadtschlaining, Burgenland

Architekturpreis Land Burgenland 2020

Flächenbündig
True to the Square

Spange über den Fluss
Spanning the River

Pfannhausersteg
Hallein, Salzburg

Architektur Architecture Marte.Marte Architekten ZT GmbH, Bernhard Marte, Stefan Marte, www.marte-marte.com
Mitarbeit Assistance Anna Kickingereder, Anna-Sophie Holzmüller
Bauherrschaft Client Stadtgemeinde Hallein, www.hallein.gv.at
Tragwerksplanung Structural engineering M+G Ingenieure ZT GmbH
Planungs- und Bauzeit Duration of design and construction 2018–2019
Adresse Address Pfannhauserplatz, 5400 Hallein, Salzburg

Anerkennung Architekturpreis Land Salzburg 2020

Der neue, überaus schlanke Pfannhausersteg verbindet die Altstadt mit der Pernerinsel und ersetzt einen baulich mangelhaften Steg aus den 1960er-Jahren. An beiden Auflagern wird die Breite einer historischen Brücke durch Platzsituationen in der Brückenfarbe aufgenommen, auf einer Seite mit einer Rampe, auf der anderen mit einer scheibenförmigen Bank verbunden. Es handelt sich um eine integrale Brücke, das heißt der tragende Corten-Stahlkasten ist beidseitig eingespannt. Der Belag hat die gleiche braune Farbe wie der Kasten und das Geländer aus Stahlstäben, in das die Beleuchtung integriert ist. *rt*

The slim new Pfannhausersteg bridge connects the old town with Perner Island and replaces a structurally defective footbridge from the 1960s. At both abutments, the width and color of the historic bridge are echoed by twon-square-like spaces, incorporating a ramp on one side and a circular bench on the other. The bridge is integral, meaning that the supporting Corten steel girder is clamped at both abutments. The surface is the same brown as the girder and the steel bars of the railing with integrated lighting. *rt*

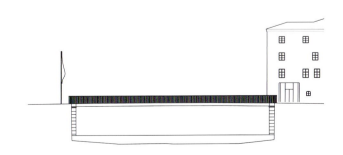

Martinsbrücke
Zirl, Tirol

Die Geh- und Radbrücke schließt eine Lücke im Fernradweg durch das Inntal und ist in Holz-Beton-Verbundbauweise mit 100 Metern Gesamtlänge ein europaweit einzigartiges Pionierprojekt. Block-verleimte Holzbinder bilden den massiven trapezförmigen Tragkörper, der bis zu 1,40 Meter hoch und an der Fahrbahn 4,10 Meter breit ist – und dennoch schlank und elegant in seiner Wirkung. Statisch ohne Mittelpfeiler auszukommen war eine Herausforderung, die Lösung mit schräg gestellten Betonstützen ist aufgrund des ungestörten Flussquerschnitts auch gewässertechnisch sinnvoll. Ein ikonisches Bauwerk, das die technischen Möglichkeiten gekonnt ausreizt. *nw*

This pedestrian and bike bridge closes a gap in the long-distance bicycle path through the Inn Valley. With a total length of 100 meters, the timber-concrete composite construction of this pioneering project is unique in Europe. Block-glued wooden trusses form the massive trapezoidal supporting body, which is up to 1.4 meters high and 4.1 meters wide—and yet still makes a slim and elegant impression. Structurally, it was a challenge to get by without a central pillar. The solution—inclined concrete supports—makes sense from a water-engineering point of view, as it allows a cross-section of the river to flow undisturbed. An iconic structure that skillfully implements all technical possibilities. *nw*

Architektur Architecture Hans Peter Gruber Architekt, www.hpgruber.at
Tragwerksplanung Structural engineering Thomas Sigl
Mitarbeit Assistance Paul Meßner (Projektleiter Tragwerksplanung Project management Structural engineering)
Bauherrschaft Client Marktgemeinde Zirl, www.zirl.at; Land Tirol, www.tirol.gv.at
Planungs- und Bauzeit Duration of design and construction 2015–2019
Adresse Address Innweg bei Ehnbachmündung, 6170 Zirl, Tirol

Anerkennung des Landes Tirol für Neues Bauen 2020

Brückenschlag aus Holz

A Timber Bridging

BILDUNG
EDUCATION

Bildungszentrum Frastanz-Hofen
Frastanz, Vorarlberg

In Frastanz-Hofen haben die Architekten einen bestehenden Schulbau aus den 1950er-Jahren um einen Kindergarten erweitert. Das Satteldach als wiederkehrendes Gestaltungselement und eine einheitliche Farbgebung lassen An- und Neubau wie aus einem Guss erscheinen: Von der Fassade über die Markisen bis hin zum Vorplatz ist alles in einen erdigen rotbraunen Farbton getaucht. Die Innenräume vermitteln ein Gefühl des Wohlbehagens. Zentral gelegene Marktplätze erweitern das Raumangebot und erschaffen großzügige Raumabfolgen. Das Bildungszentrum ist zu einer Schule der Raumwahrnehmung und Sinnesschärfung geworden. *ai*

In Frastanz-Hofen, the architects added a kindergarten to an existing school built in the 1950s. The recurring design element of a gable roof and the uniform color scheme make the addition and new building feel as if they are of one piece. From the façade to the awnings to the forecourt, everything is bathed in an earthy reddish-brown color. The interiors convey a sense of well-being, and centrally located market areas expand the available space to create expansive sequences of rooms. The educational center has been transformed into a school that inspires spatial perception and sharpens the senses. *ai*

Architektur Architecture pedevilla architects, Armin Pedevilla, Alexander Pedevilla, www.pedevilla.info
Mitarbeit Assistance Johanna Herzog, Frank Oberlerchner, Robert Rau
Bauherrschaft Client Marktgemeinde Frastanz, www.frastanz.at
Tragwerksplanung und Projektmanagement Structural engineering and project management gbd ZT GmbH
Örtliche Bauaufsicht Site supervision Albrecht Baumanagement GmbH
Planungs- und Bauzeit Duration of design and construction 2015–2021
Nutzfläche Floor area 6.800 m^2
Adresse Address Schmittengasse 4, 6820 Frastanz, Vorarlberg

Staatspreis Architektur und Nachhaltigkeit 2021

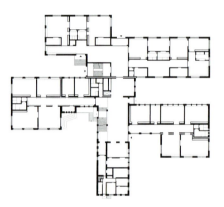

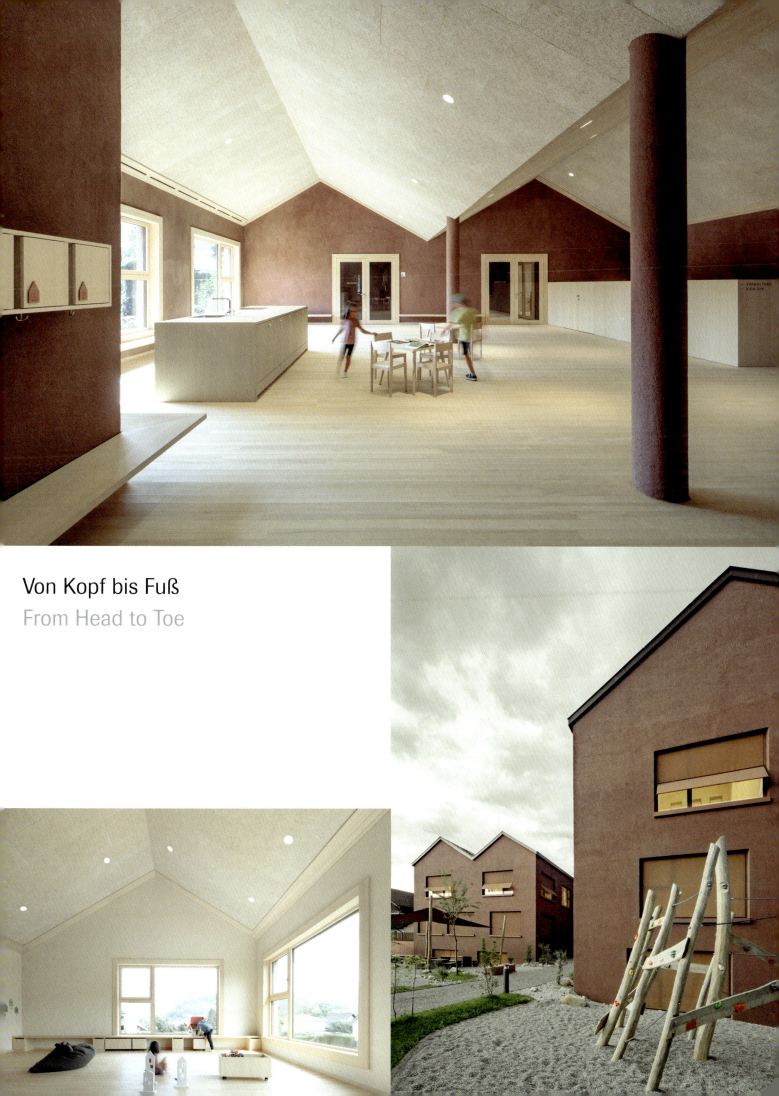

Von Kopf bis Fuß

From Head to Toe

Schulen Kettenbrücke
Innsbruck, Tirol

Architektur Architecture STUDIO LOIS Architektur, Barbara Poberschnigg, www.studiolois.io
Mitarbeit Assistance Hannes Lechner
Bauherrschaft Client Schulverein der Barmherzigen Schwestern Innsbruck, www.kettenbruecke.at/wir-schulerhalter
Tragwerksplanung Structural engineering Alfred R. Brunnsteiner ZT GmbH
Visuelle Kommunikation Visual communication himmel
Planungs- und Bauzeit Duration of design and construction 2017–2019
Nutzfläche Floor area 2.400 m^2
Adresse Address Falkstraße 28, 6020 Innsbruck, Tirol

Auszeichnung des Landes Tirol für neues Bauen 2020

Unter den verklebten Schichten aus 80 Jahren Schulbau wurde ein wunderbar pures Betonskelett freigelegt – Ausgangspunkt für einen zeitgemäßen Schulumbau, der fünf Bildungseinrichtungen zu einem gemeinschaftlichen Ganzen macht. Als spielerische Geometrie aus Flächen und Linien kommuniziert die Polycarbonatfassade in unterschiedlicher Transparenz mit dem Stadtraum. Im Inneren wurden ungenutzte Restflächen zu Lern- und Aufenthaltsorten, die sich luftig bis auf die Dachterrasse hinaufziehen, von wo der Blick in die Natur beeindruckt. Natürliche und einfache Materialien ergänzen sensibel die Sichtbetonstruktur. *nw*
A wonderfully pure concrete skeleton was uncovered beneath the messy layers of 80 years of school construction—the starting point for a contemporary school conversion that turns five educational institutions into a communal whole. A playful geometry of surfaces and lines, the polycarbonate façade communicates with the urban space in varying degrees of transparency. Inside, unused areas have been turned into places to study and hang out, some extending to the rooftop terrace, which offers an impressive view of nature. The exposed concrete structure is complemented by the use of natural and simple materials. *nw*

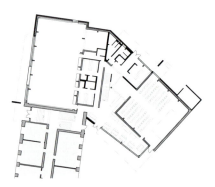

Abschminken und Tiefenreinigen
Removal and Deep Cleaning

150

Eine von zwei Hälften
One of Two Halves

Volksschule Leopoldinum SmartCity
Graz, Steiermark

Architektur Architecture alexa zahn architekten,
www.alexazahn.net
Mitarbeit Assistance Julia Eizinger, Orestis Kyriakides
Bauherrschaft Client Stadt Graz, www.graz.at
Tragwerksplanung Structural engineering werkraum ingenieure
zt gmbh
Generalplanung Management General planning management
integral ZT GmbH
Landschaftsarchitektur Landscape architecture Marlis Rief
Planungs- und Bauzeit Duration of design and construction
2015–2019
Nutzfläche Floor area 3.300 m^2
Adresse Address Waagner-Biro-Straße 99, 8020 Graz, Steiermark

Anerkennung Architekturpreis Land Steiermark 2021

Der Schulcampus Leopoldinum im neuen Grazer Stadtteil Smart City besteht aus einer symmetrischen Anlage mit Volksschule (bereits fertiggestellt) und Mittelschule (in Bau). Direkt an der Haupterschließungsstraße des Quartiers gelegen, präsentiert sich die Volksschule als viergeschoßiges, monolithisches Volumen mit dunkler Plattenfassade. Die Verbindungsspange zwischen beiden Schulen ist von der Straße zurückversetzt, wodurch ein großer Vorplatz entsteht. Während es nach Osten also eine scharfe Kante gibt, entwickelt sich die Schule im Inneren transparent und vielschichtig mit jedem Unterrichts-Cluster zugeordneten Freibereichen und Terrassen. *eg*

The Leopoldinum Campus in Graz's new Smart City district consists of a symmetrical complex with an elementary school (finished) and a middle school (under construction). Located directly on the neighborhood's main access road, the elementary school is a monolithic four-story volume with a dark slab façade. The link connecting the two schools is set back from the street, creating a large forecourt. So while there is a sharp edge to the east, the school's interior unfolds transparently in multiple layers, and each teaching cluster has its own outdoor areas and terraces. *eg*

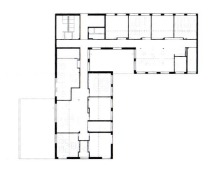

Passivhauskindergarten Deutsch-Wagram
Deutsch-Wagram, Niederösterreich

Architektur Architecture Juri Troy Architects, www.juritroy.com
Mitarbeit Assistance Jürgen Schretzmayer, Michal Koprowski
Bauherrschaft Client Stadtgemeinde Deutsch-Wagram,
www.deutsch-wagram.gv.at
Tragwerksplanung und Energiekonzept Structural engineering and
energy concept Dr. Pech ZT GmbH
Planungs- und Bauzeit Duration of design and construction
2019–2020
Nutzfläche Floor area 715 m²
Adresse Address Feldgasse 77, 2232 Deutsch-Wagram,
Niederösterreich

Vorbildliches Bauen in Niederösterreich 2021
Holzbaupreis Niederösterreich 2021

Der Zeitplan für den Kindergarten war knapp, die Lage beengt. Im Nordosten eine Feuermauer, dahinter Autohändler, Tankstelle, Kreisverkehr. Im Südwesten Felder und Häuser. Sieben Monate Bauzeit schafft nur ein vorgefertigter Holzbau. Juri Troy platziert einen eingeschoßigen Riegel von 60×15 Metern in punktgenauem Abstand zur Feuermauer. Ein schmaler Hinter- und ein großer, sonniger Vorgarten entstehen. In der Klarheit liegt die Kraft. Alle vier Gruppen haben Glasfassaden zum Garten und reihen sich am Spielflur aneinander. Auch der ist verglast, Sonne kann fluten. Am Öko-Kautschukboden zeigt sich Gruppenterrain. Orange, Blau, Gelb, Grün. *im*

The construction schedule for the kindergarten was tight and the location cramped. A fire wall to the northeast, a car dealership, gas station, and roundabout to the rear; fields and houses to the southwest. With a timeline of seven months, the only option was a prefabricated wooden building. Juri Troy placed a single-story block measuring 60×15 meters at a precise distance from the fire wall, which left room for a narrow back garden and a large, sunny front garden. There is power in such clarity. The four group rooms are lined up along a recreation hallway, with glass façades facing the garden. The hallway's glazing allows sunlight to flood in. Natural rubber flooring indicates which group the terrain belongs to: orange, blue, yellow, green. *im*

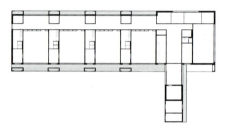

Mit Sonne und Garten
Sun and Garden

Schwarz mit bunt
Black but Colorful

Campus Lengenfeld
Lengenfeld, Niederösterreich

In jeder Hinsicht vermittelnd tritt der Neubau zwischen einer beste-henden Volksschule und einem denkmalgeschützten Schulbau aus dem 16. Jahrhundert inmitten der Marktgemeinde Lengenfeld auf. Die neue Eingangshalle des verbindenden Zubaus führt in die nun funktional verschränkten Bereiche der Volksschule, des Kindergar-tens und der Kindertagesstätte sowie in einen öffentlich nutzba-ren Multifunktionsraum. Die eigenwillig schwarze Fassade ist in einer historischen, mit Holzkohle gefärbten Putztechnik ausgeführt, Farbakzente setzen bunte Rollos, rote Fußböden und eine gelbe Stiegenhauswand, die freudig von innen nach außen leuchtet. *mk*
In many respects, the new building in the middle of the market town of Lengenfeld mediates between the existing elementary school and a listed school building from the sixteenth century. The new entrance area of the connecting extension leads to the now functionally intertwined areas of the elementary school, kindergarten, and day-care center as well as to a multifunctional room that can be used by the public. The unique black façade is achieved using a historical plastering technique shaded with charcoal. To this, accents are added in the form of colorful roller blinds, red flooring, and a yellow stairwell wall that shines out happily from within. *mk*

Architektur Architecture goebl architecture ZT GmbH,
Lukas Göbl, www.goebl-architecture.com mit with Architekt Franz Gschwantner, www.gschwantner.com
Mitarbeit Assistance Andrés España (Projektleitung Project management), Miljan Stojkovic
Bauherrschaft Client Marktgemeinde Lengenfeld, www.lengenfeld.gv.at
Tragwerksplanung Structural engineering Harrer & Harrer ZT GmbH
Örtliche Bauaufsicht Site supervision Atelier Langenlois
Lichtplanung Lighting concept Viabizzuno
Planungs- und Bauzeit Duration of design and construction 2017–2019
Nutzfläche Floor area 1.570 m^2
Adresse Address Kremser Straße 13, 3552 Lengenfeld, Niederösterreich

Vorbildliches Bauen in Niederösterreich 2020

Der Kindergarten in Lannach wurde als L-förmiger Baukörper um einen großzügigen Freibereich konzipiert und so positioniert, dass die Wegführung der umliegenden Bebauung fortgesetzt wird. Vom gedeckten Eingangsbereich im Untergeschoß gelangt man ins Obergeschoß mit drei in naturbelassenem Holz ausgestatteten Gruppen- und Aufenthaltsräumen, denen zum Spielhof hin Terrassen vorgelagert sind. Eine umlaufende Fassade aus vorgegrauten Holzlamellen filtert Sonnenlicht und vermittelt Geborgenheit. *am*
The kindergarten in Lannach was designed as an L-shaped structure along the periphery of a spacious open area, positioned to continue the paths of the surrounding buildings. The covered entrance area on the lower floor leads to the upper floor, which has three group and playrooms furnished in natural wood, with terraces facing over the playground. A surrounding façade of pre-grayed wooden slats filters the sunlight and conveys a sense of sanctuary. *am*

Architektur Architecture Berktold Weber Architekten ZT GmbH, Philipp Berktold, Helena Weber, www.berktold-weber.com
Mitarbeit Assistance Susanne Bertsch
Bauherrschaft Client Marktgemeinde Lannach, www.lannach.gv.at
Tragwerksplanung Structural engineering gbd ZT GmbH
Außenanlagen Outdoor facilities Monsberger Gartenarchitektur GmbH
Planungs- und Bauzeit Duration of design and construction 2017–2019
Nutzfläche Floor area 1.363 m²
Adresse Address Mühlgasse 1, 8502 Lannach, Steiermark

GerambRose 2020

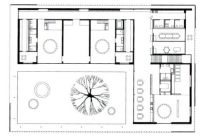

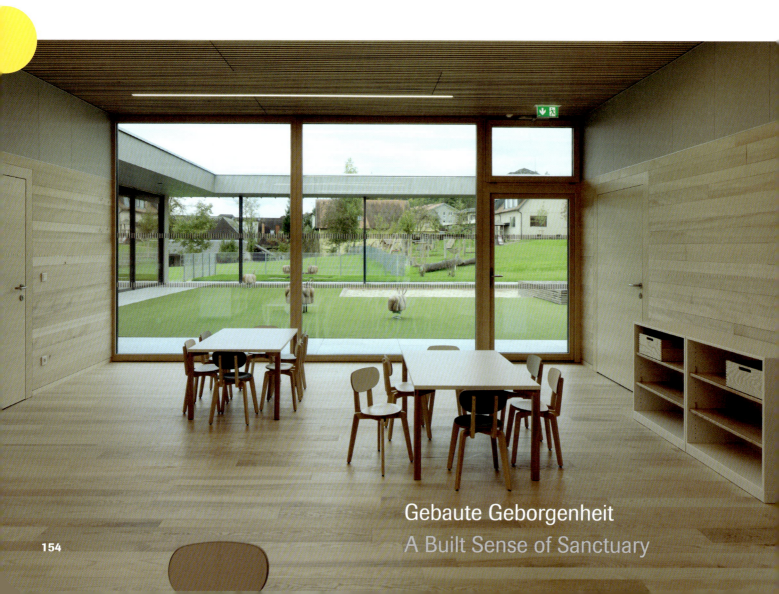

Gebaute Geborgenheit
A Built Sense of Sanctuary

Lernraum zwischen Bäumen
Learning Between the Trees

Ilse Wallentin Haus BOKU Wien
Wien

Mit seinem durchlässigen Eingangsgeschoß und dem Vorplatz bildet das Ilse Walletin-Haus am Campus der BOKU eine kommunikative Schnittstelle für Studierende und Lehrende aller Fachbereiche. Schon von außen ist beim neuen viergeschoßigen Bibliotheks- und Seminargebäude das strukturelle Raster des Holzskeletts ablesbar, auch im Inneren schaffen die sinnliche Präsenz des Holzes und der hohe Tageslichtanteil eine stimulierende Lern- und Arbeitsumgebung. Die großen Verglasungen zwischen den Stützen aus Brettschichtholz vermitteln das idyllische Gefühl, unmittelbar zwischen den Bäumen der Umgebung zu sitzen. *gk*

With a permeable entrance floor and forecourt, the Ilse Walletin-Haus on the BOKU campus acts as a communication hub for students and teachers from all departments. The structural grid of the timber skeleton is visible from the exterior of the new four-story library and seminar building, with the sensuous presence of the wood and the generous influx of daylight also stimulating the learning and working environment within. Expansive glazing between the glulam supports conveys the idyllic feeling that one is sitting right in the midst of the surrounding trees. *gk*

Architektur Architecture SWAP Architekten ZT GmbH, Christoph Falkner, Rainer Maria Fröhlich, Thomas Grasl, Georg Unterhohenwarter, www.swap-zt.com
Mitarbeit Assistance Matthias Jahn, Gerfried Hinteregger, Aron Grudnik (DELTA Projcktconsult)
Bauherrschaft Client BIG Bundesimmobiliengesellschaft m.b.H., www.big.at
Tragwerksplanung Structural engineering Bollinger Grohmann ZT GmbH
Lichtplanung Lighting concept Technisches Büro Braun GmbH
Bauleitung Site supervision PM1
Planungs- und Bauzeit Duration of design and construction 2018–2020
Nutzfläche Floor area 3.264 m²
Adresse Address Peter-Jordan-Straße 82, 1180 Wien

wienwood 21
best architects 22
BIGSEE Wood Design Award 2021

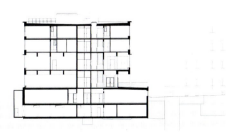

Architektur Architecture Schluder Architekten ZT GmbH,
Michael Schluder, Eldin Kabaklija, www.architecture.at
Mitarbeit Assistance Wolfram Uanschou, Ulrike Bartholner
Bauherrschaft Client Stadt Wien, MA 10 – Kindergärten,
www.wien.gv.at/bildung/kindergarten/
Tragwerksplanung und Generalplanung Structural engineering
and general planning RWT Plus ZT GmbH
Planungs- und Bauzeit Duration of design and construction
2015–2018
Nutzfläche Floor area 3.073 m²
Adresse Address Pötzleinsdorfer Straße 230, 1180 Wien

wienwood 21

Die drei Pavillons des städtischen Kindergartens stehen inmitten
eines idyllischen Parkschutzgebiets und nehmen exakt die Position der in die Jahre gekommenen Kinderbetreuungseinrichtung
aus der Nachkriegszeit ein. Der hohe Vorfertigungsgrad (skelet-
tierte Holz-Modulbauweise, Wände und Decken aus Brettschichtholz) ermöglichte eine kurze Bauzeit bei laufendem Betrieb. Die
lebendige Struktur der Lärchenholzfassade, die in den eingezoge-
nen Loggien auch innenräumlich spürbar ist, verstärkt die Natur-
verbundenheit der Pavillons. Dank einer adaptierten Wegeführung
durch das Areal sind die drei Häuser nun auch barrierefrei
erschlossen. *gk*

The three pavilions of the municipal kindergarten are set in the
middle of an idyllic protected park, at the former site of a dilapidated childcare facility from the postwar period. A high degree of
prefabrication (modular timber skeleton construction; walls and
ceilings of glulam wood) reduced construction time and made it
possible to continue operations. The vibrant structure of the larch
façade, which is also reflected in the recessed loggias, underscores the pavilion's proximity to nature. Following adaptions to the
facility's pathways, all three buildings are now also barrier-free. *gk*

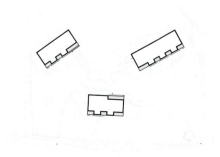

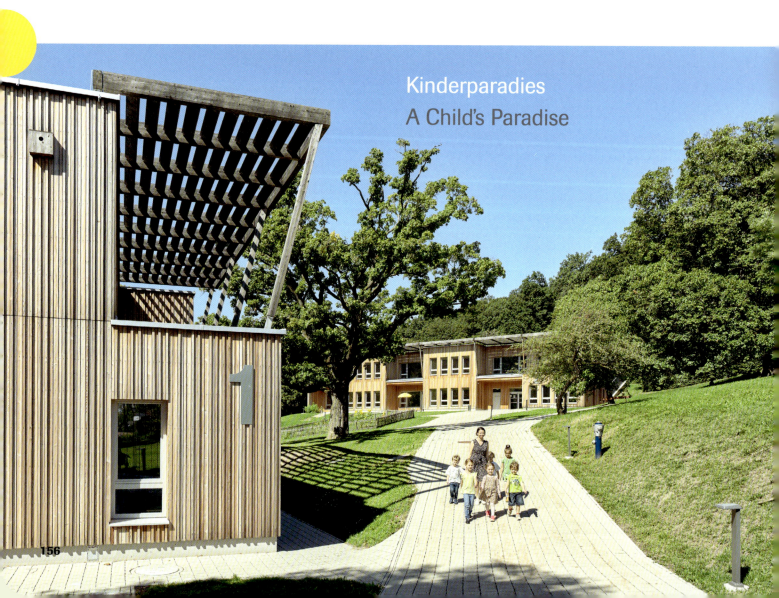

Kinderparadies
A Child's Paradise

TU Graz Inffeldgasse
Graz, Steiermark

Am Campus der Technischen Universität Graz auf den Inffeld-gründen wurden die Maschinentechnischen Institute aus den 1970er-Jahren bei laufendem Universitätsbetrieb saniert und erweitert. Das komplexe Ensemble erfährt eine einheitliche Sicht-barmachung. Durch die Aufstockung aller fünf Bürotürme auf die einheitliche Höhe von vier Obergeschoßen entstehen die benötigten Erweiterungsflächen für den Institutsbetrieb – und eine Figur. Eine weiße Aluminiumfassade mit auskragenden, trapez-förmigen Schattenelementen, Fensterbändern und emailliertem Glas schafft Kontrast und komponiert das Ensemble neu. *mh*

On the Inffeld grounds of the Graz University of Technology campus, the 1970s mechanical engineering institutes have under-gone renovation and expansion while continuing to operate. As a result, the entire complex ensemble has become more visible. The five office buildings have been enlarged into five-story office towers, providing the expansion necessary for the institution's operations—as well as forming a new architectural figure. A white aluminum façade with projecting trapezoidal shadow elements, ribbon windows, and enameled glass creates contrast and reimagines the ensemble. *mh*

Architektur Architecture Ernst Giselbrecht + Partner architektur zt gmbh, www.giselbrecht.at
Mitarbeit Assistance Johannes Eisenberger, David Scheibner
Bauherrschaft Client BIG Bundesimmobiliengesellschaft m.b.H., www.big.at
Tragwerksplanung Structural engineering integral ZT GmbH
Planungs- und Bauzeit Duration of design and construction 2015–2020
Nutzfläche Floor area 5.680 m² (Modul 1), 4.431 m² (Modul 2)
Adresse Address Inffeldgasse 25, 8010 Graz, Steiermark

DOMICO Architekturpreis DOMIGIUS 2021

Kindergarten Deutsch Goritz
Deutsch Goritz, Steiermark

Architektur Architecture büro ganster architektur, Erich Franz Ganster, www.ganster-architektur.at
Mitarbeit Assistance Wolfgang Wayand
Bauherrschaft Client Gemeinde Deutsch Goritz, www.deutsch-goritz.at
Tragwerksplanung Holzbau Structural engineering wood DI Josef Koppelhuber
Tragwerksplanung Massivbau Structural engineering solid construction GDP ZT GmbH
Planungs- und Bauzeit Duration of design and construction 2018–2019
Nutzfläche Floor area 465 m^2
Adresse Address 8483 Deutsch Goritz 96, Steiermark

Holzbaupreis Steiermark 2021

Die Erweiterung des Kindergartens wurde nicht als Zu-, sondern als Neubau konzipiert, um größere gestalterische sowie funktionale Freiheiten zu haben und ein Vis-à-vis zum Bestand mit dazwischen liegendem Garten zu schaffen. Das Gebäude wurde in Holzbauweise errichtet. Für die Terrasse und die vorgehängte Fassade kam Lärche zum Einsatz, für die Akustikdecken und die Zwischenwände aus Brettsperrholz Weißtanne. Der Grundriss ist in Längsrichtung geschichtet, Tageslicht fällt durch große Öffnungen und zum Teil raumhoch verglaste Wandelemente ins Gebäude. Unter dem flach geneigten Satteldach dient eine Galerie als zusätzliche Spielfläche. *eg*

The kindergarten expansion was not designed as an addition, but as a new building. This decision was made to provide greater creative and functional freedom and to create a counterpart to the existing building—with the garden in between. The building is a timber construction; larch was used for the terrace and the curtain façade, with cross-laminated silver fir for the acoustic ceilings and partition walls. The floor plan is layered lengthwise, with daylight entering the building through large apertures and wall elements, some glazed from floor to ceiling. A gallery beneath the gently sloping gable roof creates an additional play area. *eg*

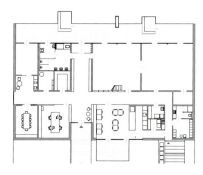

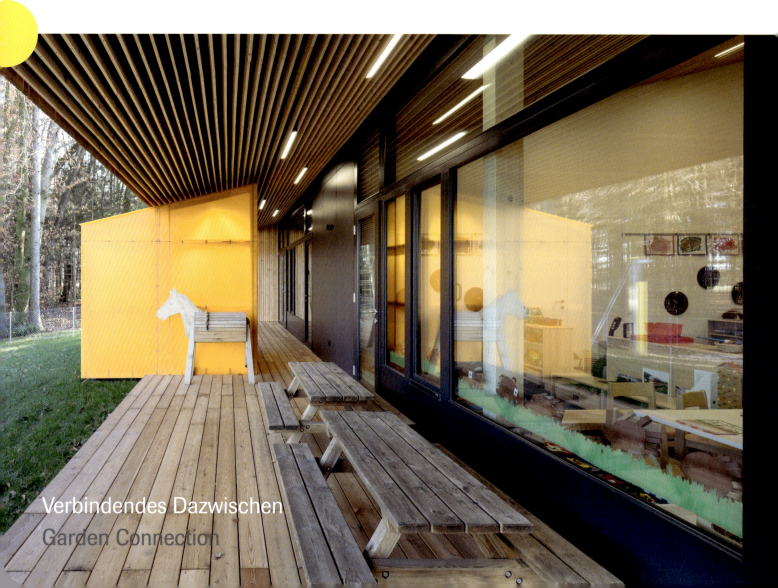

Verbindendes Dazwischen
Garden Connection

Kompakt und durchgeformt
Compact and Fully Formed

Future Art Lab der Universität für Musik und darstellende Kunst
Wien

Das drei Institute fassende Future Art Lab schließt den Universitäts-campus im Süden mit einem Solitär ab. Neben die unterschiedli-chen funktionellen und bauphysikalischen Anforderungen der Unterrichts-, Verwaltungs- und Vortragsräume trat der Wunsch nach größtmöglicher Kompaktheit der Anlage. Gleichzeitig sollten weder die interne Kommunikation noch der Austausch mit einem interessierten Publikum oder der Bezug zum Grünraum geschmä-lert werden. Aufgelöst wurden diese widersprüchlichen Bedin-gungen in einer plastisch durchgeformten Architektur, in der die Erschließungszone einer Skulptur aus Licht und Bewegung gleicht. *rr*

The freestanding building of the Future Art Lab includes three institutes and brings the university campus to a close in the south. In addition to the different functional and structural requirements of the classrooms, administrative offices, and lecture rooms, there was a desire for the facility to be as compact as possible. At the same time, it was important not to reduce opportunities for inter-nal communication, interaction with interested audiences, or the connection to the surrounding green space. These contradictory instructions were resolved through a sculptural building with an access area that is a symphony of light and motion. *rr*

Architektur Architecture Pichler & Traupmann Architekten ZT GmbH, Christoph Pichler, Johann Traupmann, www.pxt.at
Mitarbeit Assistance Alexander Tauber (Projektleitung Ausführung Project management construction), Bartosz Lewandowski (Teamleiter Wettbewerb Team leader competition)
Bauherrschaft Client BIG Bundesimmobiliengesellschaft m.b.H., Tragwerksplanung Structural engineering FCP – Fritsch, Chiari & Partner ZT GmbH
Örtliche Bauaufsicht Site supervision Architekt Erwin Stolz
Planungs- und Bauzeit Duration of design and construction 2014–2020
Nutzfläche Floor area 6.210 m^2
Adresse Address Anton-von-Webern-Platz 1, 1030 Wien

International Architecture Awards 2021
BLT Built Design Award 2021

Schulzentrum Gloggnitz
Gloggnitz, Niederösterreich

Architektur Architecture DFA | Dietmar Feichtinger Architectes, feichtingerarchitectes.com
Bauherrschaft Client Stadt Gloggnitz, www.gloggnitz.at
Tragwerksplanung Structural engineering werkraum ingenieure zt gmbh
Baustellenleitung Team site work Pilz&Partner ZT GmbH
Planungs- und Bauzeit Duration of design and construction 2015–2019
Nutzfläche Floor area 8.594 m^2
Adresse Address Richtergasse 6, 2640 Gloggnitz, Niederösterreich

BauherrInnenpreis der ZV 2021
Vorbildliches Bauen in Niederösterreich 2020
Nominierung Mies van der Rohe Award 2021

Alle Schultypen unter einem Dach, mitten in Gloggnitz. Ein Glücksfall. Der Neubau vereint Weltoffenheit und die richtige Reaktion auf den Ort. Der Grundriss fast quadratisch, 60×60 Meter, das Erdgeschoß transparent, in der Mitte ein Turnsaal zum Niederknien. Er setzt im Untergeschoß auf, sein Luftraum ist das Herz der Aula, so bleiben Blicke frei. Rundum Bibliothek, Werkstatt, Musiksaal. Darüber kragt die Klassenebene über den Vorplatz, ein souveränes Entree. Alle Lernräume sind in Clustern organisiert, hell und pur. Holz, Glas, Sichtbeton. Das Flachdach vom Turnsaal wird zum Pausenhof im ersten Stock. So geht Zukunft. *im*

All the schools under one roof, right in the middle of Gloggnitz. A stroke of luck. The new building combines a worldly mindset with optimal usage of the location. The floor plan is almost square, 60×60 meters, the ground floor is transparent, and at its center lies a gymnasium that is the stuff of dreams. It starts down in the basement, but its lofty air space is the heart of the auditorium, leaving the view open, with the library, workshop, and music room wrapping around it. The classroom level is cantilevered above the forecourt, creating an independent entrance, with classrooms that are organized in clusters, bright and pure. Wood, glass, fair concrete. The flat roof of the gym is used as a recess area for the upper floor. This is what the future looks like. *im*

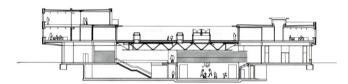

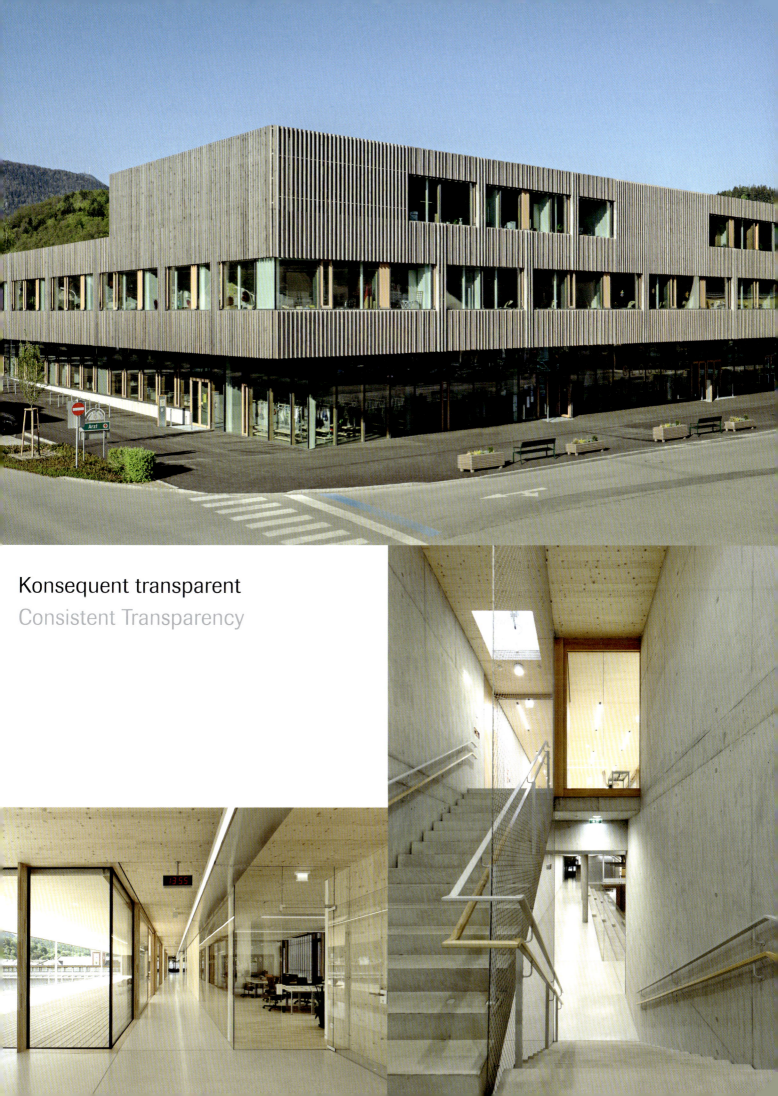

Konsequent transparent
Consistent Transparency

Schule Schendlingen
Bregenz, Vorarlberg

Der zweischalige Sichtbetonbau ist als Raster von Räumen in Klassengröße flexibel, nutzungsoffen und schließt mit dem Schulkonzept einer „gemeinsamen Schule" an radikale Raumideen an. Jeweils zwei Cluster umfassen ein von oben belichtetes Atrium mit Treppe, je vier pro Geschoß formieren sich um eine gemeinsame Aula mit Sonderklassen. Als prototypische Lösung erlaubt die kompakte „Schulmaschine" hohe Dichte, vielfältige Blickbeziehungen und Synergien. Die Materialgebung nimmt sich farblich stark zurück mit Sichtbeton, sägerauer Esche, Weißtanne oder grauem Filz für die eigens entwickelten Akustikelemente. *rf*

Thanks to its classroom-scaled grid, this béton brut, sandwich-panel building can accommodate a variety of uses, and its pedagogical idea of a "shared school" has ties to radical spatial concepts. Two clusters on each side clasp a top-lit atrium and stairway, creating four clusters on each floor arranged around a shared auditorium for special classes. A prototype solution, the compact "school machine" allows for high density, diverse visual relationships, and multiple synergies. The material palette was limited to exposed concrete, rough-sawn ash, silver fir, and gray felt on the bespoke acoustic elements. *rf*

Architektur Architecture Architekt Matthias Bär ZT GmbH, www.baer.studio (Wettbewerb und Entwurf Competition and design); Architekt Bernd Riegger ZT GmbH, www.berndriegger.com; Querformat ZT GmbH, Gerald Amann, Paul Steurer, Stefan Kopecny, www.querformat-zt.com
Bauherrschaft Client Landeshauptstadt Bregenz, www.bregenz.at
Tragwerksplanung Structural engineering DI Manfred Plankel
Lichtplanung Lighting concept Manfred Remm
Grafikdesign Graphic design Atelier Gassner
Kunst Artwork Marbod Fritsch
Planungs- und Bauzeit Duration of design and construction 2015–2017
Nutzfläche Floor area 6.920 m² (Neubau New building), 2.490 m² (Bestand Existing building)
Adresse Address Wuhrwaldstraße 26, 6800 Bregenz, Vorarlberg

Bauherrenpreis der Hypo Vorarlberg 2020

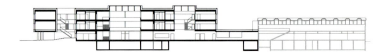

Gemeinsam im Raumraster
Together in a Spatial Grid

Bildung verdichtet
Densified Education

Volks- und Berufsschule Längenfeldgasse
Wien

Die Nachverdichtung eines Stadtraums bringt mitunter auch Gruppen von Nutzer*innen zusammen, die üblicherweise getrennte Wege gehen. Wenn, wie hier, eine Berufsschule ihren Bauplatz mit einer Volksschule teilt, zeigt sich, dass sich die Bedürfnisse sehr junger Kinder von jenen bereits herangewachsener Jugendlicher in vielen Belangen nicht unterscheiden. Das Gebäude entwickelt sich zugunsten der verbleibenden Gartenfläche in die Höhe. Durch seine Terrassierung wird es Teil eines multifunktionalen innerstädtischen Landschaftsraums, der den Schulalltag der Großen wie der Kleinen gleichermaßen bereichert. *rr*

The densification of an urban space can sometimes bring together user groups who might not otherwise interact. Here, a vocational school shares its building site with an elementary school, revealing that, in many respects, the needs of very young children do not greatly differ from those of adolescents. The building rises vertically, leaving the remaining garden area intact. Its terracing turns it into a multifunctional inner-city landscape that enhances everyday school life for young adults and small children alike. *rr*

Architektur Architecture PPAG architects ZT GmbH, Anna Popelka, Georg Poduschka, www.ppag.at
Mitarbeit Assistance Paul Fürst, Florian Wind, Lucas Pfaffenbichler
Bauherrschaft Client Stadt Wien, www.wien.gv.at
Tragwerksplanung Structural engineering werkraum ingenieure zt gmbh
Landschaftsarchitektur Landscape architecture EGKK Landschaftsarchitektur
Tageslichtplanung Daylighting concept Institute of Building Research & Innovation ZT GmbH
Turnhalle Gym RAUMKUNST ZT GmbH
Planungs- und Bauzeit Duration of design and construction 2016–2020
Nutzfläche Floor area 7.722 m^2
Adresse Address Längenfeldgasse 17, 1120 Wien

Nominierung Mies van der Rohe Award 2021

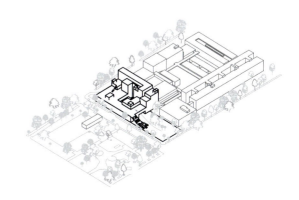

Volksschule Unterdorf
Höchst, Vorarlberg

In einem ebenerdigen, fast episch über 100 Meter ausladenden Holzbau sind vier idente Cluster mit je zwei Klassen untergebracht. Gegliedert durch tief eingeschnittene Außenbereiche wird der dörfliche Maßstab gewahrt. Jeder Cluster hat einen gemeinsamen Aufenthaltsraum zum Zentrum, deren Oberlicht und hohe Dachräume in fast sakraler Anmutung das Kindsein feiern. Foyer und abgesenkter Turnsaal stehen auch der Gemeinde zur Verfügung. Sichtbare Holzkonstruktionen und furnierte Wandflächen formieren sich mit raumhohen Glaselementen zu ideal-modernen Raumfolgen, jedoch zeitgemäß in ökologischer Perfektion. *rf*
Four identical "clusters," each with two classes, are housed in a single-story wooden building of epic proportions. Incisions in the 100-meter-long school articulate the building massing and create outdoor spaces—thereby preserving the village's scale. At its center, each cluster has a shared "commons"; the room's skylight and high ceiling create a festive—nearly sacral—atmosphere. The foyer and sunken gymnasium can also be used by the village's residents. In combination with floor-to-ceiling glazing, the visible wood structure and the veneered wall surfaces create idyllic yet contemporary spatial sequences—all in all, an ecologically balanced environment. *rf*

Architektur Architecture Dietrich | Untertrifaller Architekten ZT GmbH, Helmut Dietrich, Much Untertrifaller, Dominik Philipp, Patrick Stremler, www.dietrich.untertrifaller.com
Mitarbeit Assistance Peter Nußbaumer, Katharina Reiner
Bauherrschaft Client Gemeinde Höchst, www.hoechst.at
Tragwerksplanung Holzbau Structural engineering wood merz kley partner GmbH
Tragwerksplanung Massivbau Structural engineering solid construction DI Ingo Gehrer
Bauleitung Site supervision gbd ZT GmbH
Landschaftsarchitektur Landscape architecture Heinrich Landschaftsarchitektur GmbH
Planungs- und Bauzeit Duration of design and construction 2014–2017
Nutzfläche Floor area 2.530 m²
Adresse Address Gaißauer Straße 10, 6973 Höchst, Vorarlberg

Bauherrenpreis der Hypo Vorarlberg 2020

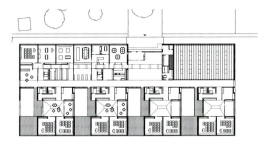

Allem Raum gegeben
Giving Everybody Space

Durchgrünte Bildungslandschaft
Green Education Landscape

Schulzentrum Hall in Tirol
Hall in Tirol, Tirol

Seit über 20 Jahren planen fasch&fuchs.architekten Schulen und machen in jedem Projekt aufs Neue das enorme Potenzial des Raums als Ermöglicher zukunftsfähiger pädagogischer Konzepte sichtbar. Auch mit dem Schulzentrum Hall bauen sie ein Statement – für Wertschätzung, Großzügigkeit, Durchlässigkeit und Vielfalt. Der Baukörper verzahnt sich kammartig mit dem Grünraum und formt eine fließende Bildungslandschaft, bei der jeder Innenraum direkten Zugang ins Freie hat. Großzügige Zonen für die Gemeinschaft, aber auch leise Rückzugsorte bieten für Mittelschule und Sonderschule Raum, der nirgends limitiert, sondern alles möglich macht. *nw*

fasch&fuchs.architekten have been planning schools for over 20 years and know how to use the enormous potential of space to deliver future-oriented academic concepts in every project. With the Hall School Center, they convey a message of appreciation, generosity, openness, and diversity. The building interlaces with the green space like a comb, forming a flowing educational landscape in which every interior space has direct access to the outside. Generous common areas combined with quiet places of retreat create a space for the middle school and special school that removes all limits, making everything possible. *nw*

Architektur Architecture fasch&fuchs.architekten ZT GmbH, Hemma Fasch, Jakob Fuchs, Fred Hofbauer, www.faschundfuchs.com
Mitarbeit Assistance Martin Ornetzeder, Marija Babic, Martina Ziesel, Anna Zottl
Bauherrschaft Client Stadtgemeinde Hall in Tirol, www.hall-in-tirol.at
Tragwerksplanung Structural engineering werkraum ingenieure zt gmbh
Planungs- und Bauzeit Duration of design and construction 2016–2019
Nutzfläche Floor area 5.928 m^2
Adresse Address Universitätsstraße 6, 6060 Hall in Tirol, Tirol

Anerkennung des Landes Tirol für neues Bauen 2020

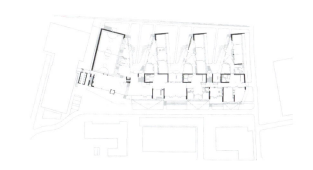

Pädagogische Hochschule Salzburg
Salzburg

Architektur Architecture riccione architekten, Clemens Bortolotti, Tilwin Cede, www.riccione.at
Mitarbeit Assistance Melanie Hammenschmidt
Bauherrschaft Client BIG Bundesimmobiliengesellschaft m.b.H., www.big.at
Tragwerksplanung Structural engineering ingena Innsbruck
Planungs- und Bauzeit Duration of design and construction 2014–2020
Nutzfläche Floor area 14.900 m²
Adresse Address Akademiestraße 23–25, 5020 Salzburg

Nominierung Mies van der Rohe Award 2021

Im Salzburger Stadtteil Nonntal werden schon lange Menschen in pädagogischen Berufsfeldern ausgebildet. Das Gebäudeensemble stammt ursprünglich aus den 1960er-Jahren. Die Plattenbauten sollten im Sinne der Nachhaltigkeit als Gerüst erhalten bleiben und mit neuem Leben erfüllt werden. Aus dieser Haltung wurde ein Gestaltungsprinzip. Sichtbare Decken, offene Leitungen und unverputzte Wände machen die Veränderungen gut ablesbar. Von außen sind lediglich zarte metallene Sonnenschutzläden als einzig wahrnehmbare Veränderung vor die Betonplatten der Fassade gehängt worden: ein schöner Kontrast. *kjb*

People have been coming to the Nonntal district of Salzburg for an education in the teaching arts for a long time. The building ensemble dates back to the 1960s. With an eye towards sustainability, the slab buildings were preserved as a frame and then filled in with new life. This approach was turned into the design principle. Visible ceilings, open piping, and unplastered walls make the changes easy to identify. From the outside, the only visible alteration is the addition of delicate metal sunshades that now hang in front of the concrete slabs of the façade: a nice contrast. *kjb*

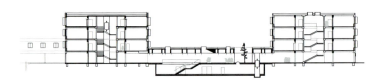

Update für den Plattenbau
Updating the Slab Building

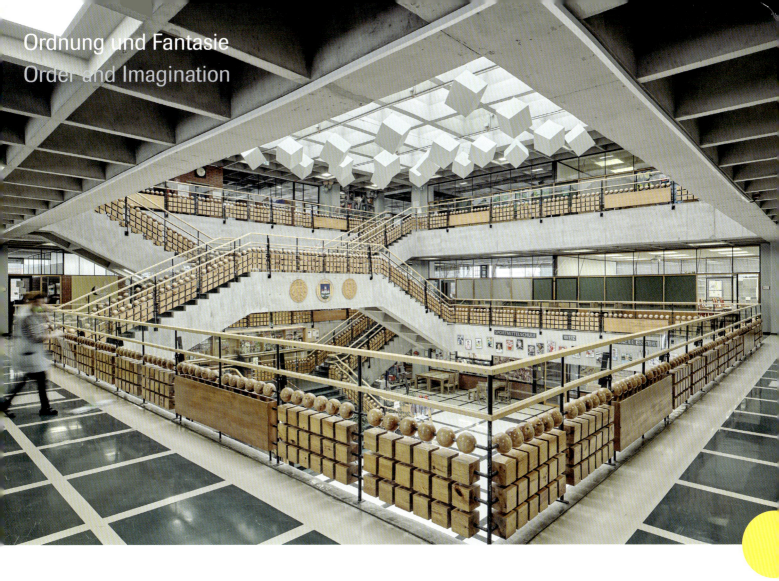

Mittelschule III
Weiz, Steiermark

Architektur Architecture Architekt Viktor Hufnagl
Bauherrschaft Client Stadtgemeinde Weiz, www.weiz.at
Planungs- und Bauzeit Duration of design and construction
1964–1968
Adresse Address Offenburger Gasse 17, 8160 Weiz, Steiermark

GerambRose 2020

Die Beiträge von Viktor Hufnagl (1922–2007) zum Typus Hallen-
schule dokumentieren eindrucksvoll den schulpädagogischen Auf-
bruch der 1960er-Jahre. Großvolumige und hierarchielose Räume
sollten Schulen in „offene Häuser" verwandeln, die zum Aktions-
zentrum einer ganzen Gemeinde werden können. Beim Schulbau-
Klassiker Weiz überzeugt nicht nur die zentrale geschoßüber-
greifende Aula (40×40 Meter), sondern auch das konstruktive
Gesamt- konzept. Das robuste modulare Stahlbetonskelett mit
auskragenden Kassettendecken ruht auf wenigen Stützen, der
Innenausbau wirkt mit zarten Fensterprofilen und Raumtrennern
besonders leicht und flexibel. *gk*
Viktor Hufnagl's (1922–2007) contributions to the hallway school
typology are an impressive documentation of the educational
awakening of the 1960s. Large, non-hierarchical spaces transformed schools into "open houses" able to function as a center of
activity for the entire community. In the case of this classic school
building in Weiz, it is not only the central multistory auditorium
(40×40 m) that is impressive, but also the structural concept. The
robust modular reinforced concrete skeleton with cantilevered
coffered ceilings rests on only a few supports, and the delicate
window profiles and interior dividers are very light and fle*xible*. *gk*

Architektur Architecture RIEPL RIEPL ARCHITEKTEN ZT GmbH, Gabriele Riepl, Peter Riepl, Christof Pernkopf, www.rieplriepl.com
Mitarbeit Assistance Debby Haepers, Hanna Hüthmair (Kepler Hall), Alexander Jaklitsch (LIT), Karin Kempinger (Learning Center), Vanessa Konec (LIT)
Bauherrschaft Client BIG Bundesimmobiliengesellschaft m.b.H., www.big.at
Tragwerksplanung Structural engineering Bollinger + Grohmann Ingenieure
Landschaftsarchitektur Landscape architecture DnD Landschaftsplanung
Kunst Art Michael Lin, Raphaela Riepl
Planungs- und Bauzeit Duration of design and construction 2016–2021
Nutzfläche Floor area 14.247 m^2
Adresse Address Altenberger Straße 69, 4040 Linz, Oberösterreich

Nominierung Mies van der Rohe Award 2021

Die Neuordnung des Campus der Johannes Kepler Universität leistet mehr als die Erfüllung neuer Raumbedürfnisse oder die technische Ertüchtigung des Bestands. Sie greift den Geist der in den 1960er-Jahren begründeten Anlage auf und schärft diesen in zukunftsweisender Form. Neben den innovativen Raumkonzepten der Kepler Hall, der zum Learning Center umgeformten Bibliothek und dem interdisziplinären Forschungszentrum LIT Open Innovation Center nimmt insbesondere das auf dem Dach des höchsten Bestandsgebäudes errichtete Somnium jenes Element in den Blick, von dem der Campus lebt: den Dialog von Baukultur und Landschaftsraum. *rr*

The reorganization of the Johannes Kepler University campus does more than meet evolving spatial needs and upgrade the existing building technology; it seizes the spirit of the 1960s facility and hones it into a form that looks to the future. Like the innovative spatial concepts of Kepler Hall, the library that has been transformed into the Learning Center, and the interdisciplinary LIT Open Innovation Center research facility, the Somnium in particular, a structure built on the roof of the tallest building, also focuses on an element that thrives on this campus: the dialogue between the architecture and the landscape. *rr*

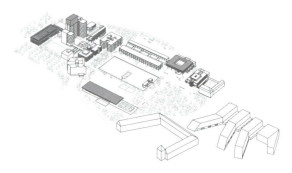

Wissenschaft im Landschaftsraum

Science in the Landscape

Bildungscampus Friedrich Fexer
Wien

Architektur Architecture querkraft architekten zt gmbh,
Jakob Dunkl, Gerd Erhartt, Peter Sapp, www.querkraft.at
Mitarbeit Assistance Carmen Hottinger
Bauherrschaft Client Stadt Wien, www.wien.gv.at/bildung/schulen
Ausführungsplanung Detail design skyline Architekten
Tragwerksplanung Structural engineering FCP – Fritsch, Chiari &
Partner ZT GmbH
Landschaftsarchitektur Landscape architecture korbwurf
landschaftsarchitektur
Planungs- und Bauzeit Duration of design and construction
2013–2015
Nutzfläche Floor area 13.356 m^2
Adresse Address Attemsgasse 22, 1220 Wien

AIT-Award 2020

In diesem Bildungscampus in einem städtebaulichen Entwicklungs-
gebiet im Norden Wiens werden rund 800 Kindergartenkinder,
Schüler*innen und Musikschüler*innen bis zum Alter von zehn
Jahren ganztägig gemeinsam betreut. Die räumlich-pädagogische
Einheit für Kinder dieser Altersstufe ist neu und innovativ. Genauso
fortschrittlich ist auch die Gestaltung des Campus. Die Erschließung erfolgt über ein zentrales Treppenhaus. Die Funktionsberei-
che – außer den Klassen auch Therapiebereiche, Förderklassen
und multifunktionale Bereiche – werden durch vier innenliegende
Höfe belichtet. Vor den Klassen gibt es Freibereiche. *kjb*
Every day, around 800 kindergarteners, schoolchildren, and music
students up to the age of ten come to this campus in an urban
development area in the north of Vienna to learn together. This is
a new and innovative spatial and pedagogical unification for children of this age group, and the campus's design is equally pro-
gressive. A central staircase provides access. In addition to classrooms, there are also therapy spaces, special education classes,
and multifunctional areas, all daylit by four interior courtyards. Each
classroom also has an adjacent outdoor area. *kjb*

Etwas Großes für die Kleinen
Something Big for the Little Ones

Oase im Bürokomplex
Office Oasis

EDI
Innsbruck, Tirol

Ein privater Verein hat seine Kinderkrippe bewusst dort angesiedelt, wo viele Menschen arbeiten und sich die Wege von Eltern und Kindern gut verbinden lassen. So ist mitten im Gewerbegebiet eine räumliche Oase entstanden. Die einzelnen Räume verzahnen sich so geschickt miteinander, dass gleichzeitig luftige Durchlässigkeit und kindgerechte Differenziertheit entstehen. Birkensperrholz und Polycarbonatplatten bilden lockere Raumteiler und Staumöbel. Der Tatsache, dass der Boden für Kleinkinder die wichtigste Oberfläche des Raums ist, wurde mit einem hochwertigen Holzboden Rechnung getragen und bei der Akustikdecke wohlweislich nicht gespart. *nw*

When a private association strategically situated its day-care where many people work and parents and children can easily connect, it created an oasis in the middle of a commercial area. The various rooms are cleverly interwoven to allow airy permeability and child-friendly differentiation at the same time. Birch plywood and polycarbonate panels form loose room dividers and furniture with storage. Because flooring is the most important surface for small children, a high-quality wooden floor was installed—and, wisely, no expense was spared on the acoustic ceiling. *nw*

Architektur Architecture STUDIO LOIS Architektur,
Barbara Poberschnigg, www.studiolois.io
Mitarbeit Assistance Mario Huber
Bauherrschaft Client Verein Hoffnung für Kinder,
www.hoffnungfuerkinder.at
Planungs- und Bauzeit Duration of design and construction
2018–2019
Nutzfläche Floor area 210 m²
Adresse Address Eduard-Bodem-Gasse 1, 6020 Innsbruck, Tirol

BIGSEE Interior Design Award 2021

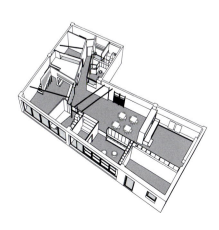

Architektur Architecture Franz und Sue ZT GmbH,
Christian Ambos, Michael Anhammer, Robert Diem,
Björn Haunschmid-Wakolbinger, Harald Höller, Erwin Stättner,
Corinna Toell, www.franzundsue.at
Mitarbeit Assistance Martino Libisch (Projektleitung Project
management), Carla Kuhn, Barbara Wagner
Bauherrschaft Client Infra KG Stadtgemeinde Leoben,
www.leoben.at
Tragwerksplanung Structural engineering DI Michael Judmayer
ZT GmbH
Projektsteuerung Project control Laubreiter Bauingenieur
Planungs- und Bauzeit Duration of design and construction
2016–2019
Nutzfläche Floor area 9.402 m²
Adresse Address Erzherzog-Johann-Straße 1, 8700 Leoben,
Steiermark

best architects 21
Nominierung Mies van der Rohe Award 2021

Die alte Volksschule aus der Monarchie hatte immer schon etwas
Ernstes, Imposantes. Die Architekt*innen rannten nicht dagegen
an, sondern drehten den Eingang in den U-förmigen Baukörper
einfach auf die Rückseite. Sie füllten den Hof mitsamt dem alten
Turnsaal mit allem Leben, allem Austausch und Bewegung, die zwei
Schulen ineinander heute so brauchen. In einer freundlich gläser-
nen Kaskade mit Blick ins Grüne fanden Eingang und Pausenflä-
chen, Lernlandschaften und ein Zentrum für die Lehrenden Platz.
Alles verbunden mit einem breiten, offenen Treppenlauf. Und
plötzlich funktioniert Vielfalt in Gemeinschaft mit zeitgemäßer
Architektur. *rf*
The old elementary school that dates back to the monarchy has
always had a serious and impressive air. The architects did not
resist this, but instead simply moved the entrance to the U-shaped
building at the back. They filled the courtyard, including the old
gymnasium, with all the life, communication, and movement that is
needed by two joint schools today. A friendly cascade of glass
provides a view of greenery and makes room for the entrance and
break areas, learning landscapes, and a teachers' space. A wide,
open flight of stairs connects it all—an ideal collaboration with
contemporary architecture that makes diversity blossom. *rf*

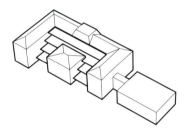

Freundliche Kaskaden
Friendly Cascades

Ein Vorarlberger Wimmelbuch
A Vorarlberg Search Puzzle

Kinderhaus Kennelbach
Kennelbach, Vorarlberg

Vorbildlich hat das Kinderhaus seinen Platz in den Dorfzentrums-plänen bereits eingenommen. Ein kompakter Holzbau, ein Kubus von rauer Fichte außen und ausgesuchter Weißtanne innen. Der Boden: Esche, alles unbehandelt. In der Mitte reicht ein schwarzer Treppenturm, ein „Haus im Haus", vom Keller bis in einen kleinen Ausguck übers Dach. Bemalbar auch, mit Tafelkreide, mit Nischen und Wollfilz ausgeschlagen und Sonnenlicht von oben her. Nichts ohne Nutzen, alles fein gemacht. So leben drei Gruppen Kinder-garten, zwei für die Kleinkindbetreuung dort maßgeschneidert ihr pädagogisch ambitioniertes Programm. *rf*

The Kinderhaus is nestled comfortably within the village center. A compact timber construction: a cube with rough spruce on the exterior and choice silver fir within. The floor is ash, fully untreated. In the middle, one finds a black stairwell, a "house within a house" that extends from the basement to a small lookout above the roof. Lined with niches and wool felt and bright with sunlight from above, the stairwell invites children to draw on it with chalk. Nothing without a purpose, and everything completed with finesse. A carefully tailored initiation into academic life for the three classes of kinder-garten children and two groups of nursery school toddlers. *rf*

Architektur Architecture HEIN architekten, Matthias Hein, www.hein-arch.at
Projektsteuerung, Ausschreibung, Örtliche Bauaufsicht Site supervision, tendering, project control Baukultur GmbH
Mitarbeit Assistance Bernd Rommel (HEIN architekten – Projekt-leitung Architektur Project management Architecture), Markus Moosbrugger (Baukultur GmbH – Örtliche Bauaufsicht Site supervision)
Bauherrschaft Client Gemeinde Kennelbach, www.kennelbach.at
Tragwerksplanung Structural engineering Mader | Flatz | Schett ZT GmbH und and merz kley partner GmbH
Planungs- und Bauzeit Duration of design and construction 2017–2019
Nutzfläche Floor area 680 m^2
Adresse Address Bregenzer Straße 8, 6921 Kennelbach, Vorarlberg

Holzbaupreis Vorarlberg 2021

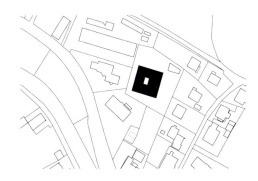

Kinderhaus Sulz
Sulz, Vorarlberg

Inmitten von Kirche und Pfarrhaus, Volksschule, Musikpavillon und einem weiteren Kindergarten leistet das Kinderhaus eine stark ortsbildende und öffentliche Identität. An die sechs Meter hohe Hangkante gesetzt, vereint es Dorfmitte mit Pfarrhügel. Es verbindet den neuen Kindergarten in den zwei oberen Geschoßen mit darunterliegenden kommunalen Räumen, wie – einem Mehrzwecksaal und einem Speisesaal für Schule und Kindergärten. Die tanzenden Fenster, Durchblicke innen oder eine Rutsche nebst der Treppe halten eine angenehme Balance mit der Würde des Ortes und der stringenten Materialisierung aus Klinker, Kernesche und Sichtbeton. *rf*

The Kinderhaus—situated between the church and vicarage, elementary school, music pavilion, and another kindergarten—creates a strong local and public identity. Set on a slope that is six meters high, the construction unites the village center and the parish hill. The new kindergarten on the two upper floors connects with the communal spaces below, which include a multipurpose hall and a cafeteria for the school and both kindergartens. Dancing windows, views across rooms, and a slide next to the stairs pleasantly counterbalance the dignity of the site and the material brusqueness of the clinker, ashwood, and exposed concrete. *rf*

Architektur Architecture ARGE Mörschel & Specht; JUNIWIND Architektur, Christian Mörschel, www.juniwind.com, Architekt Jochen Specht, www.jochenspecht.com
Bauherrschaft Client Gemeinde Sulz, www.gemeinde-sulz.at
Tragwerksplanung Structural engineering SSD Beratende Ingenieure ZT GmbH
Landschaftsarchitektur Landscape architecture Marianne Schrötter-Raid
Örtliche Bauaufsicht Site supervision Querformat (Gerald Amann, Paul Steurer, Stefan Kopecny)
Planungs- und Bauzeit Duration of design and construction 2016–2019
Nutzfläche Floor area 1.348 m^2
Adresse Address Sigmund-Nachbaur-Straße 12, 6832 Sulz, Vorarlberg

BIGSEE Architecture Award 2021

Dörflicher Zusammenhalt
Village Cohesion

Lernlandschaft
Learning Landscape

Volksschule Bütze
Wolfurt, Vorarlberg

Für gewöhnlich reißt man alles ab. Nicht hier. Was als zwei mehr-
geschoßige Gebäude auftritt, ist vielmehr eine stoische Hülle für
ein ambitioniertes Raumkonzept aus Bestand und Ergänzung.
Ein dreigeschoßiger Schulbau aus den 1960er-Jahren und ein
Kellergeschoß mit Turnsaal gaben den Ausgangspunkt. Daraus
entstand ein Klassengeschoß mit Lernlandschaft in rund vier
Metern Höhe, das sich über beide Gebäude erstreckt. Darüber
und darunter verzahnen sich Räume für Pädagog*innen, Turnsaal,
Kindergarten und Schüler*innenbetreuung zu einem Raumge-
füge. Atrien, Fenster nach innen und außen sorgen für Licht und
Sichtkontakt. *rf*

Too often, everything gets torn down—but not this time. What
appears to be two multistory buildings is actually an imposing shell
for an ambitious spatial concept combining an expansion and
existing buildings. A three-story school building from the 1960s and
a basement with a gym were the starting point. This led to a classroom story with a learning landscape that stretches through both
buildings at a height of around four meters. Above and below this,
rooms for teachers, a gymnasium, a day-care center, and student
assistance spaces interlock to form a spatial fabric. Atriums and
windows inside and out provide light and visual connection. *rf*

Architektur Architecture Schenker Salvi Weber Architekten
ZT GmbH, Michael Salvi, Andres Schenker, Thomas Weber,
www.schenkersalviweber.com
Mitarbeit Assistance Barbara Roller, Christian Rübenacker,
Tina Tobisch
Bauherrschaft Client Gemeinde Wolfurt, www.wolfurt.at
Tragwerksplanung Structural engineering Hämmerle-Huster Statik
ZT GmbH
Lichtplanung Lighting concept Designbüro Christian Ploderer
Landschaftsarchitektur Landscape architecture DnD Landschafts-
planung
Planungs- und Bauzeit Duration of design and construction
2015–2019
Nutzfläche Floor area 7.204 m^2
Adresse Address Montfortstraße 14, 6922 Wolfurt, Vorarlberg

best architects 21

Schulcampus Neustift im Stubaital
Neustift im Stubaital, Tirol

Der Schulcampus in Neustift im Stubaital kombiniert ein radikales Grundrisskonzept mit tollen Raumerfahrungen. Zwischen einem zweigeschoßigen Gebäude zur Straße hin und einem viergeschoßigen Turm für das Internat der Ski-Mittelschule am Fuße des Hügels sind eingeschoßige Pavillons in das abfallende Gelände eingebettet. Die Klassen sind in diesen clusterweise zu offenen Lern- und Außenräumen zusammengefasst. Eine Rampen- und Treppenanlage verbindet wie ein Rückgrat die einzelnen Gebäudeteile. Darüber liegt die Dachterrasse. Es ist eine Schule, bei der Funktion, Architektur und Landschaft ineinander verschmelzen. *ai*

The school campus in Neustift im Stubaital combines a radical floor plan concept with great spatial experiences. Single-story pavilions are nestled into the sloping terrain between a two-story structure facing the street and a four-story tower of the boarding school for middle-schoolers, creating the opportunity for skiing at the base of the hill. Within these clusters, classes are combined into open learning and outdoor spaces. A ramp and staircase system connects the individual parts of the building like a backbone, with a rooftop terrace above it. It is a school where function, architecture, and landscape merge into a whole. *ai*

Architektur Architecture fasch&fuchs.architekten ZT GmbH, Hemma Fasch, Jakob Fuchs, Fred Hofbauer, www.faschundfuchs.com
Mitarbeit Assistance Elisabeth Stoschitzky, Zsolt Magyarics (Projektleitung Project management), Didem Durakbasa, Eva Germann
Bauherrschaft Client Gemeinde Neustift, www.neustift.tirol.gv.at; Amt der Tiroler Landesregierung, www.tirol.gv.at/bauen-wohnen/hochbau
Tragwerksplanung Structural engineering werkraum ingenieure zt gmbh
Farbkonzept Color concept Hanna Schimek und and Gustav Deutsch
Planungs- und Bauzeit Duration of design and construction 2016–2019
Nutzfläche Floor area 8.805 m²
Adresse Address Stubaitalstraße 8, Habichtsgasse 1, 6167 Neustift im Stubaital, Tirol

Auszeichnung des Landes Tirol für neues Bauen 2020
AIT-Award 2020
Shortlist Mies van der Rohe Award 2021

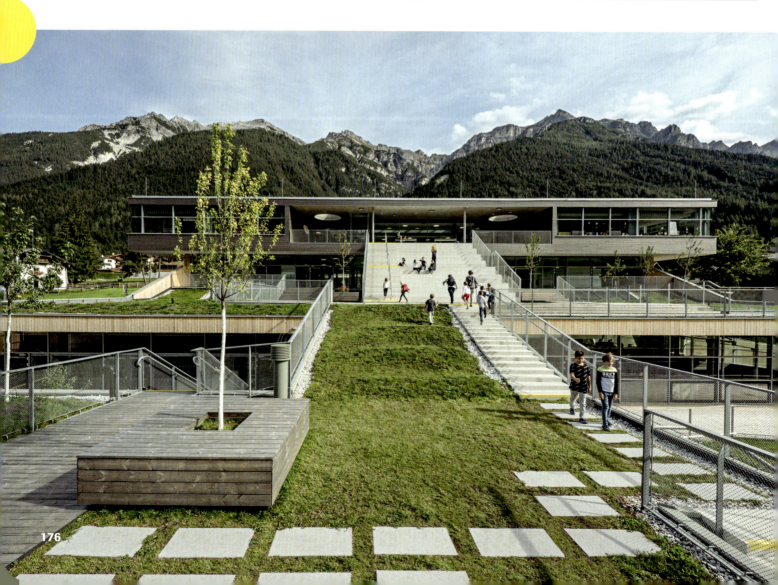

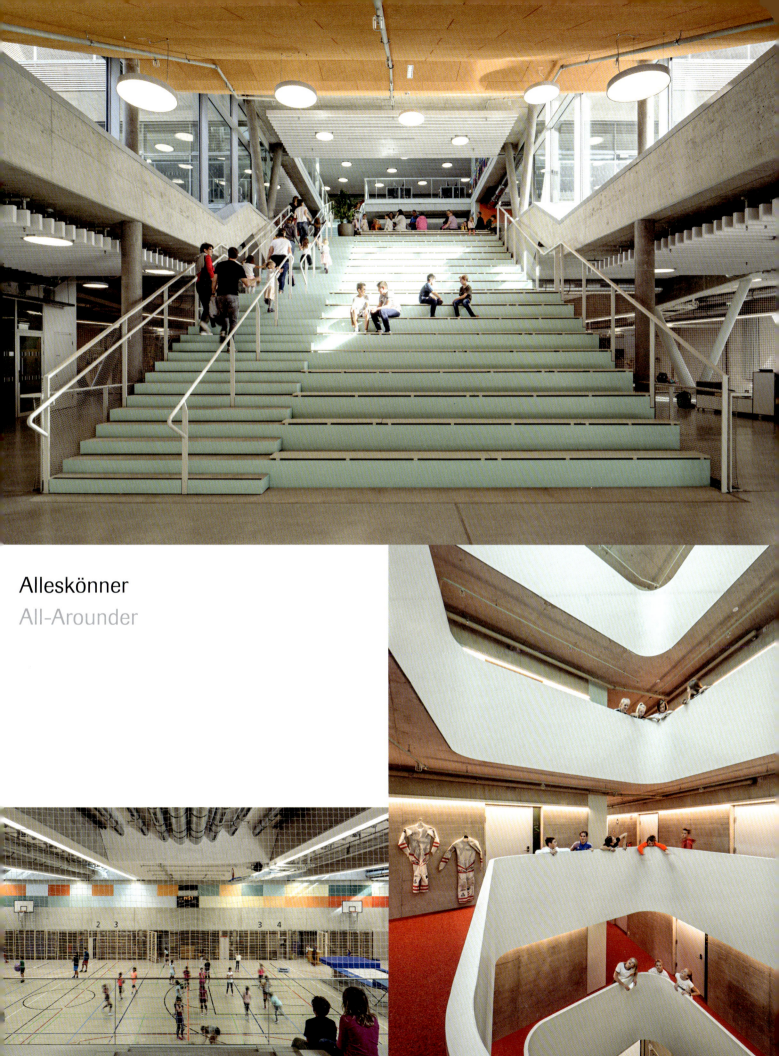

Alleskönner

All-Arounder

AKTEUR*INNEN
ACTORS

Architekturbeirat Velden

Velden am Wörthersee ist einer der bekanntesten und beliebtesten Fremdenverkehrsorte Österreichs. Die Gründe sind vielfältig, wobei insbesondere die spezielle Lage am See, die Schönheit der Landschaft und die historische Bebauung mit den typischen Wörthersee-villen hervorzuheben sind. Der hohe Grad an Beliebtheit hat aber auch seine Schattenseiten. Die Immobilienpreise gehen durch die Decke, die Investoren rangeln um die besten Plätze, (...) der klassische Tourismus wird durch zu viele Zweitwohnsitze verdrängt. (...) Ein absoluter Meilenstein in Sachen Baukultur wurde durch die politischen Entscheidungsträger (...) mit der Installierung eines international besetzten Architekturbeirats gesetzt. (...) Die große Qualität des Architekturbeirats besteht im moderierten Prozess zur begleitenden Projektentwicklung, wobei insbesondere Fragen der Einfügung in den Orts- und Landschaftsraum, der Maßstäblichkeit sowie der Materialität im Kontext mit seeaffinem Bauen behandelt werden. (...) Ich wünsche (...), dass weitere Kärntner Gemeinden dem ausgezeichneten Beispiel der Marktgemeinde Velden folgen.
Auszug aus der Würdigung von Hartwig Wetschko

Velden am Wörthersee is one of the most well-known and popular tourist resorts in Austria. The reasons for this are varied and include its unique lakeside location, the beautiful landscape, and

the historic building fabric of typical Wörthersee villas. However, this great popularity also has downsides. Real estate prices are through the roof, investors are wrestling to snap up the best places, (...) and traditional tourism is being pushed aside by the rise in second homes. (...) A tremendous milestone in building culture was set by the political decision-makers (...) when they installed an internationally staffed architectural advisory board. (...) The greatest quality of the architecture advisory board is its moderated process to accompany project development, with a particular focus on matters regarding integration into local spaces and the landscape, scale, and lake-focused materials. (...) I hope (...) that more Carinthian municipalities will follow the excellent example set by the market community of Velden.
Excerpt from the award speech by Hartwig Wetschko

Bereits Anfang der 1980er-Jahre wurde in Velden eine kostenlose Bauberatung durch Architekt*innen eingerichtet. 2008 folgte der weitgehend überregional besetzte Architekturbeirat. Seine Aufgabe ist – in Abstimmung mit der Baubehörde – die Begutachtung eingereichter Projekte in einem sehr frühen Planungsstadium hinsichtlich der Kriterien Inhalt, Haltung, Dimension und Materialität. Seine Entscheidungen sind für die Gemeindepolitik in Velden bindend. Durch den Beirat sollen Fehlentwicklungen weitgehend vermieden sowie Zeit und Kosten für Bauwerber*innen und Projektant*innen eingespart werden. Dabei liefert der Architekturbeirat keine Patentrezepte, sondern formuliert grundsätzliche Anregungen und Kriterien, die in die Entwürfe einfließen sollen.
Von 2008 bis 2020 gehörten dem Beirat unter Vorsitz von Karl Heinz Winkler Werner Seidl und Gernot Kulterer an. Seit 2020 führt Alfred Bramberger den Vorsitz, weiters sind Werner Seidl sowie Stefanie Murero-Bresciano vertreten, Gerhard Kopeinig ist kooptiertes Mitglied.

As early as the 1980s, an office was set up in Velden to provide free architectural consultations. In 2008, this was followed by the architectural advisory board, made up mainly of people from other regions. Its task is—in coordination with the building authority—to assess projects submitted at a very early stage of planning for their content, approach, dimensions, and materiality. The municipality of Velden is bound to the board's decisions. The advisory board is intended to prevent undesirable developments and save time and expense for building contractors and project planners. The architectural advisory board does not provide ready-made formulas, but instead makes fundamental suggestions and highlights criteria that should be incorporated into the designs.
Werner Seidl and Gernot Kulterer were members of the advisory board, chaired by Karl Heinz Winkler, from 2008 to 2020. Alfred Bramberger has chaired since 2020, Werner Seidl and Stefanie Murero-Bresciano are also on the board, and Gerhard Kopeinig is a co-opted member.

Kulturpreis des Landes Kärnten / Würdigungspreis für Architektur und Verdienste um die Baukultur 2021

Auböck + Kárász Landscape Architects
Maria Auböck, János Kárász

them to an early awareness of the tremendous importance of green space for the city and its residents—at the time, a pioneering concept. They founded Auböck + Kárász Landschaftsarchitektur in 1987 and have been working ever since with tireless commitment and consistently high performance on a wide variety of tasks. The spectrum of their work ranges from small private gardens to large-scale international projects. (...) They also have an outstanding talent for handling existing spaces. Auböck and Kárász have carefully restored historic gardens (...), in addition to designing the open spaces of several social housing complexes in Vienna. Their landscape architecture shapes the city, and their knowledge and broad humanistic teaching style have created lasting standards in education. The jury's choice underscores the importance of landscape architecture, which has been steadily increasing in response to climate change and the cooling effect that green spaces can offer. The pandemic, too, has served as a reminder of the importance of public open spaces.
Excerpt from the jury statement

Maria Auböck, *Wien
Architektin mit Spezialisierung auf Landschaftsarchitektur Architect specialized in landscape architecture; Professorin professor Akademie der Bildenden Künste München / Institut für Freiraumgestaltung. Gastprofessuren Visiting professor Akademie der bildenden Künste Wien, TU Wien, TU München und and Milano.
Mitglied in mehreren Beiräten für Stadtgestaltung, Stadtplanung und Kunst im öffentlichen Raum Member of several advisory councils for urban design, city planning, and art in public space (u. a. Berlin, Wien, München, Salzburg)

János Kárász, *Ungarn
Architekt und Sozialwissenschaftler, spezialisiert auf Landschaftsarchitektur Architect and sociologist, specialized in landscape architecture; Gastprofessuren an Universitäten in Visiting professor at universities in Wien, München, Budapest, Moskau, Rom, Milano – Lehrtätigkeit für Planungssoziologie, Stadtplanung und Landschaftsarchitektur teaches planning sociology, urban planning, and landscape architecture UNESCO-Beratungen in Europa und Afrika UNESCO advisor in Europe and Africa

Maria Auböck und János Kárász sind beide ausgebildete Architekt*innen. Ihr vertieftes Interesse für städtebauliche Fragen und den öffentlichen Raum ließ sie früh die immense Bedeutung des Grünraums für die Stadt und ihre Bewohner*innen erkennen. Damals Pionierarbeit. 1987 gründeten sie ihr Atelier Auböck + Kárász Landschaftsarchitektur. Seither bearbeiten sie kontinuierlich mit unermüdlichem Einsatz und gleichbleibend hoher Qualität unterschiedlichste Aufgaben. Das Spektrum ihrer Arbeiten reicht vom kleinen Privatgarten bis hin zu großräumigen internationalen Projekten. (...) Auch ihr Umgang mit Bestand ist herausragend. Umsichtig restaurierten Auböck und Kárász historische Gärten (...), außerdem gestalteten sie die Freiräume vieler sozialer Wohnbauten in Wien. Die Landschaftsarchitektur von Auböck und Kárász prägt die Stadt, mit ihrem Wissen und ihrer breiten humanistischen Bildung setzen sie auch in der Lehre bleibende Maßstäbe. Die Jury unterstreicht mit ihrer Wahl die Bedeutung der Landschaftsarchitektur, die in Zeiten des Klimawandels als möglicher Kühlfaktor noch steigt. Auch die Pandemie hat die Wichtigkeit des öffentlichen Freiraums stark verdeutlicht.
Auszug aus der Würdigung der Jury
Maria Auböck and János Kárász are both trained architects. Their profound interest in urban planning issues and public space led

Gemeinsames Atelier für Landschaftsarchitektur in Wien seit Shared studio for landscape architecture in Vienna since 1987; Forschungsprojekte zu Landschaftsarchitektur und Stadtplanung; Revitalisierungen von historischen Gärten Research projects on landscape architecture and urban planning; revitalization of historic gardens; Konzeption und Gestaltung von Ausstellungen zu den Themen Landschaft und Natur, Kulturgeschichte, Stadtkultur und Stadtanthropologie Concept and design of exhibitions on landscape and nature, cultural history, urban culture, and urban anthropology.

www.auboeck-karasz.at

Ausgewählte Projekte Selected projects
Furtwängler Garten, Salzburg; Erinnerungsort Turner Tempel, Wien; ERSTE Campus, Wien; Promenade / Flussufer / Senior*innenheim, Innsbruck; Îles Flottantes, Wohnhausanlage „In der Wiesen Süd", Wien; Central Park, Baku / Aserbaidschan

Preis der Stadt Wien für Architektur 2021

Günther Feuerstein
*1925 Wien; † 2021 Wien

Günther was and will remain the best teacher—and not just for my generation. Back in the day, still an assistant of Karl Schwanzer (and always in a white coat), he would, in an almost American way, gather those he considered to be the most talented students around him for what he called the "Club Seminar." In conversations that went far beyond the technical lectures of the time, he would explain how architecture is more than just a 7.5-meter grid. I will never forget the personal conversations—called "corrections" at the time—in his assistant office. (...) The fact that Lecture Hall 14a has now been named Günther Feuerstein Hall is an acknowledgment—albeit late—of his cosmopolitan teaching style. (...) His feedback on the presented projects was always personal, always emotional, and never unfair. The fact that he was not accorded public esteem as a teacher, architect, planner, and critic until late has finally changed. He is now celebrated, and rightly so.
Excerpt from the award speech by Wolf D. Prix

Architekturstudium Architecture studies TU Wien; Diplom Graduated 1951; Mitarbeiter im Worked at Atelier Karl Schwanzer 1958–1962; Chefassistent an der Chief Assistent at TU Wien bei for Karl Schwanzer, Institut für Gebäudelehre und Entwerfen 1961–1968; Dissertation zum Thema „Archetypen des Bauens" Dissertation on "Archetypes of Building" 1965–1968; Redakteur der Zeitschrift „BAU", gemeinsam mit Editor of BAU magazine, together with Hans Hollein, Gustav Peichl, Sokratis Dimitriou, Walter Pichler 1965–1967; Außeruniversitäre Abende Non-academic evenings „O.O. – Open Office" 1970–1982; Herausgeber der Zeitschrift publisher of the magazine „Transparent" 1970–1989; Professor für Umraumgestaltung an der Professor of Environmental Design at the Universität für künstlerische und industrielle Gestaltung Linz 1973–1996; Mitherausgeber der Zeitschrift Co-publisher of the magazine „Daidalos" 1987–1994; Tätigkeit Position at an der Universität Innsbruck 2008–2019; eigenes Architekturbüro Own firm 1962–2000

Ausgewählte Projekte Selected projects
Hof 91: Haus F, Zell am Moos 1958; Wohnsiedlung Fliegerhorst Vogler, Hörsching bei Linz 1966–1977; Wohn- und Geschäftshaus, 1120 Wien 1967; Österreichisches Kulturinstitut, Zagreb 1971; Gruppe S.P.A.S.S. – Spielaktionen und Soziales Service 1979–1985; Integrative Wohngruppe Hirschstetten (mit with Rob Krier und and Monika Stein), Wien 1985–1987; Revitalisierung Augarten (mit with Edgar Göth), Wien 1988–1995; Sanierung und Revitalisierung Haus Favoriten (mit with Christiane Feuerstein), Wien 1994–1996

Ausgewählte Ausstellungen Selected exhibitions
„Visionäre Architektur in Wien 1958–1988", Wien, Linz, Graz 1988; „Visionary Architecture in Austria" Biennale di Venezia (mit with Christiane Feuerstein) 1996; Wanderausstellung Visionäre Architektur "Visionary Architecture" travelling exhibition (mit with Christiane Feuerstein) 1997–2000

Zahlreiche städtebauliche Studien und Gutachten, zahlreiche Artikel in Zeitschriften, Radio- und Fernsehbeiträge. Numerous urban development studies and assessments, numerous published articles and appearances on radio and television shows.

Hans-Hollein-Kunstpreis für Architektur 2021

Ich habe mich sehr gefreut, als ich erfahren habe, dass Günther Feuerstein den Hans-Hollein-Kunstpreis für Architektur erhält. (...) Denn Günther war und ist der beste Lehrer – nicht nur für meine Generation. Damals noch Assistent bei Schwanzer (und immer im weißen Mantel) war er es, der fast im amerikanischen Stil die seiner Meinung nach begabtesten Studenten um sich versammelte im sogenannten „Club Seminar". Und in Gesprächen, die weit über die technisierte Vorlesung von damals hinausgingen, erläuterte, dass Architektur mehr ist als der 7,50-Meter-Raster. Ich werde die persönlichen Gespräche – damals noch Korrektur genannt – in seinem Assistentenzimmer nicht vergessen. (...) Dass jetzt der Hörsaal 14a „Günther Feuerstein Saal" benannt wurde, ist – wenn auch spät – eine Anerkennung seiner weltoffenen Lehre. (...) Immer persönlich, immer emotional, doch nie unfair waren seine Bemerkungen zu den gezeigten Projekten. Dass er sehr spät die öffentliche Wertschätzung als Lehrer, Architekt, als Planer und Kritiker erfahren konnte, das hat sich jetzt geändert. Er wird gefeiert, und das zu Recht.
Auszug aus der Laudatio von Wolf D. Prix
I was very happy when I heard that Günther Feuerstein was being awarded the Hans Hollein Art Prize for Architecture (...) because

bumps up against social and political premises, Franz&Sue pursue their beliefs without compromise. (...) Their building, the Stadtelefant, creates the framework for their philosophy and is a place where people can exchange ideas through intense debate or in relaxed groups. (...) Projects are attained through competitions. The more diverse the task, the more excited (...) There is no Franz&Sue style of architecture (...) but rather an architectural approach that is woven into the design of the building. (...) This architecture office has a large team and an extensive network that stands for profoundly modern and sustainable architecture.
Excerpt from the award speech by Andi Breuss

Christian Ambos, *1974 Linz, Oberösterreich, Architekturstudium Architecture studies TU Wien, McGill University Montréal, TU Delft 1993–2001; Gründung Founded Sue Architekten 2006; Lehrauftrag Visiting studio VUT Brno 2017; Gründungspartner Founding partner Franz&Sue 2017

Michael Anhammer, *1974 Wien, Architekturstudium Architecture studies TU Wien 1993–2001; Gründung Founded Sue Architekten 2006; Vorsitzender Chair IG Architektur 2008–2012; Tätigkeit Worked at Kammer der ZiviltechnikerInnen 2013–2018; Gründungspartner Founding partner Franz&Sue 2017

Robert Diem, *1976 Hollabrunn, Niederösterreich, Architekturstudium Architecture studies TU Wien, Manchester Metropolitan University 1996–2003; Gründung Founded Franz Architekten 2009; Vorstandsmitglied Member of the board ORTE Architekturnetzwerk Niederösterreich 2009–2014; Gründungspartner Founding partner Franz&Sue 2017

Björn Haunschmid-Wakolbinger, *1983, Linz, Oberösterreich Architekturstudium Architecture studies TU Wien, Universidad Politécnica de Madrid, 2003–2010; Partner Partner Franz&Sue 2022

Harald Höller, *1973 Wiener Neustadt, Niederösterreich, Architekturstudium Architecture studies TU Wien, Universidad Politécnica de Madrid 1993–2001; Gründung Founded Sue Architekten 2006, Vorstandsmitglied Member of the board ORTE Architekturnetzwerk Niederösterreich 2011–2015; Gründungspartner Founding partner Franz&Sue 2017

Erwin Stättner, *1973, Wien, Architekturstudium Architecture studies TU Wien, University of California, Berkeley 1992–1999; Gründung Founded Franz Architekten 2009; Tätigkeit Worked at Kammer der ZiviltechnikerInnen 2014–2016; Gründungspartner Founding partner Franz&Sue 2017

Corinna Toell, *1974, Northeim, Niedersachsen, Deutschland Architekturstudium Architecture studies TU Braunschweig, Escuela Técnica Superior de Arquitectura Sevilla 1993–2001; Partnerin Partner Franz&Sue 2022

www.franzundsue.at

Ausgewählte Projekte Selected projects
Sammlungs-und Forschungszentrum der Tiroler Landesmuseen, Hall 2017; Justizgebäude Salzburg 2018; Wohnbebauung Nordbahnhof, Wien 2018; Stadtelefant Sonnwendviertel, Wien 2018; Volksschule Angedair, Landeck 2019; Volksschule & Neue Mittelschule Eichgraben 2019; Volksschule & Neue Mittelschule Leoben 2019; Carrée Atzgersdorf (mit with GOYA, Illiz und and EGKK), Wien 2021; Sunstone Building Institute of Science and Technology Austria (ISTA) (mit with Maurer&Partner), Klosterneuburg 2021; Kindergarten Immendorf 2021

Kulturpreis des Landes Niederösterreich / Würdigungspreis für Architektur 2020

Franz&Sue
Christian Ambos, Michael Anhammer, Robert Diem, Björn Haunschmid-Wakolbinger, Harald Höller, Erwin Stättner, Corinna Toell

Franz&Sue. Zwei erfolgreiche Büros beschließen 2017, sich zu vereinigen, um die steigenden Herausforderungen in der Architektur noch besser meistern zu können. Doch damit nicht genug: Sie entscheiden, auch gleich noch ein Gebäude für sich zu bauen, wo auch andere Büros Platz finden. Architektur als Prozess zu begreifen, der sich an gesellschaftlichen und politischen Prämissen reibt, ist ein Anspruch, den Franz und Sue kompromisslos verfolgen. (...) Dafür haben sie mit ihrem Stadtelefanten einen Rahmen geschaffen, wo man sich in intensiven Debatten oder in lockeren Runden austauschen kann. (...) Projekte werden über Wettbewerbe lukriert. Je vielfältiger die Aufgaben, desto spannender (...) Es gibt nicht einen Franz-und-Sue-Architekturstil (...), sondern eine architektonische Haltung, die in die Gestaltung des Gebäudes verwoben wird. (...) Dieses Architekturbüro mit seinem großen Team und seinem ausgeprägten Netzwerk steht für eine zutiefst zeitgemäße und zukunftsfähige Architektur.
Auszug aus der Würdigung von Andi Breuss

Franz&Sue. In 2017, two successful firms merged to better master the increasing challenges of architecture. They also decided to construct a building for themselves, one which other offices can also call home. Understanding that architecture is a process that

Theaster Gates
*1973

Theaster Gates's Rebuild Foundation melds cultural history and community building by literally transforming ruins into something new. He creates materials, spaces, and activities with a holistic sensitivity for both the big picture and the smallest details. (...) He correlates art, architecture, and selfless entrepreneurial spirit—and above all he is someone who recognizes problems in the world, takes on challenges, and effects social and urban change. In awarding Gates, the jury honors a conceptual artist who operates outside the established system of architecture and art and who has found agency through his highly unusual and idiosyncratic methods. His artistic approach is characterized by transdisciplinarity, respect, inclusion, and participation. The most important goal of his work is social change, the transformation of spaces, and empowerment. By endowing his work with impressive aesthetic values and a social agenda, he gives contemporary architecture a meaningful role to play.
Excerpt from the jury statement

www.theastergates.com

Theaster Gates lebt und arbeitet in Chicago. Er studierte Stadtplanung, Keramik, bildende Kunst und Religionswissenschaften. Theaster Gates' Praxis ist auch von seinem Aufenthalt in Kapstadt, Südafrika, geprägt sowie von seinem Studium der Töpferkunst und Keramik in Tokoname, Japan. Gates ist Gründer und Direktor der Rebuild Foundation, einer Non-Profit-Organisation in Chicago. Er ist Professor für bildende Kunst an der University of Chicago, wo er auch als Chefberater für kulturelle Innovation und als Berater des Dekans an der Harris School of Public Policy tätig ist. Seine Arbeiten wurden in zahlreichen renommierten internationalen Museen, Galerien und wichtigen Ausstellungen gezeigt und mit internationalen Preisen gewürdigt.

Theaster Gates lives and works in Chicago. He studied urban planning, ceramics, fine art, and religion. His artistic practice is influenced by his time in Cape Town, South Africa, as well as by his studies of pottery and ceramics in Tokoname, Japan. Gates is the founder and director of the Rebuild Foundation, a nonprofit organization in Chicago. He is professor of fine arts at the University of Chicago, where he is also Senior Advisor for Cultural Innovation and Advisor to the Dean of the Harris School of Public Policy. His works have been shown in numerous renowned international museums, galleries, and major exhibitions and been awarded multiple international prizes.

Österreichischer Friedrich Kiesler-Preis fur Architektur und Kunst 2021

Mit seiner Rebuild Foundation verschmilzt Gates Kulturgeschichte und Gemeinschaftsbildung, indem er im wahrsten Sinn des Wortes Ruinen in etwas Neues verwandelt. Er komponiert Materialien, Räume und Aktivitäten mit einer ganzheitlichen Sensibilität sowohl für das Große und Ganze als auch für das Detail. (...) Er korreliert Kunst, Architektur und uneigennützigen Unternehmergeist – vor allem aber ist er jemand, der ein Problem in der Welt erkennt, Herausforderungen annimmt und einen gesellschaftlichen sowie urbanen Wandel bewirkt.
Mit Theaster Gates würdigt die Jury einen Konzeptkünstler, der nicht innerhalb des etablierten Systems der Architektur und der Kunstwelt agiert, sondern durch eine sehr ungewöhnliche und eigenwillige Praxis zu Handlungsmacht gefunden hat. Sein künstlerischer Ansatz zeichnet sich durch Transdisziplinarität, Respekt, Inklusion und partizipative Prozesse aus. Die wichtigsten Ziele seiner Arbeit sind sozialer Wandel, räumliche Transformation und Ermächtigung. Indem er seine Arbeit sowohl mit einem beeindruckenden ästhetischen Wert als auch mit einer sozialen Agenda ausstattet, hat er für die heutige Architektur eine sinnstiftende Rolle gefunden.
Auszug aus der Begründung der Jury

gaupenraub +/–
Alexander Hagner, Ulrike Schartner

Die sozialgesellschaftliche Verantwortung von Architektur nehmen gaupenraub+/– radikal wahr und damit eine zukunftsweisende Haltung ein, die sie auch in der Lehre weitergeben. „Behausung schaffen" ist die urspünglichste Aufgabe von Architektur. gaupenraub+/– erfüllen sie kontinuierlich und konsequent mit Sinn. Behutsam umhaust das nestartige Dach ihres Eiermuseums in Winden am See fast 4.000 fragile Exponate. Mit derselben ernsthaften Aufmerksamkeit realisieren sie Behausungen für die obdachlose Klientel der VinziRast. Von der Notschlafstelle bis zum VinziDorf beweisen sie, dass Architekturqualität auch mit geringsten materiellen Mitteln gegen stärkste Widerstände zu erzielen ist. Ihre VinziRast mittendrin ist in vielerlei Hinsicht herausragend: ein integratives soziales Projekt in innerstädtischer Lage, vorbildlich saniert, gemischt genutzt mit einem Lokal ohne Konsumzwang, Wohngemeinschaften und Vortragssaal. Auch ihr aktuelles Projekt, die VinziRast am Land, wird das Spektrum der Architektur für Bedürftige innovativ erweitern.
Statement der Jury
gaupenraub+/– radically assume responsibility for the social aspects of architecture, adopting a forward-looking attitude that they pass on through their teaching. The most essential and

original task of architecture is to create housing, a task that gaupenraub+/– continuously and consistently fill with meaning. The nest-like roof of their egg museum in Winden am See shelters almost 4,000 fragile exhibit items. They devote the same serious attention to creating housing for the homeless clientele of VinziRast. From the VinziRast emergency shelter to the VinziDorf village, they prove that quality in architecture can be achieved with minimal material resources and in the face of strong resistance. Their VinziRast mittendrin project is outstanding in many respects: an integrative social project in a central location, wonderfully renovated to include the mixed use of a restaurant with no obligation to buy anything, shared apartments, and a lecture hall. Their current project, VinziRast am Land, will expand the spectrum of innovative architecture for those in need.
Jury statement

Alexander Hagner, *1963
Tischlerlehre, anschließend Architekturstudium Carpentry apprenticeship, then architecture studies at Universität für angewandte Kunst Wien, Meisterklassen Master classes with Prof. Johannes Spalt, Prof. Wolf D. Prix (Coop Himmelb(l)au); selbstständig seit own firm since 1997, Gründung Founded gaupenraub+/– gemeinsam mit with Ulrike Schartner 1999; Lehraufträge und Gastprofessuren Teaching positions and guest professorships TU Wien seit since 2000; Stiftungsprofessur für Soziales Bauen Endowed professorship for social building Fachhochschule Kärnten Spittal an der Drau seit since 2016; Lehrauftrag Teaching position Kunstuniversität Linz 2019–2020; zahlreiche Vorträge und Workshops Numerous lectures and workshops

Ulrike Schartner, *1966
Kolleg für Innenausbau und Möbelbau, anschließend Architekturstudium College for interior installation and furniture building, then architecture studies at Universität für angewandte Kunst Wien, Meisterklassen Master classes with Prof. Johannes Spalt, Prof. Wolf D. Prix (Coop Himmelb(l)au) und an der and at KTH/Stockholm, Partnerin in Partner in architecture firms Architekturbüros in Wien und and Stockholm 1995–2004; Gründung Founded gaupenraub+/– gemeinsam mit with Alexander Hagner 1999; Lehrtätigkeit Teaching position KTH Stockholm 2000; Gründung Founded omniplan AB mit with Pelle Norberg, Staffan Schartner 2005; Lehrauftrag Teaching position TU Graz 2017, TU Wien 2015, 2020–2022; zahlreiche Vorträge und Workshops Numerous lectures and workshops

gaupenraub+/– seit since 1999 in Wien

www.gaupenraub.net

Ausgewählte Projekte Selected projects
Klosterfrau Healthcare Wien 2010; Eiermuseum, Winden am See 2010; Würzlmühle, Kirchberg an der Wild 2010; Memobil Erinnerungs- und Kommunikationsmöbel für Menschen mit Demenz Memory and communication furniture for people with dementia 2012; VinziRast mittendrin Wien 2013; Think Tank Agenda Austria 2013+2015+2017; VinziDorf Wien 2018; VinziRast am Land seit since 2019

Preis der Stadt Wien für Architektur 2020

Josef Klingbacher
*1949 St. Paul im Lavanttal

development (...) and has led to our understanding of previously underappreciated anonymous structures as being essential elements in the identity of a town that must be maintained as part of our overall building culture. (...) Klingbacher sees the task of architects (in his words: "working in an architectural no-man's-land") as being not only in the unconditionally holistic implementation, (...) but he also sees architects as consultants, as solution-finders for local spatial needs. (...) Josef Klingbacher had two professions—as an architect and part-time farmer, he speaks the language of the rural population, which contributes to the foundation of trust he enjoys. The effects of Klingbacher's work are hardly visible at first glance and, in his opinion, also hardly possible to write about—his concept of architecture is one that must be felt and told. However: Showing off isn't now and never was unimportant to Klingbacher.
Excerpt from the award speech by Sonja Gasparin

Architekturstudium Architecture studies Akademie der bildenden Künste Wien, Meisterklasse Master class with Roland Rainer, Diplom Graduated 1978, Josef Frank Stipendiat Josef Frank scholarship, Architekt und Nebenerwerbsbauer Architect and part-time farmer

Ausgewählte Projekte Selected projects
Landesausstellung State exhibition „Schatzhaus Kärnten" (mit with Franz Lorenzi) Benediktinerstift St. Paul 1991; Altenheim Neuhaus 1995; Hauptschule St. Veit 1996; Landesausstellung State exhibition „Alles Jagd" Schloss Ferlach 1997; Tourismuszentrum St. Kanzian 1997; Revitalisierung und Ausbau Revitalization and expansion Stiftsgymnasium St. Paul 2001; Europaausstellung Benediktinerstift St. Paul 2009;
Zahlreiche kommunale Bauten, Wohnbauten, Ortsgestaltungen, Gastronomiebetriebe, Einkaufszentren, Revitalisierungen Numerous municipal buildings, residences, town planning, restaurants, shopping centers, and revitalizations

Kulturpreis des Landes Kärnten / Würdigungspreis für Architektur und Verdienste um die Baukultur 2020

Die intensive Auseinandersetzung mit dem Thema ländlicher Raum und mit verdichteten Siedlungsformen (...) war die Initialzündung für ein immer auch auf das ortsräumliche Entwickeln ausgerichtetes Arbeitsleben (...) und hat dazu geführt, wenig geschätzte anonyme Bauten als wesentliche Teile der Identität von Orten zu begreifen und (...) als Teile einer baukulturellen Gemeinschaft zu erhalten. (...) Klingbacher hat die Architektentätigkeit (seine Formulierung: „Arbeiten im architektonischen Niemandsland") (...) nicht nur in der unbedingten gesamtheitlichen Umsetzung (...) gesehen, sondern den Architekten auch als Berater, als Lösungshelfer für ortsräumliche Notwendigkeiten. (...) Dass Josef Klingbacher durch die Verquickung der beiden Professionen Architekt und Nebenerwerbsbauer die Sprache der bäuerlich geprägten Menschen am Land spricht, war und ist die Basis für das Vertrauen, das er genießt. Die Spuren, die Klingbacher so gezogen hat, sind kaum auf den ersten Blick sichtbar und nach seiner Auffassung auch kaum publizierbar – eine Architekturauffassung zum Spüren und zum Erzählen. Nur: Herzeigen war und ist Klingbacher wohl nicht wichtig.
Auszug aus der Laudation von Sonja Gasparin
His intensive work on rural areas and dense settlement forms (...) became the initial spark for a career geared towards village spatial

Ortner & Ortner Baukunst
Laurids Ortner, Manfred Ortner

of Ortner & Ortner accomplish this. Their brick or basalt façades, for example, have differentiated textures that are always specifically chosen to respond to each respective location."
Excerpt from the Art Senate statement
Laurids and the dream of flying: I've known Laurids since I was a student and I remember a school project. (...) It was an insect-like airport. (...) Airports / flying in any form. (...) He made an image of the city, named it Stadt L 42, and inserted a picture of himself flying through it with a jet-propulsion belt. And now, it's no surprise he named the pavilion [in the Vienna MuseumsQuartier] "The Dragonfly." Congratulations on receiving the Grand Austrian State Prize—we wish you all the best!
Excerpt from the award speech by Wolf D. Prix

Laurids Ortner, *1941 Linz
Architekturstudium Architectural studies TU Wien, **1967** Mitbegründer der Architekten- und Künstlergruppe Co-founder of the art and architecture group Haus-Rucker-Co in Wien. Professor Professor Universität für künstlerische und industrielle Gestaltung Linz **1976–1987**, Professor Professor Staatliche Kunstakademie Düsseldorf **1987–2011**

Manfred Ortner, *1943 Linz
Studium Malerei und Kunsterziehung Studied painting and art education Akademie der bildenden Künste Wien, Atelier Haus-Rucker-Co in in Düsseldorf mit with Günter Zamp Kelp, Laurids Ortner **1971–1987**, Professor Professor Architekturfakultät FH Potsdam **1994–2012**

O&O Baukunst
1987 Laurids und and Manfred Ortner gründen das gemeinsame Architekturbüro founded the shared architecture firm Ortner Architekten Düsseldorf, seit since **1990** Ortner & Ortner Baukunst Wien, seit since **1994** Berlin, seit since **2006** Köln
Seit Since **2011** O&O Baukunst mit den Partnern with partners Roland Duda, Christian Heuchel, Florian Matzker, Markus Penell; seit since **2011** O&O Depot Berlin

www.ortner-ortner.com

Ausgewählte Projekte Selected projects
Stadtteilzentrum Brüser Berg, Bonn **1987–1993**; MuseumsQuartier Wien **1990–2001**; Wien Mitte (mit with Neumann Steiner) **1990–2004**; Europäisches Design Depot, Klagenfurt **1992–1994**; Theater- und Kulturzentrum Schauspielhaus Zürich **1996–2000**; S.L.U.B. Sächsische Landesbibliothek, Staats- und Universitätsbibliothek Dresden **1996–2001**; Landesarchiv NRW, Duisburg **2004–2014**; Hochschule für Schauspielkunst Ernst Busch, Berlin **2014–2018**; Libelle MuseumsQuartier Wien **2007–2020**; Daimler Offices Vaihingen Stuttgart **2018–2020**; Daimler Trucks Campus Leinfelden - Echterdingen **2017–2021**; Campus Wüstenrot & Württembergische AG Ludwigsburg **2014–2023**; Urbane Mitte Am Gleisdreieck Berlin **2016–2025**; Alexander Tower Berlin **2016–2025**; Parkstadt Süd Köln **2015–2030**
Zahlreiche Ausstellungen, Publikationen und Preise Numerous exhibitions, publications, and awards

Großer Österreichischer Staatspreis 2020

Ortner und Ortner Baukunst steht für eine Architektur, die ohne Anbiederung mit der Stadt mit der historischen Substanz kommuniziert und auf ideologische Einschreibungen und Umbruchsituationen reagiert. Ortner & Ortner vollziehen das mit zeichenhaften Bauten, großen kompakten Monolithen. Die Fassaden aus z. B. Ziegel, Backstein oder Basalt und deren differenzierte Texturen sind ebenso immer neu gewählte Antworten auf den jeweiligen Ort.
Auszug aus der Begründung des Kunstsenats
Laurids und der Traum vom Fliegen: Ich kenne Laurids schon aus meiner Studentenzeit und ich erinnere mich an ein Studienprojekt. (...) Es war ein insektenhafter Flughafen. (...) Flughafen / Fliegen – in welcher Form auch immer. (...) In seiner Stadtvision, die er Stadt L 42 nannte, montierte er sich mit umgeschnalltem Rocket-Belt fliegend. Kein Wunder, dass er jetzt den Pavillon [im MuseumsQuartier Wien] Libelle nennt. Herzliche Gratulation zum Großen Österreichischen Staatspreis und alles Gute!
Auszug aus der Laudation von Wolf D. Prix
Ortner & Ortner Baukunst stands for architecture that communicates with the historical substance of a city without pandering to it, reacting instead to ideological inscriptions and situations of change. The emblematic buildings, the large compact monoliths,

POINTNER POINTNER ARCHITEKTEN
Herbert Pointner, Helmut Pointner

„Pointner + Pointner, Freistadt + Wien, seit 20 + 2 Jahren": So lautet die Kopfzeile der Karte, die Helmut und Herbert Pointner zur Neugestaltung der Homepage ihres Büros (...) aufgelegt haben. So knapp diese Zeile auch formuliert sein mag, so aussagekräftig ist sie: Zwei Brüder sind aus Freistadt zum Studium nach Wien gegangen. Sie haben in Wien Fuß gefasst und sind Oberösterreich dennoch verbunden geblieben. Dort wie da erschaffen sie seit zweiundzwanzig Jahren Architektur auf höchstem Qualitätsniveau. (...) Die Baubranche ist kein Ponyhof. Fleiß und Durchhaltevermögen sind unverzichtbare Bestandteile eines Architektenlebens und doch noch lange keine Garantie für das Entstehen guter Architektur. Dazu bedarf es des Wissens, des Könnens, der Sensibilität und des Mutes, zur richtigen Zeit am richtigen Ort eine richtige Entscheidung zu treffen. (...) Architektur ist für Helmut und Herbert Pointner keine bloße Erfüllung unreflektierter Kundenwünsche, sie steht nie für sich allein. Das Engagement für übergeordnete Anliegen, wie eine zukunftsfähige Raumordnung, nachhaltigen Städtebau oder ressourcenschonendes Bauen ist stets Teil der Entwurfs- und wohl auch der Überzeugungsarbeit, die sie leisten.
Auszug aus der Würdigung von Romana Ring

"Pointner + Pointner, Freistadt + Vienna, for 20 + 2 years": This is the header of the card that Helmut and Herbert Pointner used to redesign their company's website. (...) The wording is as meaningful as it is succinct: Two brothers came to Vienna from Freistadt to study, becoming rooted in Vienna while still remaining connected to Upper Austria. They have been creating architecture at the highest level in both places for 22 years. (...) The construction industry is no bed of roses. Diligence and perseverance are indispensable components of every architect's life but by no means guarantee the creation of good architecture; this requires the knowledge, ability, sensitivity, and courage to make the right decision at the right time and in the right place. (...) For Helmut and Herbert Pointner, architecture is not just the unquestioning fulfillment of client wishes, and it never stands on its own. A commitment to overarching concerns such as future-oriented regional planning, sustainable urban development, and resource-wise construction is always central to their designs and to the work they do in collaborating.
Excerpt from the award speech by Romana Ring

Herbert Pointner, *1966 Freistadt, Oberösterreich
Architekturstudium Architecture studies TU Wien 1984–1992;
Mitarbeit in Architekturbüros in Worked for architecture firms in Wien + Linz; eigenes Architekturbüro own architecture firm in Freistadt seit since 1996

Helmut Pointner, *1967 Freistadt, Oberösterreich
Architekturstudium Architecture studies TU Wien 1985–1993;
Mitarbeit in Architekturbüros in Worked for architecture firms in Wien + Linz; eigenes Architekturbüro own architecture firm in Wien seit since 1998

pointner + pointner Architekten Freistadt + Wien seit since 1998

www.pointnerpointner.com

Ausgewählte Projekte Selected projects
Aufbahrungshalle Freistadt (mit with Arch. Ullmann) 1998; Bundesgymnasium Freistadt (mit with Arch. Ullmann) 1999; Wohnen am Mühlwasser Wien 2002; Kulturzentrum Salzhof Freistadt 2003; Seelsorgezentrum Solar City Linz 2004; Hauptplatz Freistadt 2005; Feuerwehr Wartberg ob der Aist 2005; Betreutes Wohnen Kefermarkt 2006; Burgenmuseum Reichenstein (mit with Arch. Hackl, Haderer) 2006; Wohnanlage Mödling 2006; Naturschwimmbad Suben 2006; Sparkasse Freistadt 2006; Musikheim Reichenau 2007; Musikmittelschule Freistadt 2007; Seehaus Sattendorf 2009; Jugend- und Pfarrheim Großebersdorf 2011; Autohaus Rotschne Freistadt 2012; Haus für Senior*innen Bad Zell 2013; Pfarrkirche Essling 2013; Raiffeisenkompetenzzentrum Freistadt 2014; Pfarrhof Freistadt 2016; Stadthaus Eisengasse Freistadt 2017; Naturschwimmbad Pyhra 2019

Kulturpreis des Landes Oberösterreich 2020

Elsa Prochazka's architectural achievements were episodes in the broader fabric of our diverse urban environment, authentic and structured enough to be admired as autonomous entities, elevating their physical and cultural context, questioning our everyday life, diverting our perceptions of reality, and forcing us to look at our hypotheses and preconceived notions through new eyes. Even then, I felt that Elsa Prochazka's works could be understood on several levels at the same time, as if bridging the idea of architecture as a purely intellectual construct and the scattered perception of it in our everyday urban landscapes. This outcome seemed to be the result of an empirical process based on intuition rather than general ideology—a process in which the work finds itself through the creation process, its rules revealing themselves only at the end, "retroactively," so to speak. The deeper meaning of Elsa Prochazka's projects seems to reveal itself in an invitingly alluring gesture that simultaneously encourages—but not too much—and disturbs—but without violence.
Excerpt from the award speech by Cino Zucchi

Architekturstudium Architecture studies TU Wien und and Akademie der bildenden Künste Wien – Meisterklasse Master class of Ernst A. Plischke; Diplom Graduated 1973; Gruppe IGIRIEN (mit with Franz E. Kneissl und and Werner Appelt) 1973–1984; Professorin Professor Gesamthochschule Universität Kassel 1992–1996; Visiting Examiner The Bartlett, University College London, UK 1998–2001; Professorin Professor raum&designstrategien, Kunstuniversität Linz 2001–2013; Visiting Professor, Università degli Studi di Napoli Federico II, IT 2014; Visiting Professor, Politecnico di Milano, IT 2020/21
Architekturbüro in Wien seit Architecture firm in Vienna since 1973

www.prochazka.at

Ausgewählte Projekte Selected projects
Umbau Conversion Filmcasino, Wien 1988; Ausstellungskonzept und Design Exhibition concept and design Jüdisches Museum Hohenems, Vorarlberg 1991; Margarete-Schutte-Lihotzky-Hof, Wien 1993; Kindergarten Carminweg, Frauen-Werk-Stadt, Wien 1994; Donaufelder Hof, Wien 1995; Konzept und Design von acht Musikergedenkstätten Concept and design of eight musician memorials, Wien 1996; Coca-Cola, Produktion, Wien 1996; Arnold Schönberg Center, Wien 1998; Wohnbau Monte Laa, Wien 2002; Wohnbau Attemsgasse, Wien 2008; Wohnbau Karree St. Marx, Wien 2010; Wohnbau in der Wiesen Süd, Wien 2017; Wohnbau Berresgasse, Wien 2018
Zahlreiche Ausstellungsbeteiligungen und -gestaltungen sowie zahlreiche Preise und Auszeichnungen, Mitglied in zahlreichen Beiräten und Gremien Participation in and design of numerous exhibitions, numerous awards and prizes, member of several advisory boards and committees

Hans-Hollein-Kunstpreis für Architektur 2020

Elsa Prochazka
*1948 Wien

Die Architekturprojekte [von EP] waren Episoden im umfassenderen Gewebe unseres vielschichtigen urbanen Umfelds, authentisch und strukturiert genug, um als autonome formale Entitäten bewundert zu werden, und gleichzeitig ihren jeweiligen physischen und kulturellen Kontext auf eine höhere Ebene bringend; sie hinterfragten unseren Alltag, lenkten die Wahrnehmung von dessen Realität ab, zwangen uns, unsere Hypothesen und vorgefassten Konzepte mit neuen Augen zu betrachten. Ich spürte, dass Elsa Prochazkas Arbeiten tatsächlich auf mehreren Ebenen gleichzeitig verstanden werden konnten, als würden sie eine Brücke schlagen zwischen der Auffassung von Architektur als rein intellektuellem Konstrukt und deren zerstreuter Wahrnehmung in den urbanen Landschaften des Alltags. Dieses Ergebnis schien aus einem empirischen Prozess zu resultieren, der eher auf Intuition als auf allgemeinen Ideologien basierte – einem Prozess, in dem die Arbeit im Entstehen zu sich selbst findet und ihre Regeln erst am Ende evident werden, auf „retroaktive" Weise gewissermaßen. Der tiefere Sinn von Elsa Prochazkas Projekten scheint sich in einer auf faszinierende Weise einladenden Geste zu offenbaren, die Mut machen kann – aber nicht zu viel –, die zu verstören vermag – aber ohne jede Gewalt.
Auszug aus der Würdigung von Cino Zucchi

Feldkirch
Vorarlberg

Feldkirch ist eine historisch bedeutende Stadt inmitten von sechs Hausbergen, Wald und Wiesen. Entsprechend hoch ist der Zuzug. In den 1990er-Jahren wurde deshalb der erste Stadtentwicklungsplan erstellt und 2018 überarbeitet. Für die innerstädtische Entwicklung kauft die Stadt seit Jahrzehnten Grundstücke und Gebäude in strategisch wichtigen Lagen und hält sie für Bauvorhaben und Freiräume bereit. Bauträger erhalten für hohe städtebauliche Qualität einen Bonus für höhere Dichte. Ein Ergebnis dieser guten Zusammenarbeit ist die Bahnhofcity: Der Bauträger errichtete eine Tiefgarage, damit der Busbahnhof autofrei wird, und gestaltete diesen mit begrünten, pilzförmigen Dächern zwecks Kühlung. Innerstädtisch wird der Autoverkehr reduziert, Straßen und Plätze werden für den Fuß- und Radverkehr umgestaltet. Ein architektonisches Highlight ist das neue Kultur- und Kongresszentrum Montforthaus, das das desolate alte Veranstaltungszentrum am gleichen Ort ersetzt. Es ist nachhaltig gebaut, seine gerundete Form fügt sich in den Bestand und der Platz wurde dadurch aufgewertet. *sb*

Feldkirch is a historically significant town surrounded by forests, meadows, and six mountains. The influx of residents and visitors has been correspondingly high. The first urban development plan was drawn up as early as the 1990s, then revised in 2018. For decades, the city has been buying land and buildings in strategically important locations to ensure they remain available for community projects and open spaces. Developers receive bonuses for higher density buildings that enhance urban quality. An example of one such collaboration is the Bahnhofcity. To keep the bus station car-free, the developer built an underground car park, designing it with green, mushroom-shaped roofs for cooling. Downtown car traffic has been reduced, and streets and squares are being redesigned for pedestrians and cyclists. An architectural highlight is the new Montforthaus Culture and Convention Center, which replaces the outdated events center that was at the site. It was built sustainably, with a rounded shape that blends in with the existing buildings and enhances the space. *sb*

Feldkirch, Vorarlberg, www.feldkirch.at
Seehöhe Altitude 458 m
Gemeindefläche Municipal area 34,35 km²
Einwohner*innen Population 37.383
Hauptwohnsitze Main residences 34.466
Nächtigungen Overnight stays (2019) 277.061

LandLuft Baukulturgemeinde-Preis 2021

Göfis
Vorarlberg

Die Gemeinde Göfis liegt am Rande des Rheintals, schön eingebettet zwischen Wiesen und Bergen. Doch der Ort war nicht lebendig und das Wohnen für junge Menschen kaum noch erschwing-
lich. 2017 gründete die Gemeinde eine Projektgruppe für leistbares
Wohnen, die feststellte, dass viele Gebäude im Ort leer stehen
oder minder genutzt sind. Ein Bürger*innenrat, eine Broschüre und
eine Ausstellung zeigten Lösungen auf und motivierten zur baulichen Verdichtung und gemeinsamen Nutzung bestehender Häuser.
Das förderte die Gemeinschaft und führte zu einer Reihe weiterer
Initiativen: Die freien Grundstücke im Zentrum, die die Gemeinde
vor Jahrzehnten angekauft hatte, erfuhren mit Obstbäumen und
Wildblumen eine Aufwertung, ein lange leer stehendes altes Ziegel-
gebäude hat nach gemeinsamer Renovierung als Vereinshaus
eine neue Nutzung gefunden, ein weiteres altes Gebäude wurde
in die Bücherei „bugo" mit angeschlossenem Café, Shop für Hand-
gemachtes und Treffpunkt verwandelt. Davor entstand anstelle
des Parkplatz ein autofreier Dorfplatz, dahinter liegt ein liebevoll
gestalteter Garten zum Lesen, Spielen und Feiern für die ganze
Gemeinde. *sb*

Göfis lies along the edge of the Rhine Valley, beautifully nestled
between meadows and mountains. But the village was not lively,
and high living expenses made it hard for young people to afford. In
2017, the municipality established a working group for affordable
housing, which found that many of the village's buildings were empty
or underused. Subsequently, a citizens' council, brochure, and exhibition presented solutions and motivated the densification and
shared use of existing buildings. The process also fostered community, leading to a number of other initiatives. For instance, the vacant
plots of land in the town center, which the municipality had purchased decades earlier, have been upgraded with fruit trees and
wildflowers, an old brick building that had stood empty for ages was
renovated and is now used as a clubhouse, and another old building was converted into the "bugo" bookshop with an adjacent café,
crafts shop, and meeting place. Prior to this, the parking lot was
replaced by a car-free village square with lovely landscaped community gardens behind it for reading, playing, and celebrating. *sb*

Göfis, Vorarlberg, www.goefis.at
Seehöhe Altitude 558 m
Gemeindefläche Municipal area 9,06 km²
Einwohner*innen Population 3.514
Hauptwohnsitze Main residences 3.330
Nächtigungen Overnight stays (2019) 0

LandLuft Baukulturgemeinde-Preis 2021

Mödling
Niederösterreich

Die „Babenbergerstadt" Mödling hat viele historisch wertvolle Häuser, eine attraktive Fußgängerzone und liegt zu einem beträchtlichen Teil im Biosphärenpark Wienerwald. Hohe Grundstückspreise und ein hoher Anteil älterer Bewohner*innen sind die Nachteile dieser Vorzüge. Die Stadt bemüht sich deshalb um sorgfältigen Umgang mit dem baulichen Erbe und die Schaffung leistbaren Wohnraums auf ehemaligen Betriebsflächen. Ein Flächenwidmungs- und Bebauungsplan, ein Örtliches Entwicklungskonzept, Schutzzonen und der Gestaltungsbeirat geben den Rahmen dafür vor. Das größte Projekt ist das „Neusiedlerviertel" auf dem Areal der ehemaligen Gendarmerieschule mit unterschiedlichen Wohnungstypen. Dafür wurden ein Masterplan und ein Mobilitätsleitbild entwickelt, ein Quartiersmanagement mit Bürger*innendialogen begleitet das Projekt. Beim Bahnhof soll in einer ehemaligen Schuhfabrik ein Zentrum für Kultur und Start-ups, ergänzt mit Wohnbauten, entstehen. Bei der Neugestaltung von Plätzen und Grünflächen setzt die Stadt auf die Anpassung an den Klimawandel mit geeigneten Pflanzen und dem Schwammstadtprinzip. *sb*

The "Babenberger town" of Mödling has many historically notable houses, boasts a charming pedestrian zone, and is located to a considerable extent within the Vienna Woods Biosphere Park.

High property prices and a large percentage of older residents are disadvantages that arise from these advantages. In response, the city has carefully preserved its architectural heritage and created affordable living spaces on former business sites. A zoning and development plan, a local development concept, heritage zones, and a design advisory board provide the framework for this. The largest project is the Neusiedlerviertel, a neighborhood with different types of apartments on the site of the former police academy. A master plan and mobility model were developed expressly for the area, and the project implemented a neighborhood management program to create dialogue with residents. Going forward, a center for cultural institutions and start-ups along with residential buildings will be built at the site of a former shoe factory near the train station. For the redesigning of its squares and green spaces, the city is adapting to climate change by planting natural green pockets in accordance with the sponge city concept. *sb*

Mödling, Niederösterreich, www.moedling.at
Seehöhe Altitude 230 m
Gemeindefläche Municipal area 10,05 km²
Einwohner*innen Population 24.236
Hauptwohnsitze Main residences 20.630
Nächtigungen Overnight stays (2019) 42.673

LandLuft Baukulturgemeinde-Preis 2021

Thalgau
Salzburg

Thalgau liegt im „Speckgürtel" von Salzburg und wird durch Hoch-
wässer der zahlreichen Bäche bedrängt. Im Zuge von großen
Investitionen in den Hochwasserschutz wurde vor einigen Jahren
festgelegt, wo zukünftig noch gebaut werden darf. Thalgau geht
nun sparsam mit dem Boden um und bemüht sich um qualitäts-
volle Verdichtung im Siedlungsverband. So wurden für den Neubau
eines Supermarktes zwei Obergeschoße mit Wohnungen vorge-
schrieben, auf dem Grundstück eines ehemaligen Sägewerks
entstehen Miet- und Eigentumswohnungen mit Gemeinschafts-
räumen und Garten statt Einfamilienhäusern. Bei der neu gebauten
Schule, dem Gemeindeamt und dem neuen Feuerwehrhaus, einem
Holzbau, wird auf Mehrfachnutzung Wert gelegt. In einem Agenda-
21-Basisprozess wurden die Wünsche der Bevölkerung erhoben,
dabei entstand die Idee, ein denkmalgeschütztes Haus im Zentrum
für Veranstaltungen umzubauen. Bekannt gemacht hat Thalgau
die Verkehrsberuhigung im Zentrum vor der Kirche. Mit langem
Atem gegen den Widerstand des Landes konnten eine 30-km/h-
Beschränkung und eine Begegnungszone auf einer Landesstraße
durchgesetzt werden. *sb*

Thalgau, an affluent bedroom community outside Salzburg, is
threatened by flooding from its numerous streams. As part of major
investments in flood protection a few years ago, guidelines were
established about where construction may continue going forward.
Thalgau now uses its land sparingly and aims to achieve density
with a high quality of life in its residential areas. For example, per-
mission to construct a new supermarket was granted with the
stipulation that it should include two upper floors with apartments.
In lieu of single-family homes, a mix of rental owner-occupied
apartments with common rooms and gardens are being built on
the site of a former sawmill. Likewise, the new school, municipal
offices, and a new fire station—a timber construction—all prioritize
multiple use. As part of the Agenda 21 plan, the population was
surveyed about its wishes, resulting in the idea of converting a
historic downtown building into an events center. Thalgau became
famous for calming the traffic in front of the church in the town
center, and its strong staying power against state government
resistance made it possible to implement a 30 km/h speed limit
and shared-use traffic space on the highway through town. *sb*

Thalgau, Salzburg, www.thalgau.at
Seehöhe Altitude 545 m
Gemeindefläche Municipal area 48,17 km²
Einwohner*innen Population 6.636
Hauptwohnsitze Main residences 5.989
Nächtigungen Overnight stays (2019) 3.000

LandLuft Baukulturgemeinde-Preis 2021

INDEX

Der Index dokumentiert jene Architekturpreise, deren Sieger-projekte – und in manchen Fällen sowie bei internationalen Preisen teilweise auch Nominierungen – im Buch präsentiert werden. Die Auswahl der aufgenommenen Preise erfolgte entsprechend ihrer Architekturrelevanz. Das bedeutet, dass Architekturfachleute in der Jury vertreten waren und architektonische Aspekte im Vor-dergrund standen, sowie der regionale Rahmen nicht zu eng gesteckt war; dabei wurde als kleinste Einheit für die vorgenom-mene Auswahl eine zumindest bundeslandweite Ausschreibung herangezogen.

Berücksichtigung fanden Preisvergaben der Jahre 2020 und 2021, sofern Projekte – in Österreich bzw. von österreichischen Architekt*Innen im Ausland geplant und ausgeführt – ausgezeich-net wurden. Ebenso dokumentiert werden Personen sowie Teams und Gemeinden, die in diesen Jahren mit Architekturpreisen gewürdigt wurden.

Der Index ist so aufgebaut, dass ein kurzer Text über die Intention des Preises, den Auslober/die Ausloberin sowie die Art der Ver-gabe informiert. Ergänzt werden diese allgemeinen Informationen um spezifische Angaben zu den Preisvergaben der Jahre 2020 und 2021. Genannt werden hier die Mitglieder der Jury, die Anzahl der Einreichungen, die Preisträger*Innen, weiters Daten zur Preis-verleihung und allfällige Ausstellungen.

Der Index ist damit sowohl eine Dokumentation der wichtigsten Architekturpreise als auch der von hochkarätigen Jurys ausge-wählten Preisträger*Innen. Er zeigt den Stand der Architektur in und aus Österreich der Jahre 2020 und 2021.

The index lists those architectural awards and winning projects—and in some cases, as with international awards, nominations as well—presented in this book. Awards were selected according to their architectural relevance. To this end, a judging panel of specialists in architecture was appointed, and a clear focus on architectural aspects was maintained. Another criterion was having broad regional scope, the smallest unit for selection being a state-wide invitation process.

Eligibility applied to projects built or planned in Austria or realized by Austrian architects abroad in 2020 and 2021. Individuals, teams and communities who received architecture prizes during these years are also documented.

Each index entry includes a brief text about the aims of the com-petition, the sponsor, and the type of award. This general informa-tion is supplemented with specific details about the awards in 2020 and 2021. Members of the jury, number of submissions, award winners, information about awarding procedures, and exhi-bitions are listed here.

Consequently, this index is a documentation of the most important architectural competitions as well as of the award winners chosen by the experienced jury members. The index portrays the state of architecture in and from Austria in 2020 and 2021.

1_Nationale Preise National Prizes

BauherrInnenpreis der Zentralvereinigung der ArchitektInnen 2021
jährlich seit annually since 1967
Aufgrund von Covid-19 fand im Jahr 2020 keine Preisvergabe statt Due to Covid-19 no prize was awarded in 2020.
Auslober Sponsored by Zentralvereinigung der ArchitektInnen Österreichs

Der Bauherrenpreis honoriert Persönlichkeiten oder Personenkreise, die sich als BauherrIn oder AuftraggeberIn und MentorIn für die Baukultur in besonderer Weise verdient gemacht haben. Eingereicht werden können in Österreich ausgeführte Bauten oder Freiraumgestaltungen sowie städtebauliche Lösungen, die in architektonischer Gestalt und innovatorischem Charakter vorbildlich sind und darüber hinaus einen positiven Beitrag zur Verbesserung unseres Lebensumfeldes leisten. Exzeptionelle Lösungen, die in intensiver Kooperation von BauherrInnen und ArchitektInnen realisiert wurden. Seit 2010 werden die eingereichten Projekte in einem zweistufigen Verfahren beurteilt. Regionale Bundesländerjurys wählen dabei pro Bundesland maximal drei Bauten, die von der Hauptjury vor Ort besichtigt werden.
The Bauherrenpreis honors individuals or groups of people who have shown outstanding service to architecture as a client, contractor, or mentor. Buildings, open space designs, and urban planning solutions completed in Austria that embody excellent architectural design, have an innovative character, and make a positive contribution to the improvement of our living environment can be submitted. The award focuses on exceptional solutions that have been realized through the intense collaboration of client and architect.
Since 2010, submitted projects have been assessed in a two-stage procedure. Regional juries choose a maximum of three buildings for each state, which are then visited on site by the main jury.

Preis Award Bauherrenpreis-Würfel der ZV aus Plexiglas (Entwurf: Franz Kiener) plus Urkunde ZV Bauherrenpreis Plexiglas Cube (designed by Franz Kiener) and certificate
Informationen Information Broschüre Brochure „Bauherrenpreis der ZV", www.zv-architekten.at
Hauptjury Main jury Peter Riepl, Roger Riewe, Angelika Schnell
Anzahl der Einreichungen Number of submissions 152; 24 Shortlist

Preisträger Winners

VinziDorf, Wien
Architektur Architecture gaupenraub+/–, Alexander Hagner, Ulrike Schartner
Bauherrschaft Client Verein Vinzenzgemeinschaft Eggenberg-VinziWerke
Seite Page 46

Sigmund Freud Museum, Wien
Architektur Architecture Architekt Hermann Czech, ARTEC Architekten, Architekt Walter Angonese
Bauherrschaft Client Sigmund Freud Privatstiftung
Seite Page 90

Tiroler Steinbockzentrum, St. Leonhard im Pitztal, Tirol
Architektur Architecture ARGE Architekten Rainer Köberl & Daniela Kröss
Bauherrschaft Client Gemeinde St. Leonhard im Pitztal
Seite Page 102

Panoramalift Steyr, Steyr, Oberösterreich
Architektur Architecture reitter_architekten
Bauherrschaft Client Stadtbetriebe Steyr
Seite Page 140

Auferstehungskapelle Straß, Straß im Attergau, Oberösterreich
Architektur Architecture LP Architektur
Bauherrschaft Client Kapellenverein Straß
Seite Page 96

Schulzentrum Gloggnitz, Gloggnitz, Niederösterreich
Architektur Architecture DFA | Dietmar Feichtinger Architectes
Bauherrschaft Client Stadt Gloggnitz
Seite Page 160

Preisverleihung Award ceremony 15.10.2021 Treibhaus Innsbruck, Tirol
Ausstellung Exhibition 29.4.–25.5.2022 Architekturhaus Salzburg, 1.–12.7.2022 HDA Haus der Architektur Graz, Steiermark

Staatspreis Architektur 2021
zumeist biennal seit mostly biennially since 2002

Auslober Sponsored by Bundesministerium für Digitalisierung und Wirtschaftsstandort
Mitauslober Cosponsors Wirtschaftskammer Österreich, Bundeskammer der ZiviltechnikerInnen, Architekturstiftung Österreich Gemeinnützige Privatstiftung

Mit dem Staatspreis Architektur werden herausragende architektonische Projekte mit Schwerpunkt „Architektur der Arbeitswelt" im Zeitalter der Digitalisierung ausgezeichnet.
The Staatspreis Architektur is awarded to outstanding architectural projects with their focus on "architecture for the working environment" in the age of digitalization.

Preis Award Urkunde und Trophäe Certificate and trophy
Jury Jury Daniel Fügenschuh, Bettina Götz, Christian Kühn, Robert Jeller, Markus Wimmer
Anzahl der Einreichungen Number of submissions 57

Preisträger Winners

Kategorie Produktion Category Production
Swarovski Manufaktur, Wattens, Tirol
Architektur Architecture Snøhetta Studio Innsbruck
Bauherrschaft Client D. Swarovski KG
Seite Page 128

Kategorie Dienstleistung Category Service
Gesundheitseinrichtung Josefhof, Graz, Steiermark
Architektur Architecture Dietger Wissounig Architekten
Bauherrschaft Client BVAEB – Versicherungsanstalt öffentlicher Bediensteter,
Eisenbahnen und Bergbau
Seite Page 56

Kategorie Digitalisierung Category Digitalization
Tourismus-Information Innsbruck, Innsbruck, Tirol
Architektur Architecture Architektin Betina Hanel, Architekt Manfred Sandner
Bauherrschaft Client Tourismusverband Innsbruck und seine Feriendörfer
Seite Page 86

Sonderpreis Special Award
Tempel 74, Mellau, Vorarlberg
Architektur Architecture Baumeister Jürgen Haller
Bauherrschaft Client Errichtergemeinschaft Haller-Felder
Seite Page 78

Sonderpreis Special Award
EVA Rapid Layouting
Entwicklung Development SWAP Architekten und and Caramel architekten

Aufgrund von Covid-19 konnte keine Preisverleihung stattfinden Due to Covid-19
no Award ceremony was held

Informationen Information Broschüre Brochure Staatspreis Architektur 2021
www.architekturstiftung.at/staatspreis-architektur

Staatspreis Architektur und Nachhaltigkeit 2021
zum siebten Mal, erstmals seventh edition, held for the first time in 2006
Auslober Sponsored by Bundesministerium für Klimaschutz, Umwelt, Energie,
Mobilität, Innovation und Technologie im Rahmen der as part of
Klimaschutzinitiative klimaaktiv
Organisation Organization ÖGUT – Österreichische Gesellschaft für Umwelt
und Technik
Fachliche Unterstützung Professional support pulswerk GmbH
Unterstützung Support HYPO NOE Landesbank, Fachverband Steine-Keramik

Der Staatspreis für Architektur und Nachhaltigkeit will Österreichs Leistungen
für eine zeitgemäße und zukunftsfähige Architektur würdigen, sowie einschlä-
gige Pionierleistungen und ihre SchöpferInnen in das Licht rücken, indem Projekte ausgezeichnet werden, die eine intelligente Verknüpfung von Kultur und
Natur, Ökonomie und Ökologie, Kunst und Technik sowie Vernunft und Ästhetik
schaffen. Nachhaltigkeit ist dabei als umfassende Kategorie zu verstehen.
The Staatspreis für Architektur und Nachhaltigkeit recognizes Austria's
accomplishments in fostering contemporary architecture fit for the future and
showcases pioneering work and those who created it by giving prizes to
projects that intelligently combine culture and nature, economy and ecology,
art and technology, and rationality and aesthetics. Sustainability is the overarching category.

Preis Award Urkunde und Plakette zur Anbringung am ausgezeichneten
Gebäude Certificate and plaque for award-winning building

Jury Jury Katharina Bayer, Matthias Hein, Peter Holzer, Robert Lechner,
Claudia Staubmann, Daniela Trauninger
Anzahl der Einreichungen Number of submissions 72, Shortlist 10

Preisträger Winners

Bildungszentrum Frastanz-Hofen, Frastanz, Vorarlberg
Architektur Architecture pedevilla architects
Bauherrschaft Client Marktgemeinde Frastanz
Seite Page 148

Smart Block Geblergasse, Wien
Architektur Architecture zeininger architekten
Bauherrschaft Client Angelika + Johannes Zeininger, Stefan + Johann Fischer
Seite Page 68

Paracelsus Bad & Kurhaus, Salzburg
Architektur Architecture Berger + Parkkinen Architekten
Bauherrschaft Client Stadtgemeinde Salzburg, KKTB Kongress, Kurhaus &
Tourismusbetriebe Salzburg
Seite Page 72

Denk.Werk.Statt Hittisau, Hittisau, Vorarlberg
Architektur Architecture Georg Bechter Architektur + Design
Bauherrschaft Client Bechter Licht GmbH
Seite Page 32

Preisverleihung Award ceremony 6.12.2021 online
Informationen Information Broschüre Brochure Staatspreis Architektur und
Nachhaltigkeit 2021, www.klimaaktiv.at/service/publikationen/bauen-
sanieren/staatspreis2021.html

**Aluminium-Architektur-Preis 2020/21 der Gemeinschaftsmarke
Alufenster**
biennal seit biennially since 1998
Auslober Sponsored by Aluminium-Fenster-Institut, Architekturstiftung
Österreich, IG Architektur

Der Aluminium-Architektur-Preis wird für innovative, herausragende architektonische Leistungen verliehen, die die gestalterischen sowie technischen
Möglichkeiten von Aluminium aufzeigen. Darüber hinaus werden bei der
Beurteilung ästhetische, technische sowie ökonomische und ökologische
Aspekte beachtet und bewertet.
The Aluminium Architektur Preis acknowledges exceptional, innovative architectural achievements that showcase the design and technology potentials
of aluminum. In addition, aesthetic, technological, economical and ecological
aspects are considered and evaluated.

Preis Prize 10.000 €
Jury Jury Christian Kühn, Ida Pirstinger, Anton Resch, Thomas Sattler,
Martin Steinhäufl, Johannes Wiesflecker
Anzahl der Einreichungen Number of submissions 17

Preisträger Winner

Paracelsus Bad & Kurhaus, Salzburg
Architektur Architecture Berger+Parkkinen Architekten
Bauherrschaft Client Stadtgemeinde Salzburg, KKTB Kongress, Kurhaus &
Tourismusbetriebe Salzburg
Seite Page 72

BTV Bank- und Geschäftshaus, Dornbirn, Vorarlberg
Architektur Architecture Architekt Rainer Köberl
Bauherrschaft Client Bank für Tirol und Vorarlberg AG
Seite Page 37

Preisverleihung Award ceremony Oktober 2021
Informationen Information www.alufenster.at

Österreichischer Stahlbaupreis 2021
biennal seit biennially since 2007
Auslober Sponsored by Österreichischer Stahlbauverband

Ziel ist es, die Fachkompetenz und die Leistungsfähigkeit des österreichischen
Stahlbaus zu präsentieren sowie die architektonische Ausdrucksstärke, das
technische Potenzial und die Vielseitigkeit des Stahlbaus zu zeigen.
The goal is to feature the high competency and productivity of Austria's steel
building industry as well as the architectural expressivity, technical potential,
and immense versatility of steel construction.

Preis Prize Urkunde und Trophäe Certificate and trophy
Jury Jury Dieter Wallmann (Vorsitzender Chairman), Josef Fink, Thomas Hoppe,
Thomas Pöll, Arno Sorger
Anzahl der Einreichungen Number of submissions 26

Anerkennung Recognition
Helix Liechtensteinklamm, St. Johann im Pongau, Salzburg
Architektur Architecture Architekt Hubert Schlögl
Tragwerksplanung und Generalplanung Structural engineering and general
planning aste | weissteiner zt gmbh, Thomas Weissteiner
Bauherrschaft Client Gemeinde St. Johann im Pongau
Seite Page 82

Informationen Information www.stahlbauverband.at

2_Bundesländer-Preise State Awards

Architekturpreis des Landes Burgenland 2020
biennal seit biennially since 2002
Auslober Sponsored by Kulturabteilung des Landes Burgenland

Der Preis wird für im Burgenland ausgeführte Bauwerke und gestaltete Freiräume verliehen, deren Gestaltung eine Auseinandersetzung mit den Problemen
unserer Zeit und des Landes in ästhetischer wie innovatorischer Hinsicht in
besonders vorbildlicher Weise zeigt.
This award honors buildings and outdoor spaces realized in Burgenland whose
designs address contemporary issues pertaining in particular to Burgenland in
an aesthetic, innovative and exemplary fashion.

Preis Award Urkunde Certificate
Jury Jury Hans Gangoly, Erich Kugler, Martin Mostböck, Christian Prasser,
Sibylla Zech
Anzahl der Einreichungen Number of submissions 17

Preisträger Winners

Streckhof mit Schnapsbrennerei, Weingraben, Burgenland
Architektur Architecture Juri Troy Architects
Bauherrschaft Client Claus und Elisabeth Schneider
Seite Page 112

Sport- und Kulturhalle Neutal, Neutal, Burgenland
Architektur Architecture SOLID architecture
Bauherrschaft Client Gemeinde Neutal
Seite Page 22

Hauptplatz und Rochusplatz, Stadtschlaining, Burgenland
Architektur Architecture Anna Wickenhauser Architektur und and Architekt
Dietmar Gasser
Bauherrschaft Client Gemeinde Stadtschlaining
Seite Page 142

Preisverleihung Award ceremony 27.7.2021, Cselley Mühle Oslip, Burgenland
Informationen Information https://www.burgenland.at/themen/kultur/
virtueller-kunstraum-burgenland/kunst-und-kultur-burgenland/architekturpreis/

Holzbaupreis Burgenland 2020
alle vier Jahre, erstmals every four years, for the first time 2008
Auslober Sponsor proHolz Netzwerk Burgenland, Innung Holzbau, Pannoni-
sche Wald- und Holzplattform

Mit dem Holzbaupreis werden Bauten im Burgenland gewürdigt, die den Werkstoff Holz materialgerecht, richtungsweisend und umweltverträglich einsetzen.
The Holzbaupreis acknowledges construction solutions in Burgenland, that use
wood in a way that is appropriate to the material, trend-setting and environmentally friendly.

Preis Award Urkunde, Skulptur Certificate, sculpture
Jury Jury Klaus-Jürgen Bauer, Siegfried Fritz, Tom Kaden, Simon Speiger
Anzahl der Einreichungen Number of Submissions 76

Preisträger Winners

Allacher Vinum Pannonia, Gols, Burgenland
Architektur Architecture Trnka & Ott OEG
Bauherrschaft Client Allacher Vinum Pannonia
Seite Page 132

Sport- und Kulturhalle Neutal, Neutal, Burgenland
Architektur Architecture SOLID architecture
Bauherrschaft Client Gemeinde Neutal
Seite Page 22

Oktaeder, Sigleß, Burgenland
Entwurf Design Heinz Bruckschwaiger
Bauherrschaft Client Verein KUNZT – Kunst Und Natur Zusammen Tragen
Seite Page 92

Streckhof mit Schnapsbrennerei, Weingraben, Burgenland
Architektur Architecture Juri Troy Architects
Bauherrschaft Client Claus und Elisabeth Schneider
Seite Page 112

Ferienhaus Leitgeb-Wascher, Podersdorf am See, Burgenland
Architektur Architecture Thomas Wascher
Bauherrschaft Client Petra Leitgeb
Seite Page 123

Aufgrund von Covid-19 konnte keine Preisverleihung stattfinden Due to Covid-19 no award ceremony was held

Informationen Information www.holzbaupreis-bgld.at

Holzbaupreis Kärnten 2021
biennal seit biennially since 2001
Auslober Sponsored by proHolz Kärnten

Ausgezeichnet werden Bauvorhaben aus Kärnten, in denen vorrangig der heimische Werkstoff Holz auf materialgerechte, innovative und zeitgemäße Art und Weise unter Ausnützung seiner konstruktiven ökologischen Vorzüge eingesetzt wird
The Holzbaupreis Kärnten recognizes outstanding buildings in Carinthia that are innovative and contemporary in design, use domestic timber materials in resourceful and relevant ways, and make use of green building technologies.

Preis Prize Insgesamt Total 7.000 € gesponsert von sponsored by Kelag
Jury Jury Bruno Moser, Veronika Müller, Christa Wannasek
Anzahl der Einreichungen Number of submissions 90

Preisträger Winners

VERTIKAL Bürogebäude, Steinfeld, Kärnten
Architektur Architecture ATP architekten ingenieure
Bauherrschaft Client Brüder Theurl GmbH
Seite Page 40

Anerkennungen Recognitions

Neue Ortsmitte Arriach, Arriach, Kärnten
Architektur Architecture Hohengasser Wirnsberger Architekten
Bauherrschaft Client Gemeinde Arriach
Seite Page 23

Kunst Mill Annex, St. Margarethen, Kärnten
Architektur Architecture MACK Architect(s)
Bauherrschaft Client Anitaz Mardikian und and Pepo Pichler
Seite Page 94

Almhütte Flattnitz, Glödnitz, Kärnten
Architektur Architecture .tmp architekten
Bauherrschaft Client Familie Kamml
Seite Page 120

Preisverleihung Award ceremony 4.11.2021 Architektur Haus Kärnten, Klagenfurt, Kärnten
Informationen Information www.holzbaupreis-kaernten.at

Vorbildliches Bauen in Niederösterreich 2020 + 2021
jährlich seit annually since 1955
Auslober Sponsored by Land Niederösterreich, Niederösterreichische Baudirektion

Der Preis wird für Projekte in Niederösterreich verliehen, die folgende Kriterien in vorbildlicher Weise erfüllen:
Gestaltung_ Einfügung in das Stadt- und Landschaftsbild, äußere und innere Gestaltung, räumliche Lösung
Funktionalität_ technische und nutzerorientierte Eignung
Konstruktion_ werk- und detailgerechte Ausführung, innovative Lösung, Nachhaltigkeit
This award honors projects in Lower Austria which fulfill the following criteria in an exemplary manner:
Design_ cityscape and landscape placement, exterior and interior design, spatial solution
Functionality_ technological and user-oriented excellence
Construction_ integrity of the execution as a whole and in detail, innovative solutions, sustainability

Preis Award Urkunde für den Planer, Plakette für das Gebäude Certificate for the planner, plaque for the building
Informationen Information https://www.noe.gv.at/noe/Bauen-Neubau/vorbildliches_bauen_in_noe.html

Preis Award 2020

Jury Jury Walter Steinacker, Stefan Schraml, Claus Stundner, Thomas Jedinger, Paulus Ramstorfer, Martin Schoderböck, Robert Jägersberger
Anzahl der Einreichungen Number of submissions 76

Preisträger Winners

Wohnhausanlage Wieselburg, Wieselburg, Niederösterreich
Architektur Architecture g.o.y.a.
Bauherrschaft Client WET – Wohnungseigentümer Gemeinnützige Wohnbau GmbH
Seite Page 62

Schulzentrum Gloggnitz, Gloggnitz, Niederösterreich
Architektur Architecture DFA | Dietmar Feichtinger Architectes
Bauherrschaft Client Stadt Gloggnitz
Seite Page 160

Preis Award 2021

Jury Jury Walter Steinacker, Stefan Schraml, Claus Stundner, Thomas Jedinger,
Paulus Ramstorfer, Martin Schoderböck, Robert Jägersberger
Anzahl der Einreichungen Number of submissions 68

Preisträger Winners

Aufgrund von Covid-19 konnte keine Preisverleihung stattfinden Due to Covid-19
no award ceremony was held

Holzbaupreis Niederösterreich 2021

jährlich oder biennal seit annually or biennially since 2000
Auslober Sponsored by Land Niederösterreich, proHolz Niederösterreich,
Wirtschaftskammer Niederösterreich, Landwirtschaftskammer Niederösterreich

Zielsetzung des Preises ist die Förderung und Anerkennung besonderer
Leistungen des Holzbaus als Beitrag zur Baukultur sowie die Würdigung von
beachtenswerten Ansätzen zur Verbesserung der Einsatzmöglichkeiten des
Rohstoffes Holz, bei der Entwicklung von innovativen Produkten aus und für
Holz sowie bei nachhaltigen Energiekonzepten.
The aim of the award is to foster and recognize special achievements in timber
construction as a contribution to building culture as well as to honor noteworthy approaches to improving the potential applications of wood, the development of innovative products made of wood, and sustainable energy concepts.

Preis Prize Insgesamt 10.000 € + Trophäe des Niederösterreichischen
Holzbaupreises = Siegerstatue OIKOS (griech. Hausgemeinschaft)
Total of 10,000 € + Holzbaupreis Niederösterreich trophy = OIKOS (Greek, lit.
household) award statue
Jury Jury Richard Woschitz (Vorsitzender Chairman), Georg Bauer,
Petra Eichlinger, Wolfgang Huber, Christian Murhammer, Bernhard Plesser
Anzahl der Einreichungen Number of submissions 89

Preisträger Winners

Kategorie Um- und Zubau Category Conversions and Additions
Villa Sternberg, Klosterneuburg, Niederösterreich
Architektur Architecture SWAP Architekten
Seite Page 111

Kategorie Öffentlicher Bau Category Public Buildings
Passivhauskindergarten Deutsch-Wagram, Deutsch-Wagram,
Niederösterreich
Architektur Architecture Juri Troy Architects
Bauherrschaft Client Stadtgemeinde Deutsch-Wagram
Seite Page 152

Kategorie Nutzbau Category Utility Buildings
Egger Forum, Unterradlberg, Niederösterreich
Architektur Architecture architekturWERKSTATT Bruno Moser
Bauherrschaft Client Fritz Egger GmbH & Co. OG
Seite Page 39

Kategorie Außer Landes Category Beyond Borders
Holzhochhaus HoHo, Wien
Architektur Architecture RLP Rüdiger Lainer + Partner Architekten
Bauherrschaft Client Cetus Baudevelopment GmbH
Seite Page 48

Sonderpreis Wohnbauten Special Award for Housing
Wohnhausanlage St. Egyden, Breitenau am Steinfelde, Niederösterreich
Architektur Architecture g.o.y.a.
Bauherrschaft Client FRIEDEN Gemeinnützige Bau- und Siedlungsgen.
reg. GenmbH
Seite Page 55

Preisverleihung Award ceremony 19.10.2021, Korneuburg, Niederösterreich
Informationen Information www.holzbaupreis-noe.at

Architekturpreis Land Salzburg 2020
biennal seit biennially since 1976
Auslober Sponsored by Land Salzburg
Organisation Organization Initiative Architektur Salzburg

Ziel ist es, eine größere Öffentlichkeit für zeitgenössische Architektur zu
schaffen, die Baukultur zu fördern und die erbrachten Leistungen zu würdigen.
Der Preis wird für Bauwerke im Bundesland Salzburg verliehen.
The goal is to create a broader public awareness of contemporary architec-
tecture, support Baukultur, and honor finished achievements. The award is
conferred for buildings in the region of Salzburg.

Preis Prize 10.000 € + Urkunde Certificate
Jury Jury Verena Konrad, Lukas Mayr, Markus Thurnher
Anzahl der Einreichungen Number of submissions 53

Preisträger Winner

Paracelsus Bad & Kurhaus, Salzburg
Architektur Architecture Berger+Parkkinen Architekten
Bauherrschaft Client Stadtgemeinde Salzburg, KKTB Kongress, Kurhaus &
Tourismusbetriebe Salzburg
Seite Page 72

Anerkennungen Recognitions

Justizgebäude Salzburg, Salzburg
Architektur Architecture Franz&Sue
Bauherrschaft Client Bundesimmobiliengesellschaft m.b.H.
Seite Page 25

GLANBOGEN – Wohnen mit Stadt und Natur, Salzburg
Architektur Architecture Hohensinn Architektur
Bauherrschaft Client General-Keyes-Straße Liegenschaftsverwaltungs GmbH,
Immoschmiede GmbH
Seite Page 52

PCT Loftbüro, Thalgau, Salzburg
Architektur Architecture dunkelschwarz
Bauherrschaft Client PCT AUSTRIA GmbH
Seite Page 38

Pfannhausersteg, Hallein, Salzburg
Architektur Architecture Marte.Marte Architekten
Bauherrschaft Client Stadtgemeinde Hallein
Seite Page 143

Preisverleihung Award ceremony 23.9.2020 Salzburg
Ausstellung Exhibition 24.9.–23.10.2020 Salzburg
Informationen Information Katalog Catalog Architekturpreis Land Salzburg
2020, www.initiativearchitektur.at/architekturpreise/architekturpreis-land-
salzburg-2020-1

Architekturpreis des Landes Steiermark 2021
biennal oder triennial seit biennially or triennially since 1980
Auslober Sponsored by Land Steiermark
Organisation Organization HDA Haus der Architektur Graz

Mit dem Preis werden Projekte gewürdigt, die einen Beitrag zur zeitgenössischen qualitätsvollen Architektur in der Steiermark leisten. Die Zuerkennung
des Preises erfolgt jeweils über den Beschluss eines Kurators /einer Kuratorin.
This prize is awarded to projects that contribute to high-quality contemporary
architecture in Styria. Award decisions are determined by a curator.

Preis Prize 10.000 €
Kuratorin Curator 2021 Gabi Schillig

Preisträger Winner

Graz Museum Schlossberg, Graz, Steiermark
Architektur Architecture studio WG3
Bauherrschaft Client Stadt Graz, vertreten durch Graz Museum –
Stadtmuseum Graz GmbH
Seite Page 95

Anerkennungen Recognitions

Kai 36, Graz, Steiermark
Architektur Architecture Lam Architektur Studio
Bauherrschaft Client Dr. Helmut Marko
Seite Page 85

Volksschule Leopoldinum SmartCity, Graz, Steiermark
Architektur Architecture alexa zahn architekten
Bauherrschaft Client Stadt Graz
Seite Page 151

Schneebauer Geschwister, St. Stefan ob Stainz, Steiermark
Architektur Architecture KUESS Architektur
Bauherrschaft Client privat private
Seite Page 115

Preisverleihung Award ceremony 10.6.2021, Graz, Steiermark
Informationen Information „To Open Spaces – Entgrenzung von Raum und
Zeit", Beate Engelhorn, Gabi Schillig (Hrsg. Editor), jovis 2021,
www.hda-graz.at

GerambRose 2020
jährlich seit annually since 1981, biennal seit biennially since 2010
Auslober Sponsored by Verein BauKultur Steiermark

Die „GerambRose" wird als Würdigung für Leistungen verliehen, die im Sinne
der Erhaltung oder Schaffung qualitätsvoller Baukultur in der Steiermark er-
bracht wurden. Nicht der Bauherr, nicht der Planer, nicht die Ausführenden,
sondern deren gemeinsame Leistung, das Bauwerk, steht im Mittelpunkt der
Preisverleihung. Neben der eigentlichen Würdigung der herausragenden
Bauleistungen ist es auch Ziel, mittels der damit verbundenen Öffentlichkeits-
arbeit ein breiteres Bewusstsein für baukulturelle Qualität zu fördern.
The GerambRose award honors achievements contributing to the creation or
maintenance of quality architecture in Styria. The focus of the award is not on
the client, nor the planner, nor the constructor, but on their shared achievement: the building itself. In addition to recognizing exceptional achievements
in building, the goal of the publicity that comes with the award is to encourage
a broader awareness of architectural qualities.

Preis Award GerambRose
Jury Jury Susanne Fritzer, Hans Gangoly, Eva Guttmann, Sigurd Larsen,
Armin Pedevilla
Anzahl der Einreichungen Number of submissions 92

Preisträger Winners

Gesundheitseinrichtung Josefhof, Graz, Steiermark
Architektur Architecture Dietger Wissounig Architekten
Bauherrschaft Client BVAEB – Versicherungsanstalt öffentlicher Bediensteter,
Eisenbahnen und Bergbau
Seite Page 56

Kindergarten und Kinderkrippe Mühlgasse, Lannach, Steiermark
Architektur Architecture Berktold Weber Architekten
Bauherrschaft Client Marktgemeinde Lannach
Seite Page 154

Legero United Campus, Feldkirchen bei Graz, Steiermark
Architektur Architecture Dietrich | Untertrifaller Architekten
Bauherrschaft Client legero united campus GmbH
Seite Page 43

Sportpark Graz, Graz, Steiermark
Architektur Architecture projektCC
Bauherrschaft Client SPORTUNION Steiermark
Seite Page 80

Prinzessin Veranda, Graz, Steiermark
Architektur Architecture PENTAPLAN
Bauherrschaft Client PROLEND Projektentwicklung GmbH
Seite Page 53

Wohnhäuser Nord / Süd / Ost, Aflenz, Steiermark
Architektur Architecture Hofbauer Liebmann Architekten
Bauherrschaft Client Pierer Immobilien GmbH & Co KG
Seite Page 50

Kai 36, Graz, Steiermark
Architektur Architecture Lam Architektur Studio
Bauherrschaft Client Dr. Helmut Marko
Seite Page 38

Mittelschule III, Weiz, Steiermark
Architektur Architecture Architekt Viktor Hufnagl
Bauherrschaft Client Stadtgemeinde Weiz
Seite Page 167

Preisverleihung Award ceremony November 2020 vor Ort bei den Sieger-
projekten on site at the winning projects
Ausstellung Exhibition Wanderausstellung an zahlreichen Standorten in
der Steiermark 2020 + 2021 Traveling exhibition at numerous sites throughout
Styria 2020 + 2021
Informationen Information Katalog Catalog GerambRose 2020,
www.baukultur-steiermark.at

Holzbaupreis Steiermark 2021
biennal seit biennially since 1999
Auslober Sponsored by Landesinnung Holzbau, Besser mit Holz – Steirisches
Holzbaumarketing

202

Ziel ist es, die interessantesten Holzbauten der Steiermark auszuzeichnen und damit die Vielseitigkeit und Leistungsfähigkeit des Baustoffes Holz aufzuzeigen. Neben Funktionalität und Nutzerwert, Nachhaltigkeit, Einfügung in die Umgebung und Innovationsgehalt wurde besonderes Augenmerk auch auf handwerkliche Leistungen und innovative Holzanwendungen gelegt.
The goal is to recognize the most compelling timber structures in Styria and to call attention to the versatility and efficiency of wood as a building material. In addition to functionality, usability, sustainability, integration into the environment, and degree of innovation, special attention is also given to craftsmanship and pioneering uses of wood.

Preis Award Urkunde für BauherrIn, ausführenden Holzbaubetrieb, ArchitektIn und TragwerksplanerIn sowie Skulptur für EinreicherIn Certificate for client, carpentry firm, architect and structural engineer, and a sculpture for the entrant
Jury Jury Monika Gogl (Vorsitzende Chairwoman), Markus Bogensberger, Stephan Brugger, Harald Deinsberger-Deinsweger, Josef Frauscher, Josef Koppelhuber, Carmen Oster
Anzahl der Einreichungen Number of submissions 180

Preisträger Winners

Preisverleihung Award ceremony 11.11.2021 Graz, Steiermark
Informationen Information www.holzbaupreis-stmk.at

Auszeichnung des Landes Tirol für Neues Bauen 2020
biennal seit biennially since 1996
Auslober Sponsored by Land Tirol, Kammer der ZiviltechnikerInnen für Tirol und Vorarlberg – Sektion ArchitektInnen, Zentralvereinigung der ArchitektInnen Österreichs – Landesverband Tirol, aut. architektur und tirol

Ausgezeichnet werden in Tirol ausgeführte Bauwerke, die von ArchitektInnen bzw. IngenieurInnen geplant wurden und deren im Bauwerk angelegte Auseinandersetzung mit den Problemen unserer Zeit in ästhetischer wie innovatorischer Hinsicht als besonders vorbildlich zu bezeichnen ist.
This award recognizes buildings realized in Tyrol that were planned by architects and engineers and whose designs take exemplary approaches to contemporary problems in terms of aesthetics and innovation.

Preis Award Urkunde Certificate
Jury Jury Anne-Julchen Bernhardt, Peter Haimerl, Marta Schreieck
Anzahl der Einreichungen Number of submissions 75

Preisträger Winner

Anerkennungen Recognitions

Falginjochbahn, Kaunertal, Tirol
Architektur Architecture Baumschlager Hutter Partners
Bauherrschaft Client Kaunertaler Gletscherbahnen GmbH
Seite Page 77

Schulzentrum Hall in Tirol, Hall in Tirol, Tirol
Architektur Architecture fasch&fuchs.architekten
Bauherrschaft Client Stadtgemeinde Hall in Tirol
Seite Page 165

Haus für Psychosoziale Begleitung und Wohnen, Innsbruck, Tirol
Architektur Architecture Fügenschuh Hrdlovics Architekten
Bauherrschaft Client IIG Innsbrucker Immobilien GmbH & Co KG
Seite Page 59

Naturpark Haus Längenfeld, Längenfeld, Tirol
Architektur Architecture Architekturbüro Hanno Schlögl
Bauherrschaft Client Naturpark Ötztal
Seite Page 74

Tourismus-Information Innsbruck, Innsbruck, Tirol
Architektur Architecture Architektin Betina Hanel, Architekt Manfred Sandner
Bauherrschaft Client Tourismusverband Innsbruck und seine Feriendörfer
Seite Page 86

Preisverleihung Award ceremony 11.11.2022 online
Ausstellung Exhibition 9.12.2020 – 6.3.2021 aut. architektur und tirol,
Innsbruck, Tirol
Informationen Information Publikation Publication „Auszeichnung des
Landes Tirol für Neues Bauen 2020"; www.aut.cc

8. Bauherrenpreis der Hypo Vorarlberg 2020
unregelmäßig seit intermittently since 1987
Auslober Sponsor Hypo Vorarlberg Bank AG
Kooperationspartner Cooperation partners Vorarlberger Nachrichten,
Wirtschaftskammer Vorarlberg, Illwerke
Organisationspartner Organization Partner vai Vorarlberger Architektur Institut

Ziel ist die Prämierung wegweisender, innovativer Architektur in Vorarlberg
und die Ehrung von vorbildlicher Zusammenarbeit von AuftraggeberInnen und
PlanerInnen. Der Preis unterstreicht die Bedeutung qualitätsvollen, nachhaltig
wirksamen. Bauens und Planens für Gesellschaft und Umwelt. Er wird an
BauherrInnen und PlanerInnen gemeinsam verliehen.
The aim is to recognize pathbreaking, innovative architecture in Vorarlberg and
to honor the exemplary collaboration of clients and planners. The award highlights the significance of high-quality, sustainably effective planning and building for society and the environment. It is awarded jointly to clients and planners.

Preis Prize 30.000 €, Urkunde Cerificate
Jury Jury Sandra Hofmeister, Anna Popelka, Klaudia Ruck, Markus Zilker
Anzahl der Einreichungen Number of submissions 146

Preisträger Winners

Tempel 74, Mellau, Vorarlberg
Architektur Architecture Baumeister Jürgen Haller
Bauherrschaft Client Errichtergemeinschaft Haller-Felder
Seite Page 78

Atelier Klostergasse, Bregenz, Vorarlberg
Architektur Architecture Bernardo Bader Architekten
Bauherrschaft Client Bernardo Bader
Seite Page 36

Volksschule Unterdorf, Höchst, Vorarlberg
Architektur Architecture Dietrich | Untertrifaller Architekten
Bauherrschaft Client Gemeinde Höchst
Seite Page 164

Stadtbibliothek Dornbirn, Dornbirn, Vorarlberg
Architektur Architecture Dietrich | Untertrifaller Architekten mit with Architekt
Christian Schmoelz
Bauherrschaft Client Stadt Dornbirn
Seite Page 20

Schule Schendlingen, Bregenz, Vorarlberg
Architektur Architecture Architekt Matthias Bär (Wettbewerb und Entwurf
Competition and design); Architekt Bernd Riegger; Querformat
Bauherrschaft Client Landeshauptstadt Bregenz
Seite Page 162

Gemeindebauten Mellau, Mellau, Vorarlberg
Architektur Architecture Dorner \ Matt Architekten
Bauherrschaft Client Gemeinde Mellau
Seite Page 29

Preisverleihung Award ceremony 25.9.2020 online
Ausstellung Exhibition 3.10. – 23.12.2020, vai Vorarlberger Architektur
Institut, Dornbirn, Vorarlberg
Informationen Information www.bauherrenpreis.com; www.v-a-i.at

Holzbaupreis Vorarlberg 2021
jährlich seit annually since 1997, biennal seit biennially since 1999
Auslober Sponsored by vorarlberger holzbau_kunst

Ziel ist es, die Leistungen im Vorarlberger Holzbau auszuzeichnen und zu
fördern. Neben der Architektur werden auch das ökologische Bauen sowie
der fachgerechte Holzeinsatz und innovative Holzbautechniken bewertet.
Schwerpunkt war diesmal das Bauen im Bestand.
The aim is to honor and foster accomplishments in timber construction in
Vorarlberg. In addition to the architecture, issues regarding ecological construction, the fitting use of wood, and innovative processing techniques are
evaluated. This year's emphasis was on construction in existing buildings.

Preis Award Urkunde Certificate
Jury Jury Dominique Gauzin-Müller, Jörg Finkbeiner, Kurt Pock, Barbara Strub
Anzahl der Einreichungen Number of submissions 121

Haus Kaufmann, Reuthe, Vorarlberg
Architektur Architecture Johannes Kaufmann und Partner
Bauherrschaft Client Doris und Michael Kaufmann
Seite Page 125

Berghaus Eller, Blons, Vorarlberg
Architektur Architecture Innauer Matt Architekten
Bauherrschaft Client Familie Eller
Seite Page 116

Ernas Haus, Studentenwohnungen, Dornbirn, Vorarlberg
Architektur Architecture Ludescher + Lutz Architekten
Bauherrschaft Client Martin + Peter Winder
Seite Page 49

Haus Großenbündt, Hittisau, Vorarlberg
Architektur Architecture gruber locher architekten
Bauherrschaft Client Margarita Nenning, Cornelius Nenning, Lukas Nenning
Seite Page 108

Kinderhaus Kennelbach, Kennelbach, Vorarlberg
Architektur Architecture HEIN architekten
Bauherrschaft Client Gemeinde Kennelbach
Seite Page 173

Bürogebäude din Sicherheitstechnik, Schlins, Vorarlberg
Architektur Architecture Fink Thurnher Architekten
Bauherrschaft Client din Sicherheitstechnik GmbH&Co KG
Seite Page 35

Preisverleihung Award ceremony 10.9.2021, Schwarzenberg, Vorarlberg
Informationen Information Broschüre Brochure „Holzbaupreis Vorarlberg 2021", www.holzbaukunst.at

wienwood 21
zum dritten Mal, erstmals for the third time, first time 2005
Auslober Sponsor proHolz Austria in Zusammenarbeit mit in cooperation with Architekturzentrum Wien, Stadt Wien und and Wiener Städtische Versicherung

Ausgezeichnet werden Projekte in Wien, bei denen Holz als moderner Baustoff eine zentrale Rolle spielt. Darüber hinaus soll das Bewusstsein für die zeitgemäße Verwendung des traditionsreichen Baustoffes und dessen Nachhaltigkeit, auch im Hinblick auf das Ressourcenthema, gestärkt werden.
This award goes to projects in Vienna in which the use of wood as a modern building material plays a central role. In light of our dwindling resources, the awareness of the contemporary uses of this tradition-rich building material and its sustainability should be strengthened.

Preis Award insgesamt in total 12.000 € sowie Urkunde und Trophäe as well as trophy and certificate
Jury Jury Gabriele Kaiser (Vorsitzende Chairwoman), Samuel Blumer, Gerhard Kast, Sylvia Polleres, Klaudia Ruck
Anzahl der Einreichungen Number of submissions 56

Wohnanlage Paulasgasse, Wien
Architektur Architecture Riepl Kaufmann Bammer Architektur
Bauherrschaft Client Neues Leben reg. Gen.m.b.H.
Seite Page 64

Kindergarten Pötzleinsdorf, Wien
Architektur Architecture Schluder Architekten
Bauherrschaft Client Stadt Wien, MA 10 – Kindergärten
Seite Page 156

Ilse Wallentin Haus BOKU Wien, Wien
Architektur Architecture SWAP Architekten
Bauherrschaft Client BIG Bundesimmobiliengesellschaft m.b.H.,
Seite Page 155

Holzhochhaus HoHo, Wien
Architektur Architecture RLP Rüdiger Lainer + Partner Architekten
Bauherrschaft Client Cetus Baudevelopment GmbH
Seite Page 48

Sonderpreis Special Award
VinziDorf, Wien
Architektur Architecture gaupenraub+/–, Ulrike Schartner, Alexander Hagner
Bauherrschaft Client Verein Vinzenzgemeinschaft Eggenberg-VinziWerke
Seite Page 46

Preisverleihung Award ceremony 30.9.2021, Architekturzentrum Wien, Wien
Informationen Information www.wienwood.at

3_Internationale Preise International Awards

AIT-Award 2020
biennal seit biennially since 2012
Auslober Sponsored by Architekturzeitschrift AIT

Mit dem Preis werden weltweit die besten Architektur- und die herausragendsten Innenraumprojekte gewürdigt. Ausgezeichnet werden „The Very Best of Interior and Architecture" und damit Innenarchitektur und Architektur in einem einzigen Preis vereint. Eingereicht und prämiert werden alle Arten von Architekturen und Innenräumen in diesmal 14 Kategorien: Vom klassischen Wohnhaus oder dem Wohn-Interieur bis hin zum Opernhaus, vom kleinen Showroom über das Einkaufszentrum bis zum Museum.
This award is given to the best architectural and most exceptional interior design projects in the world. "The Very Best of Interior and Architecture" are honored, uniting interior design and architecture in one and the same award. All types of architecture and interiors may be submitted in 14 different categories, from classic residential buildings and living interiors all the way to opera houses, from small showrooms to shopping malls and museums.

Preis Award Urkunde und Pokal Certificate and cup
Jury Jury Walter Angonese, Kim Marc Bobsin, Ester Bruzkus, Simon Frommenwiler, Werner Frosch, Marieke Kums, Roger Riewe, Christian von Wissel, Amandus Samsøe Sattler, Kristina Bacht, Petra Stephan

Anzahl der Einreichungen Number of submissions 877 (aus 47 Ländern from 47 countries)

Preisträger in Österreich Winners in Austria

Kategorie Gastronomie Category Gastronomy
Auszeichnung Recognition
Johann | Hotel und Gasthaus am Alten Markt, Lauterach, Vorarlberg
Architektur Architecture Ludescher + Lutz Architekten
Bauherrschaft Client I+R Gruppe
Seite Page 75

Kategorie Retail/Messe Category Retail/Fair
Auszeichnung Recognition
MPREIS Weer, Weer, Triol
Architektur Architecture LAAC
Bauherrschaft Client MPREIS Warenvertriebs GmbH
Seite Page 133

Kategorie Büro/Verwaltung Category Office
2. Preis 2nd Prize
Alpin Sport Zentrum, Schruns, Vorarlberg
Architektur Architecture Bernardo Bader Architekten
Bauherrschaft Client Silvretta Montafon GmbH
Seite Page 42

Kategorie Gesundheit/Pflege Category Health/Care
Auszeichnungen Recognitions
Senior*innenwohnhaus Nonntal, Salzburg
Architektur Architecture Gasparin Meier Architekten
Bauherrschaft Client Stadt Salzburg, GSWB
Seite Page 66

Gesundheitseinrichtung Josefhof, Graz, Steiermark
Architektur Architecture Dietger Wissounig Architekten
Bauherrschaft Client BVAEB – Versicherungsanstalt öffentlicher Bediensteter, Eisenbahnen und Bergbau
Seite Page 56

Kategorie Sport/Freizeit Category Sport/Leisure
Auszeichnung Recognition
Patscherkofelbahn, Igls, Tirol
Architektur Architecture Innauer Matt Architekten
Projektpartner Project partner ao-architekten
Bauherrschaft Client Stadt Innsbruck
Seite Page 84

Kategorie Bildung Category Education
3. Preis 3rd Prize
Bildungscampus Friedrich Fexer, Wien
Architektur Architecture querkraft architekten
Bauherrschaft Client Stadt Wien
Seite Page 170

Auszeichnung Recognition
Schulcampus Neustift im Stubaital, Neustift im Stubaital, Tirol
Architektur Architecture fasch&fuchs.architekten
Bauherrschaft Client Gemeinde Neustift, Amt der Tiroler Landesregierung
Seite Page 176

Kategorie Industrie/Gewerbe Category Industry/Trade
1. Preis 1st Prize
Grüne Erde Welt, Pettenbach, Oberösterreich
Architektur Architecture terrain: integral designs – Klaus K. Loenhart und and Architekturbüro ARKADE
Bauherrschaft Client Grüne Erde BeteiligungsgmbH
Seite Page 131

Kategorie Mixed Use Category Mixed Use
Auszeichnung Recognition
Quartiershaus und Architekturcluster Stadtelefant, Wien
Architektur Architecture Franz&Sue
Bauherrschaft Client Bloch-Bauer-Promenade 23 Real GmbH
Seite Page 34

Information Information ait-xia-dialog.de/aitdialog-wettbewerb/ait-award

Architekturpreis Constructive Alps 2020
erstmals unter dem Namen first time under the name Architekturpreis «Konstruktiv» 2010, zum dritten Mal seit for the third time since 2013 unter dem Namen under the name Constructive Alps
Auslober Sponsors Schweizerische Eidgenossenschaft/Bundesamt für Raumentwicklung ARE, Regierung des Fürstentums Liechtenstein, unterstützt von supported by Universität Liechtenstein, Alpine Museum der Schweiz Bern, Internationale Alpenschutzkommission CIPRA

Der Architekturpreis Constructive Alps will den Bogen über die Ländergrenzen hinweg spannen und das Bewusstsein von Architekt*innen und Bauherr*innen für ein verantwortungsvolles und zukunftsfähiges Sanieren und Bauen im gemeinsamen Lebensraum Alpen schärfen.
Constructive Alps aims to bridge national borders and hone the awareness of architects and building clients for responsible and sustainable renovation and building practices in our shared alpine living space.

Preis Award 50.000 €
Jury Jury Köbi Gantenbein (Vorsitzender Chairman), Giancarlo Allen, Anne Beer, Helmut Dietrich, Dominique Gauzin-Müller, Andi Götz, Robert Mair, Maruša Zorec
Anzahl der Einreichungen Number of submissions 328 (aus 8 Ländern from 8 countries)

Preisträger in Österreich Winners in Austria

Montagehalle Kaufmann, Reuthe, Vorarlberg
Architektur Architecture Johannes Kaufmann und Partner
Bauherrschaft Client Kaufmann Zimmerei und Tischlerei GmbH
Seite Page 135

Preis Award **22**
Jury Jury Sandy Attia, Samuel Lundberg, Rolf Seiler

Ilse Wallentin Haus BOKU Wien, Wien
Architektur Architecture SWAP Architekten
Bauherrschaft Client BIG Bundesimmobiliengesellschaft m.b.H.,
Seite Page 155

Glassalon, Neuhaus, Niederösterreich
Architektur Architecture Baukooperative
Bauherrschaft Client Starlinger & Co GmbH
Seite Page 26

Auferstehungskapelle Straß, Straß im Attergau, Oberösterreich
Architektur Architecture LP Architektur
Bauherrschaft Client Kapellenverein Straß
Seite Page 96

Fuchsegg Eco Lodge, Egg, Vorarlberg
Architektur Architecture Ludescher + Lutz Architekten
Bauherrschaft Client Carmen Can + Heinz Hämmerle
Seite Page 83

BIGSEE **Awards 2020 + 2021**
jährlich seit annually since 2018
Auslober Sponsored by Zavod Big Center for creative economy of Southeast
Europe

BIGSEE Architecture Awards aims to systematically explore the creative and
business potential of the Southeast European region, and to recognise and ex-
pose its excellence in architecture, interior, product and fashion design, wood,
and creative tourism. The awarded projects shall provide in-depth insight into
the current situation in the areas of creativity and business in the region:
Albania, Austria, Bulgaria, Bosnia and Herzegovina, Cyprus, the Czech Republic,
Greece, Croatia, Italy, Hungary, Kosovo, North Macedonia, the Republic of
Moldova, Montenegro, Romania, Slovakia, Slovenia, Serbia, and Turkey.

Preis Award **BIG**SEE Cube
Informationen Information www.bigsee.eu

Preis Award **2020**

Preisträger in Österreich Winners in Austria

Architecture Award – Grand Prix
Wohnbau Max-Mell-Allee, Graz, Steiermark
Architektur Architecture Nussmüller Architekten
Bauherrschaft Client Wohnbaugruppe ENNSTAL
Seite Page 60

Interior Design Award – Grand Prix
Lounge T, Tirol
Architektur Architecture Destilat Design Studio
Bauherrschaft Client privat private
Seite Page 117

Preis Award **2021**

Preisträger in Österreich Winners in Austria

Architecture Award – Grand Prix
Kinderhaus Sulz, Sulz, Vorarlberg
Architektur Architecture ARGE Mörschel & Specht
Bauherrschaft Client Gemeinde Sulz
Seite Page 174

Interior Design Award – Grand Prix
EDI, Innsbruck, Tirol
Architektur Architecture STUDIO LOIS Architektur
Bauherrschaft Client Verein Hoffnung für Kinder
Seite Page 171

Wood Design Award – Grand Prix
Ilse Wallentin Haus BOKU Wien, Wien
Architektur Architecture SWAP Architekten
Bauherrschaft Client BIG Bundesimmobiliengesellschaft m.b.H.
Seite Page 155

Doppelhaus am Hang, Hohenems, Vorarlberg
Architektur Architecture MWArchitekten
Bauherrschaft Client Carmen Wurz, Lukas Peter Mähr
Seite Page 106

BLT Built Design Awards 2021
Auslober Sponsored by 3C Group

BLT Built Design Awards recognize and honor the expertise of all professionals
involved in the realization of outstanding projects, on a global basis—from
architecture firms and interior design experts, to construction products and
project management.

Preisträger in/aus Österreich Winners in/from Austria

Jury's Top Picks
Future Art Lab der Universität für Musik und darstellende Kunst, Wien
Architektur Architecture Pichler & Traupmann Architekten
Bauherrschaft Client BIG Bundesimmobiliengesellschaft m.b.H.
Seite Page 159

Österreichischer Pavillon EXPO Dubai 2020, Ausstellungsgelände EXPO 2020
Dubai, Vereinigte Arabische Emirate
Architektur Architecture querkraft architekten
Bauherrschaft Client Bundesministerium für Digitalisierung und Wirtschafts-
standort, Wirtschaftskammer Österreich
Seite Page 101

Informationen Information www.bltawards.com

DAM Preis für Architektur 2020 + 2021
jährlich seit annually since 2007
Auslober Sponsored by Deutsches Architekturmuseum (DAM)

Für den Preis nominiert das Museum – unter Berücksichtigung von Vorschlägen der Architektenkammern –100 bemerkenswerte Gebäude oder Ensembles. Eine Expertenjury trifft unter den Nominierungen dann die Auswahl zu den rund 20 Bauten der Shortlist. Daraus werden schließlich drei bis vier Bauten für die Endrunde bestimmt. Bei einem zweiten Jurytreffen werden die Finalisten bereist und das Preisträgerprojekt gekürt.
The museum nominates 100 noteworthy buildings or building ensembles for the award, taking the suggestions of the chambers of architecture into consideration. An expert jury selects around 20 buildings for the shortlist from these nominations. From these, three to four structures are chosen for the final round. In a second meeting, the jury visits these finalists and decides upon a winning project.

Informationen Information www.dam-preis.de

Preis Award 2020
Jury Jury Christina Budde, Nicole Heptner, Christoph Hesse, Anne Kaestle, Friederike Meyer, Manfred Ortner, Stephan Schütz, Dijane Slavic

Preisträger aus Österreich Winners from Austria

Shortlist
Wohnvielfalt am Grasbrookpark, Hamburg, Deutschland
Architektur Architecture BKK-3 Architektur, BKK-3 njn Planungsges.mbH, Mevius Mörker Architekten
Bauherrschaft Client Wohnvielfalt am Grasbrookpark GbR, Grundstücksgesellschaft Roggenbuck GbR, Bauherrengemeinschaft am Grasbrookpark GmbH Co. KG
Seite Page 67

Preisverleihung Award ceremony 31.1.2020 Frankfurt, Deutschland
Ausstellung Exhibition 1.2.–20.9.2020, Frankfurt, Deutschland

Preis Award 2021
Jury Jury Nicole Kerstin Berganski, Anne Femmer, Nicole Heptner, Andrea Jürges, Peter Kulka, Hans-Dieter Nägelke, Amber Sayah, Peter Cachola Schmal, Alexander Schwarz, Dijane Slavic

Preisträger in Österreich Winners in Austria

Shortlist
Grüne Erde Welt, Pettenbach, Oberösterreich
Architektur Architecture terrain: integral designs – Klaus K. Loenhart, Architekturbüro ARKADE
Bauherrschaft Client Grüne Erde BeteiligungsgmbH
Seite Page 131

Preisverleihung Award ceremony 29.1.2021 online
Ausstellung Exhibition 30.1.–29.6.2021 Frankfurt, Deutschland

DOMICO Architekturpreis DOMIGIUS – Metall in der Architektur 2021
unregelmäßig seit intermittently since 1994
Auslober Sponsored by DOMICO Dach-, Wand- und Fassadensysteme GmbH

Ziel des Preises ist es, den erfolgreichen Gedanken- und Ideenaustausch mit den Planenden zu intensivieren und dabei die breit gefächerten Anwendungsgebiete der DOMICO Produktpalette aufzuzeigen. Zudem sollen damit der kreative Einsatz von Metall im Dach-, Wand- und Fassadenbereich gefördert sowie die Leistungen der Planer und Architekten gewürdigt werden. Bewertungskriterien sind Form und Design, technische Details sowie materialgerechte Gestaltung.
The award aims to intensify successful idea and thought exchange with planners while demonstrating the broad field of application of the DOMICO product line. This is additionally intended to encourage the creative use of metal in roofs, walls, and façades as well as to honor the achievements of planners and architects. Assessment criteria are form and design, technical details, and material-appropriate design.

Preis Prize 20.000 €
Anzahl der Einreichungen Number of submissions 50
Jury Jury Karl Cerenko (Vorsitzender Chairman), Matthias Bieber, Dirk Bonnkirch, Awad Damir, Andreas Hradil, Ludwig Kofler, Wolfgang Mühlbachler, Albrecht Ott, Stefan Redle, Stefan Seitz, Robert Wagner

Preisträger in Österreich Winners in Austria

1. Preis 1st prize
TU Graz Inffeldgasse, Graz, Steiermark
Architektur Architecture Ernst Giselbrecht + Partner
Bauherrschaft Client BIG Bundesimmobiliengesellschaft m.b.H.
Seite Page 157

Preisverleihung Award ceremony 20.9.2021, St. Wolfgang, Salzburg
Information Information www.domico.at/domigius/

European Architecture Awards 2020
erstmals for the first time 2017
Auslober Sponsored by European Architecture Foundation and Archi-Europe

The subject of the 2020 competition was: When Creativity and Innovation meet Sustainability to highlight the best sustainable and innovative project of 2020.

Anzahl der Einreichungen Number of submissions 517
Jury Jury Jacques Allard, Massimo Imparato, Philippe Samyn, Joachim Staudt, Julian Weyer, Gabor Zoboki

Preisträger in/aus Österreich Winners in/from Austria

Category Office
Österreichische Botschaft Bangkok, Bangkok, Thailand
Architektur Architecture HOLODECK architects
Bauherrschaft Client Bundesministerium für Europa, Integration, Äußeres
Seite Page 28

Category Public
Kapelle Salgenreute, Krumbach, Vorarlberg
Architektur Architecture Bernardo Bader Architekten
Bauherrschaft Client Gemeinde Krumbach
Seite Page 100

Information Information www.ea-awards.eu, www.archi-europe.com

Global Architecture and Design Award 2021
erstmals for the first time 2018
Auslober Sponsored by Rethinking the Future

The Award is given to projects showcasing excellence and innovation in
architecture & design.

Preisträger aus Österreich Winners from Austria

Österreichischer Pavillon EXPO Dubai 2020, Ausstellungsgelände EXPO 2020
Dubai, Vereinigte Arabische Emirate
Architektur Architecture querkraft architekten
Bauherrschaft Client Bundesministerium für Digitalisierung und Wirtschafts-
standort, Wirtschaftskammer Österreich
Seite Page 101

Information Information awards.re-thinkingthefuture.com

Häuser des Jahres 2020 + 2021
jährlich, erstmals annually, for the first time 2011
Auslober Sponsored by Callwey Verlag in Zusammenarbeit mit in cooperation
with Deutsches Architektur Museum und den Partnern and Partners
InformationsZentrum Beton, Interhyp, Atrium / Das IDEALE HEIM, ORF,
architektur.aktuell, Baumeister

„Häuser des Jahres" ist der größte Award für Einfamilienhaus-Architektur im
deutschsprachigen Raum und versammelt die schönsten von Architektenhand
geplanten Häuserprojekte.
"Häuser des Jahres" is the largest award for single-family houses in the
German-speaking world and brings together the most beautiful house projects
planned by architects.

Preis Prize 10.000 €, Publikation Publication „Häuser des Jahres"

Preis Award 2020
Jury Jury Peter Cachola Schmal (Juryvorsitzender Chairman),
Nicola Borgmann, Alexander Gutzmer, Christian Kraus, Katharina Matzig,
Roland Merz, Ulrich Nolting, Christian Pohl

Preisträger in Österreich Winners in Austria

Anerkennung Recognition
Haus am Taubenmarkt, Linz, Oberösterreich
Architektur Architecture HERTL.ARCHITEKTEN
Bauherrschaft Client Geier Liegenschaftsverwaltung GmbH
Seite Page 109

Preis Award 2021
Jury Jury Peter Cachola Schmal (Juryvorsitzender Chairman), Sven Aretz,
Jakob Dürr, Katharina Matzig, Roland Merz, Ulrich Nolting, Fabian Peters,
Udo Wachveitl

Preisträger in Österreich Winners in Austria

Anerkennungen Recognitions
Haus in der Wiese, Spittal an der Drau, Kärnten
Architektur Architecture Hohengasser Wirnsberger Architekten
Bauherrschaft Client privat private
Seite Page 118

Villa Fleisch, Dornbirn, Vorarlberg
Architektur Architecture ARSP Architekten
Bauherrschaft Client Rike Kress
Seite Page 119

Information Information www.callwey.de/blog/haeuser-des-jahres-2020-die-
preistraeger, www.callwey.de/blog/haeuser-des-jahres-2021-die-preistraeger

International Architecture Awards for the best new global design 2021
jährlich seit annually since 2004
Auslober Sponsored by The Chicago Athenaeum: Museum of Architecture
and Design, The European Center for Architecture Art Design and Urban
Studies and Metropolitan Arts Press, Ltd.

The award has been launched as a way to draw significant world attention
to new buildings and urban planning projects being built and designed
globally by the best and most prestigious international architecture offices
and design firms.

Preis Award Urkunde Certificate

Preisträger in Österreich Winners in Austria

Paracelsus Bad & Kurhaus, Salzburg
Architektur Architecture Berger + Parkkinen Architekten
Bauherrschaft Client Stadtgemeinde Salzburg, KKTB Kongress, Kurhaus &
Tourismusbetriebe Salzburg
Seite Page 72

Future Art Lab der Universität für Musik und darstellende Kunst, Wien
Architektur Architecture Pichler & Traupmann Architekten
Bauherrschaft Client BIG Bundesimmobiliengesellschaft m.b.H.
Seite Page 159

Informationen Information http://internationalarchitectureawards.com/

International Award for Sustainable Architecture 2021
jährlich seit annually since 2003, biennal seit biennially since 2013
Auslober Sponsored by Fassa S.p.A., Spresiano, Architektur-Fakultät Ferrara,
Italien

The prize is awarded each year to sustainable architecture projects that have
been realized in the last five years or to degree theses focused on sustainability
and a healthy balance between building and environment.

Preis Award Medaille Medal + 3.000 €
Anzahl der Einreichungen Number of submissions 192 (aus mehr als
40 Ländern from over 40 countries)
Jury Jury Thomas Herzog (Vorsitzender Chairman), Marianne Burkhalter,
Sami Rintala, Nicola Marzog

Preisträger in Österreich Winners in Austria

Honorable Mentions
Gesundheitseinrichtung Josefhof, Graz, Steiermark
Architektur Architecture Dietger Wissounig Architekten
Bauherrschaft Client BVAEB – Versicherungsanstalt öffentlicher Bediensteter,
Eisenbahnen und Bergbau
Seite Page 56

Alpin Sport Zentrum, Schruns, Vorarlberg
Architektur Architecture Bernardo Bader Architekten
Bauherrschaft Client Silvretta Montafon GmbH
Seite Page 42

Preisverleihung Award ceremony 15.10.2021 online
Informationen Information www.premioarchitettura.it

IOC / IAKS Award 2021
biennal seit biennially since 1987
Auslober Sponsored by IOC – Internationales Olympisches Komitee und and
IAKS – Internationale Vereinigung Sport- und Freizeiteinrichtungen

Der Preis ist der einzige internationale Architekturpreis für Sportstätten. Ausgezeichnet werden seit mindestens einem Jahr im Betrieb befindliche Sportstätten, die damit neben einem überzeugenden Entwurfskonzept, gelungener
städtebaulicher Einbindung und landschaftlicher Integration sowie Barrierefrei-
heit auch ihre Alltagstauglichkeit unter Beweis gestellt haben.
This is the only international award for sports facilities. Prizes go to facilities
that have been in operation for at least one year and have proven—in addition
to having an excellent design concept, accessibility, and exemplary integration
in the cityscape and landscape—that they function well on a day-to-day basis.

Preis Award Urkunde Certificate, Medaille Medal
Jury Jury Wolfgang Becker, Conrad Boychuk, Gilbert Felli, Klaus Meinel,
Laura Munch, Ernst-Ulrich Tillmanns, Mark Todd

Preisträger in Österreich Winners in Austria

Medaille in Bronze Bronze medal
Paracelsus Bad & Kurhaus, Salzburg
Architektur Architecture Berger+Parkkinen Architekten
Bauherrschaft Client Stadtgemeinde Salzburg, KKTB Kongress, Kurhaus &
Tourismusbetriebe Salzburg
Seite Page 72

Preisverleihung Award ceremony 26.11.2021, Köln, Deutschland
Informationen Information https://iaks.sport/award/award-2021

**Mies van der Rohe Award 2021/22 – European Union Prize for
Contemporary Architecture**
biennal seit biennially since 2001
(erstmals for the first time in 1988 als as Mies van der Rohe Award for
European Architecture)
Auslober Sponsored by European Commission und and the Fundació
Mies van der Rohe

The principal objectives are to recognize and commend excellence in the field
of architecture and to draw attention to the important contribution of European
professionals in the development of new concepts and technologies. The
award also sets out to promote the profession by encouraging architects working throughout the European Union and by supporting young architects as
they begin their careers.

Preis Prize Insgesamt Total 80.000 € + a sculpture that evokes the Mies van
der Rohe Pavilion of Barcelona
Jury Jury Tatiana Bilbao (Vorsitzende Chairwoman), Francesca Ferguson,
Mia Hägg, Triin Ojari, Georg Pendl, Spiros Pengas, Marcel Smets
Anzahl der Einreichungen Number of nominations 531 (submitted by the
member associations of the Architects' Council of Europe and the other
European architects' associations)

Projekte in Österreich auf der Shortlist Shortlisted projects
in Austria

Wohnprojekt Gleis 21, Wien
Architektur Architecture einszueins architektur
Bauherrschaft Client Schwarzatal – Gemeinnützige Wohnungs- & Siedlungs-
anlagen GmbH, Verein „Wohnprojekt Gleis 21"
Seite Page 54

Stadthaus, Linz, Oberösterreich
Architektur Architecture mia2 Architektur
Bauherrschaft Client Sandra Gnigler, Gunar Wilhelm
Seite Page 63

Kasematten und Neue Bastei, Wiener Neustadt, Niederösterreich
Architektur Architecture bevk perovi arhitekti
Bauherrschaft Client Landesausstellungs- Planungs- Errichtungs- und
Organisations-GmbH
Seite Page 99

Preisverleihung Award ceremony Aufgrund von Covid-19 werden die Siegerprojekte erst 2022 bekanntgegeben Due to Covid-19 the winning projects will be announced in 2022
Informationen Information www.miesarch.com

THE PLAN Award 2020
jährlich seit annually since 2015
Auslober Sponsor THE PLAN – Architecture & Technologies in Detail

THE PLAN Award is an award created and promoted by THE PLAN to disseminate knowledge of and improve the quality of the work done by designers, academics, critics and students in the architecture, design and city planning fields, thereby promoting debate on topical design and planning themes.

Jury Jury Alessandro Arvalli, Benedetto Camerana, Winka Dubbeldam, Margherita Guccione, Philip Jodidio, Maurizio Milan, Valerio Paolo Mosco, Maurizio Sabini, Yehuda Safran, Benedetta Tagliabue, Martha Thorne, Elena Tomasi, Michael Webb, Li Xiangning, Raymund Ryan, Carlotta Zucchini

Preisträger in Österreich Winner in Austria

Honorable Mention
Paracelsus Bad & Kurhaus, Salzburg
Architektur Architecture Berger+Parkkinen Architekten
Bauherrschaft Client Stadtgemeinde Salzburg, KKTB Kongress, Kurhaus &
Tourismusbetriebe Salzburg
Seite Page 72

Informationen Information www.theplan.it/eng

Prix européen d'Architecture Philippe Rotthier 2021
triennal seit triennially since 1982
Auslober Sponsor Fondation Philippe Rotthier pour l'architecture

The prize rewards works of collective and cultural value which have regional
roots and use natural and sustainable materials that draw on the genius of the
European town and a dialogue with the past and with history.

Jury Jury Maurice Culot (Vorsitzender Chairman), Xavier Bohl, Pier Carlo
Bontempi, Javier Cenicacelaya, Christophe Cormy Donat, Federica Matta,
Francis Metzger, William Pesson, Alireza Sagharchi, Martin van Schaik
Anzahl der Einreichungen Number of submissions 100 candidate projects
(from 17 European countries)

Preisträger in Österreich Winner in Austria

Honorable Mention
Kapelle Salgenreute, Krumbach, Vorarlberg
Architektur Architecture Bernardo Bader Architekten
Bauherrschaft Client Gemeinde Krumbach
Seite Page 100

Informationen Information www.rotthierprize.be

4_Personenpreise Personal Prizes

Großer Österreichischer Staatspreis 2020
in dieser Form jährlich seit In this form anually since 1950
Auslober Sponsor Österreichischer Kunstsenat (21 auf Lebenszeit ernannte
ehrenamtliche Mitglieder aus Kunst und Kultur 21 lifetime honorary members
from arts and culture)

Der Große Österreichische Staatspreis ist die höchste Auszeichnung, die die
Republik Österreich einer Künstlerin oder einem Künstler für ein künstlerisch
besonders herausragendes Lebenswerk verleiht. Der aus 21 Mitgliedern
bestehende Österreichische Kunstsenat nominiert jährlich eine Künstlerper-
sönlichkeit aus den Bereichen Architektur, Bildende Kunst, Literatur oder
Musik ohne festgelegtes Rotationsprinzip für den Staatspreis.
The Grand Austrian State Prize (Große Österreichische Staatspreis) is the highest award that the Republic of Austria bestows on an artist for a particularly
outstanding artistic achievement. The Austrian Art Senate, which consists of
21 members, nominates every year a personality from the fields of architecture,
fine arts, literature or music for the State Prize without a fixed rotation principle.

Preis Award 30.000 €
Jury Jury Kunstsenat

Preisträger Winner
Ortner & Ortner Baukunst, Laurids Ortner, Manfred Ortner
Seite Page 187

Preisverleihung Award ceremony 27.10.2020, Wien
Informationen Information www.kunstsenat.at, www.bmkoes.gv.at/Kunst-und-
Kultur/preise/grosser-oesterreichischer-staatspreis.html

Hans-Hollein-Kunstpreis für Architektur
jährlich seit annually since 2016
Auslober Sponsor Bundesministerium für Kunst, Kultur, öffentlicher Dienst
und Sport

Diese Auszeichnung wird in Würdigung von Hans Hollein für ein umfangreiches,
auch international anerkanntes Werk vergeben.
This prize is awarded in honor of Hans Hollein to an extensive, internationally
recognized work.

Preis Award 15.000 €

Preis Award **2020**
Jury Jury Angelika Fitz, Lilli Hollein, Christoph Thun-Hohenstein

Preisträgerin Winner
Elsa Prochazka
Seite Page 189

Preisverleihung Award ceremony Aufgrund von Covid-19 konnte keine
Preisverleihung stattfinden Due to Covid-19 no Award ceremony was held

Preis Award **2021**
Jury Jury Angelika Fitz, Lilli Hollein, Christoph Thun-Hohenstein

Preisträger Winner
Günther Feuerstein
Seite Page 182

Preisverleihung Award ceremony Aufgrund von Covid-19 konnte keine
Preisverleihung stattfinden Due to Covid-19 no Award ceremony was held
Informationen Information www.bmkoes.gv.at/Kunst-und-Kultur/preise/hans-
hollein-kunstpreis0.html

Österreichischer Friedrich Kiesler-Preis für Architektur und Kunst 2021
biennal seit biennially since 1998
Auslober Sponsor Kiesler Stiftung Wien
Verleiher Awarded by 2021 Stadt Wien

Die Auszeichnung wird alle zwei Jahre alternierend von der Republik Österreich und der Stadt Wien verliehen. Eine internationale ExpertenInnen-Jury aus den Bereichen Theorie, Kunst und Architektur vergibt den Preis für „hervorragende Leistungen im Bereich der Architektur und der Künste, die den innovativen Auffassungen Friedrich Kieslers und seiner Theorie der ,correlated arts' entsprechen, in jenem grenzüberschreitenden Sinn, der die etablierten Disziplinen der Architektur und der Künste verbindet."
The award is presented alternately by the Republic of Austria and the City of Vienna. An international jury of experts comprising theorists, artists, and architects bestows the award for "extraordinary achievements in architecture and the arts that relate to Frederick Kiesler's experimental and innovative attitudes and his theory of 'correlated arts' by transcending the boundaries between the traditional disciplines."

Preis Award 55.000 €
Jury Jury Bettina Götz (Vorsitzende Chairwoman), Elizabeth Diller, Dominique Gonzalez-Foerster, Anab Jain, Wolfgang Tschapeller

Preisträger Winner
Theaster Gates
Seite Page 184

Preisverleihung Award ceremony 15.6.2022 Universität für angewandte Kunst, Wien
Informationen Information www.kiesler.org

Kulturpreise des Landes Kärnten. Würdigungspreis für Architektur und besondere Verdienste um die Baukultur 2020 + 2021
jährlich seit annually since 1992
Auslober Sponsor Land Kärnten

Mit dem Kulturpreis des Landes Kärnten, der in unterschiedlichen Kunst- und Kultursparten verliehen wird, werden außergewöhnliche künstlerische und/oder kulturelle Leistungen gewürdigt.
The Kulturpreis des Landes Kärnten is awarded in different artistic disciplines in recognition of exceptional artistic and cultural achievements.

Preis Prize 6.000 €
Informationen Information www.kulturchannel.at

Preis Award 2020
Jury Jury Sonja Gasparin, Werner Kircher, Peter Nigst, Eva Rubin

Preisträger Winner
Josef Klingbacher
Seite Page 186

Preisverleihung Award ceremony 12.12.2020, Bleiburg, Kärnten

Preis Award 2021
Jury Jury Sonja Gasparin, Werner Kircher, Peter Nigst, Eva Rubin

Preisträger Winner
Architekturbeirat Velden
Seite Page 180

Preisverleihung Award ceremony 18.12.2021 online

Kulturpreise des Landes Niederösterreich 2020
jährlich (in jeweils unterschiedlichen Kunstsparten) seit annually (the artistic discipline varies from year to year) since 1960
Auslober Sponsor Land Niederösterreich. Kultur

Der Preis dient der Würdigung des vorliegenden Gesamtwerks einer Künstlerin, eines Künstlers von überregionaler Bedeutung. In der Sparte Architektur wird er für Bauwerke zuerkannt, die in Erfüllung der gestellten Aufgabe und unter Bedachtnahme auf ihre Umgebung eine herausragende Leistung darstellen.
The award honors the oeuvre of an artist with wide acclaim. In the category of architecture, the award is conferred for works that fulfill the building task with excellency while taking the context into special consideration.

Preis Prize 11.000 €

Würdigungspreis Architektur
Jury Jury Petra Bereuter, Andreas Breuss, Peter Fattinger, Christa Kamleithner, Reinhard Wohlschlager

Preisträger Winner
Franz&Sue
Seite Page 183

Anerkennungspreise Recognition prizes
NMPB Architekten
Bevk Perović Arhitekti

Preisverleihung Award ceremony 24.6.2021, St. Pölten, Niederösterreich
Informationen Information Broschüre Brochure Kulturpreisträgerinnen und Kulturpreisträger des Landes Niederösterreich 2020, kulturpreis.noel.gv.at/archiv/archiv-2020/

Kulturpreis des Landes Oberösterreich 2020
jährlich (in jeweils unterschiedlichen Kunstsparten) seit annually (artistic discipline varies from year to year) since 1961, Großer Kulturpreis seit since 1989
Auslober Sponsor Land Oberösterreich. Kultur

Mit der Würdigung und Förderung von KünstlerInnen und WissenschaftlerInnen möchte das Land Oberösterreich diesen einen Teil davon zurückgeben, was sie einer modernen Gesellschaft an innovativer Kraft und kreativem Potenzial schenken.
The honor and prize money bestowed by Upper Austria aim to recompense artists and scholars for their contributions, which provide innovative force and creative potential to modern society.

Preis Award Landeskulturpreis 7.500 €
Jury Jury Gernot Hertl, Christine Konrad, Ernst Pitschmann, Romana Ring

Preisträger Winner
POINTNER + POINTNER Architekten, Helmut Pointner, Herbert Pointner
Seite Page 188

Preisverleihung Award ceremony 15.7.2021, Linz, Oberösterreich
Informationen Information www.land-oberoesterreich.gv.at

Preis der Stadt Wien für Architektur 2020 + 2021
jährlich seit annually since 1947
Auslober Sponsor Stadt Wien Kulturabteilung

Die Stadt Wien stiftet jährlich Preise für hervorragende Leistungen in den Bereichen Musik (Komposition), Literatur, Publizistik, Bildende Kunst, Architektur, Wissenschaften und Volksbildung. Die Preise werden als Würdigung für das bisherige Lebenswerk verliehen, das die Bedeutung Wiens und Österreichs als Pflegestätten der Kunst, Wissenschaft und Volksbildung hervorhebt.
Each year, the City of Vienna funds an award for outstanding accomplishment in the fields of music (composition), literature, journalism, fine arts, architecture, humanities, and adult education. The awards honor the recipient's life work and his or her contribution to Vienna and Austria's role in fostering the arts, humanities, and adult education.

Preis Award je each 10.000 €
Informationen Information www.wien.gv.at/kultur/abteilung/ehrungen/preise/

Preis Award **2020**
Jury Jury Gerd Erhartt, Angelika Fitz, Bettina Götz, Isabella Marboe, Heribert Wolfmayr

Preisträger Winner
gaupenraub +/–
Seite Page 185

Preisverleihung Award ceremony 10.5.2022, Rathaus, Wien

Preis Award **2021**
Jury Jury Gerd Erhartt, Angelika Fitz, Bettina Götz, Isabella Marboe, Heribert Wolfmayr

Preisträger Winner
Auböck + Kárász Landscape Architects
Seite Page 181

Preisverleihung Award ceremony 10.5.2022, Rathaus, Wien

LandLuft Baukulturgemeinde-Preis 2021
unregelmäßig seit intermittently since 2009
Auslober Sponsor LandLuft – Verein zur Förderung von Baukultur in ländlichen Räumen in Kooperation mit in cooperation with Österreichischer Gemeindebund und and Österreichischer Städtebund

Der Preis zeichnet österreichische Gemeinden und Städte aus, die innovative Baukultur als erfolgsbestimmenden Schlüsselfaktor begreifen, um Zukunftschancen für ihren Ort zu eröffnen. Die Aufmerksamkeit richtet sich nicht nur auf das schöne Bauwerk, sondern vor allem auf die Art und Weise, wie dieses entstanden ist, und auf die Personen, die als treibende Kräfte wirken. Beim Preis 2021 wurde unter dem Motto „Boden g'scheit nutzen" insbesondere ein zukunftsweisender Umgang mit der knappen Ressource Boden ausgezeichnet. Mit dem „LandLuft Sonderpreis für außergewöhnliches Engagement" wurden Personen, Initiativen und regionale Zusammenschlüsse gewürdigt.
The award recognizes Austrian municipalities that foster an innovative Baukultur (building culture) and understand the potential for their communities. Attention is directed not only at attractive buildings, but especially the manner in which a building is brought about and the persons who were the forces behind the realization. For the 2021 prize, under the motto „Landuse right done", a forward-looking use of soil as a scarce resource was particularly recognized. Individuals, initiatives, and regional associations were honored with the "LandLuft Special Prize for Extraordinary Commitment."

Preis Award LandLuft-Nadel + LandLuft-Ortsschild
Jury Jury Sibylla Zech (Vorsitzende Chairwoman), Aglaée Degros, Arnold Hirschbühl, Helena Linzer, Werner Krammer, Reiner Nagel, Alfred Riedl, Arthur Schindelegger, Thomas Weninger

Anzahl der Einreichungen Number of submissions 37 Gemeinden Municipalities, 68 Sonderpreis Special Prize

Preisträger Winners

Feldkirch, Vorarlberg
Seite Page 190

Göfis, Vorarlberg
Seite Page 191

Mödling, Niederösterreich
Seite Page 192

Thalgau, Salzburg
Seite Page 193

Anerkennungen Recognitions
Andelsbuch
Innervillgraten
Nenzing
Trofaiach

Preisverleihung Award ceremony 23.9.2021, Wien
Ausstellungen Exhibitions Wanderausstellung durch Österreich und Nachbarländer Travelling exhibition (throughout Austria and neighboring countries) ab since 2021
Informationen Information Buch Book LandLuft Baukulturgemeinde-Preis 2021, LandLuft (Hg. Ed.), www.landluft.at

Amoretti Aldo 20
Atelier Auböck + Kárász 181
ATP/Bause 40
Beck Alexander 189
Bereuter Adolf 33, 84, 100, 106, 135, 162, 174
Boureau David 160, 161
Brandstätter Christian 118
Braun Zooey 119
Bruckschwaiger Barbara 92
Buchberger Andreas 34, 61
Cetus Baudevelopment + kito.at 48
Ebenhofer Walter 18, 19
terrain: integral designs BDA/Jan Schünke 131
EXPO2020 – dany eid 101
Finnworks/Joachim Krenn 186
Fürnkranz Romana 114
g.o.y.a. Ziviltechniker GmbH 55
Glechner Michael 26
Graf Gregor 166
Granada Jesus 36, 42
Hafenscher Andreas 24
Hilzensauer Leonhard 107
Hohengasser Wirnsberger Architekten ztgmbh 23
Holzmann Heinz 76
Hörbst Kurt 62, 63, 68, 69
Hurnaus Hertha 54, 67, 90, 91, 111, 142, 151, 159, 161, 163, 165, 172, 176, 177
Kellermann Gerhardt 32
Klomfar Bruno 21, 29, 43, 64, 125, 153, 156, 164, 169, 168
Kresser Günther 86, 87 oben, 87 unten rechts
Krischner Alex 98
Kropitz Max 183
Kuball Kurt 22, 46, 47
Kubicek Markus 185
Lamprecht Angela 121
Leitner Stefan 79
Leskovar Peter 65
lippzahnschirm raneburger 190 links unten, 191, 192, 193 rechts
Ludescher Elmar 49, 75, 83
Mackowitz Hanno 35
manuwi 8 1
Marc Lins Photography 133
Marktgemeinde Gemeinde St. Johann im Pongau 82
Marktgemeinde Thalgau 193 links oben
Müller Stefan 136, 137
MW Architekturfotografie 134
Nguyen Monika 117, 124, 130
Oberhofer Simon 27, 38, 60
Odorizzi Pia 50
Ott Paul 53, 57, 66, 80, 109, 120, 154, 157
Pašek David 182
Phelps Andrew 193 links unten
pierer.net 51, 158
Pinjo Faruk 143
Pöschl Arnold 94
POINTNER + POINTNER 188
Pooley Sara/Courtesy Theaster Gates 184
Prevolnik Mario 95
Rainer Petra 190 links oben
Reinbacher Dietmar 85
Reitter Mojo 140, 141
Richters Christian 72, 73
Schaller Lukas 25, 37, 102, 103, 170
Schletterer Nikolaus. 87 unten links
Schnabel Albrecht Imanuel 77, 78, 79, 93, 96, 97, 113, 122
Schnepp Renou 187
Schreyer David 56, 57, 59, 99, 108, 116, 128, 129, 144, 145, 150, 167, 171, 173, 175
Spath Rainer 58
Steiner Rupert 41
Strobl Christa 115
Studeny Nadine 132
Thananchaibut Pichak 28
Troy Juri 112, 152

Türtscher Magdalena, Stadtkultur und Kommunikation 190 rechts
Voggeneder Florian 155
Vorhofer Christian 39
Wakolbinger Violetta 110
Wascher Thomas 123
Wett Günter Richard 74
Willeit Gustav 148, 149
Wöckinger David 52

Klaus-Jürgen Bauer *kjb*
Sonja Bettel *sb*
Robert Fabach *rf*
Barbara Feller *bf*
Eva Guttmann *eg*
Gudrun Hausegger *gh*
Manuela Hötzl *mh*
Anne Isopp *ai*
Gabriele Kaiser *gk*
Elke Krasny *ek*
Marion Kuzmany *mk*
Isabella Marboe *im*
Astrid Meyer-Hainisch *am*
Romana Ring *rr*
Robert Temel *rt*
Nicola Weber *nw*

Klaus-Jürgen Bauer
DI Dr., *1963 Wien, Architekturstudium in Wien und Weimar, Doktorat Thesis „Minima Aesthetica"; Lehrtätigkeit: Bauhaus Universität Weimar, Technische Universität Wien; Büros in Eisenstadt und Wien; Autor zahlreicher architekturtheoretischer Schriften.
Born in 1963 in Vienna. Studied architecture in Vienna and Weimar, doctoral thesis "Minima Aesthetica"; teaching positions at the TU Wien and Bauhaus University of Weimar; offices in Eisenstadt and Vienna; author of numerous essays on architecture theory.
www.bauer-arch.at

Sonja Bettel
Dr. phil., *Bad Vöslau, Studium der Publizistik und Theaterwissenschaft an der Universität Wien. Freie Journalistin und Autorin für Radio Ö1, Der Standard, Furche, Lebensart, upgrade, Flussreporter, LandLuft Baukulturgemeinde-Preis und andere. Arbeitsschwerpunkte: Wissenschaft, Nachhaltigkeit, Umwelt, Natur, ländlicher Raum, Baukultur.
Born in Bad Vöslau. Studied communication science and theater science at the University of Vienna; freelance journalist and author for Radio Ö1, *Der Standard, Furche, Lebensart, upgrade, Flussreporter, LandLuft Baukulturgemeinde-Preis* and others. Key areas of interest: science, sustainability, environment, nature, rural area, building culture.
www.bettel.at

Robert Fabach
Mag. arch., *1964 Leoben, Architekturstudium Hochschule für angewandte Kunst Wien, kultur- und architekturgeschichtliche Forschung im In- und Ausland. Seit 2001 Architekturbüro raumhochrosen in Bregenz und Wien. Seit 2012 Aufbau des Architekturarchivs Vorarlberg für das Vorarlberg Museum. Projektentwicklung, Publikation und Lehrtätigkeit im Bereich Architektur.
Born in 1964 in Leoben. Studied architecture at the University of Applied Arts Vienna; architectural and cultural history research in Austria and abroad: In 2001 he co-founded the architecture firm raumhochrosen in Bregenz and Vienna; established the Vorarlberg Architecture Archives of the Vorarlberg Museum in 2012; active in architectural project development, writing, and lecturing.
www.raumhochrosen.com, www.robertfabach.com

Barbara Feller
Dr. phil., *Wien, Studium Geschichte und Pädagogik an der Universität Wien. 1996–2021 Geschäftsführerin der Architekturstiftung Österreich. Seit 2010 Obfrau von bink Initiative Baukulturvermittlung für junge Menschen. Arbeitsschwerpunkte: Architekturvermittlung für Kinder und Jugendliche, Stadt und Leben im 20. und 21. Jahrhundert, Autorin und Kuratorin.
Born in Vienna. Studied history and pedagogy at the University of Vienna. Director of the Architekturstiftung Österreich 1996–2021. Chairwoman of bink Initiative for Built Environment Education for Young People since 2010. Key areas of interest: architecture for children and youths, cities and living in the 20th and 21st century; author and curator.

Eva Guttmann
Mag. phil., DI, Studium Politikwissenschaften, Geschichte und Architektur in Innsbruck und Graz. 2004–2009 Chefredakteurin der Zeitschrift Zuschnitt. 2010–2013 Geschäftsführerin des HDA – Haus der Architektur Graz. Seit 2012 Vorsitzende der steirischen Ortsbildkommission. 2015–2021 Mitarbeiterin des Verlags Park Books, Zürich. Herausgeberin, Autorin und Lektorin im Fachbereich Architektur.
Studied political science, history, and architecture in Innsbruck and Graz. 2004–2009 editor in chief of *Zuschnitt* magazine; 2010–2013 director of HDA – Haus der Architektur, Graz; chair of the Styrian Townscape Committee since 2012; has worked with Park Books Zurich 2015–2021; publisher, author, and editor in the field of architecture.

Gudrun Hausegger
Mag. phil., Studium Kunst- und Architekturgeschichte in Wien und an der University of California in Los Angeles. 1996–1998 Kommunikationsmanagement bei Coop Himmelb(l)au. 1998–2000 Assistentin an der Universität für angewandte Kunst in Wien. Projektleitungen und Betreuung von Publikationen im / für das Architekturzentrum Wien, redaktionelle Arbeit bei den Fachzeitschriften Architektur & Bauforum und Zuschnitt. 2016–2019 Redakteurin bei architektur.aktuell. Seit 2019 erneut bei Coop Himmelb(l)au.

Studied art and architecture history in Vienna and at the University of California in Los Angeles; 1996–1998 communications manager for Coop Himmelb(l)au; 1998–2000 assistant professor at the University of Applied Arts Vienna. Project management and publications coordinator at the Architekturzentrum Wien; editorial work for the magazines *Architektur & Bauforum* and *Zuschnitt*; 2016–2019 editor for *architektur.aktuell*; 2019 return to Coop Himmelb(l)au.

Manuela Hötzl
*1972 Graz, Studium der Architektur in Graz, Pretoria und London (MA in Research Architecture, Goldsmiths University). Architekturkritikerin und Kuratorin. Redakteurin für Buch- und Magazinproduktionen, Architekturbüros und Unternehmen. 2014–2020 Herausgeberin der Magazine „100 Häuser" und „100 Spaces". Lebt und arbeitet in Wien.
Born in 1972 in Graz. Studied architecture in Graz, Pretoria, and London (MA in Research Architecture, Goldsmiths University). Architecture critic and curator. Editorial work for various books, magazines, architecture firms, and other businesses. 2014–2020 editor of the *100 Häuser* and *100 Spaces* magazines. Lives and works in Vienna.
www.redaktionsbuero-architektur.at

Anne Isopp
*1972 Köln, Studium der Architektur in Graz und Delft. Arbeit als Architektin in Hamburg. Masterstudium Journalismus in Krems/Donau. Seit 2005 freischaffende Architekturjournalistin und Bauautorin in Wien. 2009–2020 Chefredakteurin der Zeitschrift „Zuschnitt". Seit 2020 Chefredakteurin der Zeitschrift „ARCH". Seit 2022 „Podcast Morgenbau"– ein Podcast mit Gesprächen zum nachhaltigen Bauen.
Born in 1972 in Cologne. Studied architecture in Graz and Delft. Worked as an architect in Hamburg. Master's degree in journalism from Krems an der Donau. Freelance architecture journalist and author in Vienna since 2005. 2009–2020 chief editor of *Zuschnitt* magazine. Since 2020 chief editor of *ARCH* magazine. Since 2022, *Morgenbau*—a podcast for Sustainable Building.
www.anneisopp.at

Gabriele Kaiser
Mag. phil., Dr. phil., Architekturpublizistin und Kuratorin. 2002–2010 Kuratorin und Redakteurin im Architekturzentrum Wien. 2003–2010 Mitarbeit am Band III/3 des Führers „Österreichische Architektur im 20. Jahrhundert" von Friedrich Achleitner. 2010–2016 Leiterin des afo architekturforum oberösterreich. Lehraufträge an der Kunstuniversität Linz (seit 2009) und am Mozarteum in Salzburg (seit 2019).
Architectural journalist and curator; 2002–2010 curator and editor at Architekturzentrum Wien; 2003–2010 research and editorial work for the architectural guide *Austrian Architecture in the 20th Century* (volume III/3) by Friedrich Achleitner; 2010–2016 director of afo architekturforum oberösterreich; lectureship at the University for Art and Industrial Design (Kunstuniversität Linz) since 2009 and at the Morzarteum in Salzburg since 2019.

Elke Krasny
Mag. phil., PhD, Professorin an der Akademie der bildenden Kunste Wien. Ausstellungen und Publikationen: Regina Bittner und Elke Krasny (Kuratorinnen und Herausgeberinnen) *In Reserve! The Household* (Spector Books, 2016); Angelika Fitz und Elke Krasny (Kuratorinnen und Herausgeberinnen) *Critical Care. Architecture and Urbanism for a Broken Planet* (MIT Press, 2019). 2020 veröffentlichte Essays: „The Unfinished Feminist Revolution. Performing the Crisis of Reproduction" und „Radicalizing Care. Living with a broken and infected planet".
Mag. phil, PhD, professor at the Academy of Fine Arts Vienna. Exhibitions and publications: Regina Bittner and Elke Krasny (curators and editors) *In Reserve! The Household* (Spector Books, 2016); Angelika Fitz and Elke Krasny (curators and editors) *Critical Care. Architecture and Urbanism for a Broken Planet* (MIT Press, 2019). Essays published in 2020 include: "The Unfinished Feminist Revolution. Performing the Crisis of Reproduction" and "Radicalizing Care. Living with a broken and infected planet."
www.elkekrasny.at

Marion Kuzmany
Arch. DI, *1963 Wien, Architektin, Publizistin. 1993 Architekturdiplom TU Wien; Studium Produktgestaltung bei Carl Auböck Hochschule für angewandte Kunst; Postgraduate Architekturgeschichte bei Hiroyuki Suzuki, University of Tokyo. Praxis: Hermann Czech, Arata Isozaki. 2002–2012 angestellt im

Architekturzentrum Wien. Baukulturreferentin bei Arch+Ing. 2015 Gründung ARCH ON TOUR. 2017 Gründung anylis architecture mit Michael Lisner.
Born in 1963 in Vienna. Graduated in architecture from the TU Wien in 1993; studied product design in Carl Auböck's masterclass at the University of Applied Arts; postgraduate studies in architecture history at the University of Tokyo; internship with Hermann Czech, Arata Isozaki; 2002–2012 employed at the Architekturzentrum Wien; building culture coordinator at Arch+Ing; 2015 founded ARCH ON TOUR; 2017 founded anylis architecture with Michael Lisner.
www.archontour.at, www.anylis.at

Isabella Marboe
DI, Architekturdiplom TU Wien, katholische Medienakademie, „Profil"-Lehrgang Magazinjournalismus, Fotoschule Wien. Autorin „Neue Häuser" im Standard (2003–2008), Redaktion des Sonderheftes „The Art of Competition" von architekur. aktuell (2009–2012), Chefredaktion der deutschen Ausgabe der Domus (mit Sandra Hofmeister) und stellvertretende Chefredakteurin bei H.O.M.E (2013–2014), seit 2014 Redakteurin bei architektur.aktuell, zudem freie Architekturjournalistin (u. a. Furche, DBZ, morgen, Vorarlberger Nachrichten).
Graduated in architecture from the TU Wien; studied at the Catholic Media Academy, *Profil* training course in magazine journalism, Fotoschule Wien. Chief Editor for the German edition of *Domus* (with Sandra Hofmeister) and assistant chief editor of *H.O.M.E.* (2013–2014). Editor at *architektur.aktuell* (2014–2021). Author of the book "Bauen für die Gemeinschaft in Wien (Detail Verlag, 2021). Teaches at the Institut für Raumgestaltung und Entwerfen TU Wien. Freelance architectural journalist (for der *Standard, die Furche, architektur aktuell, H.O.M.E., DBZ, morgen, Vorarlberger Nachrichten, Augustin*).
www.isabellamarboe.at

Astrid Meyer-Hainisch
DI, *1976, Architekturstudium an der TU Graz und IUAV (Venedig). Praxis in diversen Architekturbüros. 2006–2009 leitende Redakteurin des Fachmagazins „architektur". Seit 2009 freie Architekturjournalistin und Fotografin. Unterschiedliche Architekturvermittlungsprojekte wie KALT UND WARM. Seit 2019 Mitglied beim ARCHITEKTUR_SPIEL_RAUM_KÄRNTEN.
Born in 1976, studied architecture at the TU Graz and IUAV (Venice); worked in various architecture offices; 2006 2009 editor of the magazine *architektur*; freelance journalist and photographer since 2009; active in various architecture education projects, such as KALT UND WARM; member of ARCHITEKTUR_ SPIEL_RAUM_KÄRNTEN since 2019.
www.kalt-warm.org

Romana Ring
Arch. DI, *Wien, Studium der Architektur an der Technischen Universität Wien. 1993–2014 freischaffende Architektin in Leonding bei Linz. 2007–2021 Lehrende an der HTL1 Goethestraße in Linz. Seit 2022 Landwirtin. Verfasst Gutachten und Texte über Baukultur.
Born in Vienna. Studied architecture at the TU Wien; 1993–2014 freelance architect in Leonding; 2007–2021 teacher at the Goethestrasse Technical High School in Linz; since 2022 farmer. Author of architectural articles and reports.
www.breiten9.at

Robert Temel
Architektur- und Stadtforscher sowie Berater in Wien. Seine Forschung und Beratung befasst sich mit der Nutzung und Herstellung von Architektur und Stadt mit Schwerpunkt auf Wohnbau, Stadtplanung und öffentlichen Raum.
Architecture and urban researcher and consultant in Vienna. His research and consulting work focuses on the use and production of architecture and the city, and specializes in housing, urban planning, and public space.
www.temel.at

Nicola Weber
*1973, Architekturstudium in Innsbruck, Wien und den USA. Lebt und arbeitet in Innsbruck. 2002–2014 als Architekturvermittlerin und in unterschiedlichen Kooperationen zum Schwerpunkt Stadtraum und Partizipation tätig. Seit 2010 freie Journalistin, seit 2015 Kuratorin bei WEI SRAUM Designforum Tirol, seit 2019 dort Geschäftsführerin.
Born in 1973. Studied architecture in Innsbruck, Vienna, and the USA. Lives and works in Innsbruck. 2002–2014 worked as an architectural educator and in various constellations on urban space and participation. Freelance journalist since 2010; curator for WEI SRAUM Designforum Tirol since 2015 and managing director since 2019.

Impressum Imprint

Herausgegeben vom Published by Architekturzentrum Wien
Direktorin Director Angelika Fitz
Geschäftsführerin Executive director Karin Lux
Vorstand Board Hannes Swoboda (Präsident President)
Heide Schmidt (Vizepräsidentin Vice-President)
Thomas Höhne, Thomas Madreiter, Elisabeth Mayerhofer, Bernd Rießland,
Josef Schmidinger, Johannes Strohmayer

Konzeption und Redaktion Concept and editor Barbara Feller
Bildredaktion und Organisation Image editor and organization Doris Grandits,
Theresa Knosp

Lektorat Copy editing Dorrit Korger (deutsch German), Kimi Lum (englisch
English)
Übersetzungen deutsch-englisch Translations German – English Ada St. Laurent
Übersetzung englisch – deutsch Translation English – German (Text Triin Ojari)
Friederike Kulcsar

Buchgestaltung Book design lenz + henrich gestalterinnen,
Gabriele Lenz und Elena Henrich
www.lenzhenrich.at
Bild- und Planaufbereitung Image and plan editing Elmar Bertsch,
Manfred Kostal, pixelstorm (Akteur*innen Actors)
Druck Printing Holzhausen Druck GmbH
Papier Paper LuxoArt Samt New, 150 g
Schrift Font Imago (1982 Günter Gerhard Lange)

© 2022 Architekturzentrum Wien und and Park Books, Zürich

Park Books
Niederdorfstrasse 54, 8001 Zürich
Schweiz Switzerland
www.park-books.com

Park Books wird vom Bundesamt für Kultur mit einem Strukturbeitrag für die
Jahre 2021–2024 unterstützt.
Park Books is being supported by the Federal Office of Culture with a general
subsidy for the years 2021–2024.

Printed in Austria
ISBN 978-3-03860-316-0

Best of Austria wird vom Bundesministerium für Kunst, Kultur, öffentlicher
Dienst und Sport unterstützt. Best of Austria is supported by the Austrian
Federal Ministry for Arts, Culture, Civil Service and Sport.

☰ Bundesministerium
  Kunst, Kultur,
  öffentlicher Dienst und Sport

Gefördert von With funding from Bundeskammer der ZiviltechnikerInnen |
Arch+Ing Federal Chamber of Architects and Chartered Engineering Consultants.

Unterstützt von Supported by

Die Architecture Lounge des Architekturzentrum Wien ist eine wichtige
Plattform zum Gedankenaustausch zwischen Architektur, Wirtschaft und Politik.
The Architecture Lounge of the Architekturzentrum Wien is an important
platform for the exchange of ideas between architecture, business and politics.